本书是重庆市重点文科研究基地项目（10SKB05）、中央高校基金重点项目（SWU1309108）和重庆市社会科学规划项目（2010YBJJ25）

U0735082

农村教育投入：绩效、机制与模式

杨 斌 著

科学出版社

北 京

内 容 简 介

本书在深入考察中国农村教育发展现实的基础上，从充足性、公平性、效率性和效益性四个维度，重点分析并综合评价了中国农村教育投入绩效，深入剖析了制约农村教育投入绩效提升的障碍及其原因，系统探索了农村教育投入的可行模式与实现机制，力求为新时期中国农村教育投入体制改革与农村教育发展提供有益的参考。全书共分 10 章，主要内容包括：农村教育投入绩效理论分析框架、中国农村教育投入的总体考察、中国农村教育投入的绩效考察、中国农村教育投入的综合绩效评价、中国农村教育投入绩效偏差的根源考察、中国农村教育投入的模式选择、中国农村教育投入机制的重塑。本书既有农村教育投入及其绩效的理论研究，也有农村教育投入绩效的实证研究。内容新颖，重点突出，思路清晰。

本书既可为各级政府决策部门提供素材，也可供有关研究人员参考。

图书在版编目（CIP）数据

农村教育投入：绩效、机制与模式 / 杨斌著. —北京：科学出版社，2015.12
ISBN 978-7-03-046740-9

Ⅰ.①农…　Ⅱ.①杨…　Ⅲ.①乡村教育－教育投资－研究－中国
Ⅳ.①G725

中国版本图书馆 CIP 数据核字（2015）第 313512 号

责任编辑：杨　岭　冯　铂/责任校对：韩雨舟
责任印制：余少力/封面设计：墨创文化

科学出版社 出版
北京东黄城根北街 16 号
邮政编码：100717
http://www.sciencep.com
成都创新包装印刷厂印刷
科学出版社发行　各地新华书店经销
*
2016 年 1 月第 一 版　开本：787×1092　1/16
2016 年 1 月第一次印刷　印张：12.5
字数：280 000

定价：69.00 元
（如有印装质量问题，我社负责调换）

前　言

农村教育具有基础性、先导性、全局性作用，农村教育事业的发展关系到农村经济和社会发展的全局。加快发展农村教育事业，全面提升农村教育的水平，是提高农村劳动力素质，促进传统农业向现代农业转变，从根本上解决"三农"问题的关键所在。

三十多年来改革开放的宏伟进程，使得中国教育事业发生了极为深刻的变化，中国正在实现从教育大国向教育强国，从人口大国向人力资源大国的迈进。在这一历史跨越中，中国农村教育取得了令世界瞩目的伟大成就，实现了前所未有的发展。尤其是将农村义务教育全面纳入了国家公共财政的保障范围，实现了义务教育体制的深刻变革，农村中小学校的面貌发生了根本性的变化。与此同时，农村职业教育和成人教育也得到了不断的发展，农村教育为"三农"服务的能力得到了显著的增强。

但是，农村教育事业的发展水平与农村经济社会发展的强烈需求、与广大农民群众的殷切期望还有较大差距，农村教育的弱势地位并没有被彻底改变。教育资金缺口巨大、支出结构不合理、分配不公平以及资源利用效率低下等问题仍然困扰着农村教育。因此，大力加强农村教育投入绩效问题的研究，深入探寻解决中国农村教育资金瓶颈的最佳模式与机制，对于摆脱农村教育发展桎梏，从根源上治愈农村教育的顽疾具有十分重要的现实意义和理论意义。

有鉴于此，本书将以实现教育公平、教育均衡发展为目标导向，在公共产品、公共选择、教育公平等相关理论的指导下，综合运用多种研究手段与方法，深入考察中国农村教育投入绩效，系统探索农村教育投入的模式与机制，以期为各级政府制定农村教育投入与发展政策提供决策依据。

本书获得了西南大学经济管理学院、西南大学农业教育发展研究中心（10SKB05）、中央高校基金（SWU1309108）和重庆社会科学基金（2010YBJJ25）资助。研究过程中得到了各方的大力支持和帮助，在此表示诚挚的谢意。需要说明的是，研究中存在的缺点和不足由作者负责。

杨　斌
2015 年 1 月

目　录

第1章 总 论

1.1 研究背景及问题

新中国成立后,尤其是改革开放以来,中国的教育事业发生了翻天覆地的变化,农村教育更是取得了令世界瞩目的伟大成就,实现了前所未有的发展。

(1)青壮年文盲基本扫除。新中国成立之初,我国农村就面临着扫除文盲这一重要的教育问题与社会问题,1949年全国青壮年文盲率高达80%。党和政府高度重视扫除文盲工作,颁布了一系列有关扫盲教育的政策法规,积极推进扫盲工作深入开展。1988年,国务院颁布《扫除文盲工作条例》,对扫盲对象、标准、规划目标、政策措施作了具体规定。1993年,国务院颁发《中国教育改革和发展纲要》,提出在20世纪末全国基本扫除青壮年文盲,使青壮年文盲率下降到5%以下。经过长期不懈的艰苦努力,2000年如期实现了扫除青壮年文盲的目标,全国青壮年文盲率降至4%以下,成人文盲率降至9.08%。到2010年,全国青壮年文盲率已经降到2%以下,成人文盲率降到5%以下。

(2)农村义务教育逐步走向全面普及。改革开放以后,党和国家把普及九年义务教育作为教育工作的重中之重。1985年中央作出《关于教育体制改革的决定》,首次提出实行九年义务教育。1986年《义务教育法》的颁布和实施开创了中国教育史的新纪元,使我国普及义务教育有了法律保障。《中国教育改革和发展纲要》及其实施意见为义务教育的发展绘制了宏伟的蓝图,明确提出到2000年基本普及九年义务教育的宏伟目标。2000年,我国初步实现了"普九"的目标,义务教育的普及程度排在发展中人口大国的前列。2006年起,国家开始实施免费义务教育,这一政策惠及40多万所农村中小学、5000多万名农村义务教育阶段学生,大量因贫辍学的农家娃得以重返校园。到2011年底,全国所有县(市、区)和其他县级行政区划单位、所有省级行政区全部通过普及九年义务教育和扫除青壮年文盲的国家验收,实现"两基"目标,全国人口覆盖率达到100%[①]。

(3)农村高中阶段教育正加快普及。高中阶段教育是连结义务教育与劳动力市场以及高等教育之间的枢纽,加快普及农村高中阶段教育是发展农村公共事业,促进农村全面进步的必然要求,也是全面建设小康社会的必然要求。党的十六大报告首次提出2020年"基本普及高中阶段教育",十七大报告强调"加快普及高中阶段教育",十七届三中

---

① 中国普及九年义务教育和扫除青壮年文盲报告. 2012-9-11.

全会《决定》进一步要求"加快普及农村高中阶段教育，重点加快发展农村中等职业教育并逐步实行免费"。我国大多数地区已经具备了加快普及农村高中阶段教育的有利条件。2007 年在校生总数为 4527.5 万人，其中普通高中和中等职业教育分别为 2540.5 万人和 1987 万人。预计到 2020 年，全国 15～17 岁高中阶段学龄人口恰逢低谷，在校生只需从 2007 年的 4500 多万人增至 4950 万人，全国高中阶段毛入学率就将达到 95%，进一步覆盖农村多数学龄人口，届时农村高中阶段教育普及率有望超过 85%，进入"基本普及"的门槛①。2012 年秋季学期起，农村全面实行免费中等职业教育，将中等职业教育免学费政策范围扩大到所有农村学生、城市涉农专业学生和家庭经济困难学生。农村中等职业教育逐步免费的目标已经实现，这是我国政府继城乡免费九年义务教育全面实现之后的又一重大举措。

（4）农村教育的校舍条件和办学条件不断改善。据不完全统计，20 世纪 80 年代初，全国中小学危房面积占校舍总面积的 16%，且危房多数集中在农村②。经过 30 年的建设，到 2008 年底，全国农村初中和小学校舍建筑面积达 51980 万平方米，危房面积所占比例下降到 5.3%。2010 年，国家启动实施了农村义务教育薄弱学校改造计划，到 2012 年底，农村小学寄宿制学校宿舍生均面积达 3.1 平方米，初中寄宿制学校宿舍生均面积达 4.2 平方米。农村义务教育基本办学条件不断改善，农村中小学体音美器械配备达标学校的比例也有较大幅度提高，许多学校计算机配备实现了从无到有。2010 年农村普通初中每百名学生拥有 6 台计算机，农村普通小学每百名学生拥有 3.5 台计算机③。

（5）农村教育师资数量需求得到了有效缓解，师资水平不断提高。农村地区的师生比总体呈上升趋势，农村小学和初中学校的师生比从 2001 年的 1∶22.7 和 1∶20.1，分别上升到 2010 年的 1∶16.8 和 1∶14.1，农村小学和初中生均师资更加充足④。截至 2010 年底，我国共有农村教师 484.3 万人，农村小学、初中、高中分别有 50.2%、48.9%、52.3% 的教师具有中高级职务，农村小学、初中、高中专任教师学历合格率分别为 99.3%、98%、91.5%。其中，专科以上小学教师达 71.2%，本科以上初中教师达 54.8%，研究生学历高中教师达 2.1%⑤。

（6）农村教育投入力度与政策支持力度不断加大。从"九五"时期开始，国家加大了对农村教育的支持力度，先后实施了一系列支持农村教育发展的政策措施，如"国家贫困地区义务教育工程"、"中小学教师继续教育工程"、"两免一补"、"全国中小学危房改造工程"、"农村中小学现代远程教育工程"、"农村寄宿制学校建设工程"、"农村义务教育薄弱学校改造计划"等重大教育工程，以及东西部教育对口支援、城乡教育对口支援等政策，对于支持农村教育特别是贫困地区农村教育发展发挥了重要作用。

---

① 新华社. 2009-1-1.
② 中国教育报. 2009-4-28.
③ 2010 年全国教育事业发展情况. 中央政府门户网站 www.gov.cn.
④ 中国教育报. 2014-1-13、14.
⑤ 中国教育报. 2011-9-7.

目前，我国已逐步建立并完善了农村义务教育经费保障新机制，城乡免费义务教育全面实现，公共财政支撑义务教育的框架初步形成，义务教育真正实现了由人民教育人民办到义务教育政府办的跨越。

但是，与此同时，在发展过程中一些结构性、内涵性的问题也浮出水面，其中最为突出的就是城乡教育差距及地区教育差距的不断增大，教育公平、均衡发展等现代教育及现代社会的价值诉求正面临挑战。

我国的教育投入总体不足已成为不争的事实。"财政性教育经费占 GDP 的 4‰"这一目标，自 1993 年提出后，直到 2012 年才终于实现。教育投入有限，而这有限的教育投入又主要集中在大中城市，集中在高等教育，导致教育资源分配极不均衡。由于教育资源在地区之间、城乡之间、不同人群之间分布不均衡，许多贫困地区的教育发展步履维艰、困难重重。长期以来，农村教育的发展主要依靠地方基层政府和农民自己的投入。县乡等基层政府财力有限，于是本应由政府承担的农村教育投入责任就更多地落在了农民的身上。农村税费改革前，通过农业税、教育费附加、教育集资等形式，农村直接负担的农村义务教育经费比例平均为 35.5%，而政府只承担了不到 60% 的责任。农村实施税费改革、学校实行"一费制"后，农民的负担减轻了，但是农村义务教育经费的总投入大幅度减少，小学辍学率居高不下，农村中小学教师队伍不稳定，教师骨干流失严重，农村教育困难重重。虽然农村义务教育经费保障新机制实施后，实现了义务教育的全面免费，在一定程度上缓解了农村教育经费不足的困境。但是，农村教育仍然有许多根深蒂固的问题并没有得到彻底解决，而且一些新情况、新问题在新的形势下又不断产生，突出表现如下。

（1）公用经费紧张，学校运转困难。农村税费改革以前，农村中小学校公用教育经费的来源主要是杂费和农村教育费附加，税费改革以后，杂费则成了公用经费的唯一来源渠道，并且随着教育乱收费的治理，原来许多用于补充公用经费的收费项目也被取消。新机制实施后，由中央和省级财政全额负担公用经费，农村中小学公用经费虽然比改革前有所提高，但也只能维持学校基本运转，难以满足实际需要。特别是学生较少、办学规模较小的学校，按生均划拨的公用经费维持正常运营开支都存在困难。

（2）教师工资难以保障。由县财政统一支付教师工资以后，农村教师的基本工资部分能基本保证到位，但这部分工资只占教师工资的 50% 左右，除此之外的补助和津贴，却需要取决于各地的财政状况。新机制实施后，学校不能再向学生收取学杂费，而下拨的公用经费又明确规定不能用于人员工资、津贴、补助等。部分财政困难的地区，农村教师地方性补贴和社会保障政策难以完全兑现，尤其是乡镇学校原来发放的课时津贴、绩效奖励等失去了资金来源，教师实际收入有所减少，教师的工作积极性受到影响。

（3）农村中小学危房改造及解决"三难"资金依然短缺。由于农村中小学校舍大多修建于 20 世纪八九十年代，随着校舍年久失修，新增危房不断出现，目前正处于需要集中改造时期。税费改革前，农村中小学校舍修建和危房改造资金主要来源于农村教育费附加和教育集资，税费改革后教育集资被取消，由上级财政对校舍维修改造资金进行补助，财政对危房改造的投入与面临需要改造的校舍存在相当大的差距，学生"就餐难、如厕难、就寝难"的问题依然存在。

（4）农村教育债务控制难。教育负债是普遍现象，长期以来一直是各地政府、学校头痛的老大难问题。早期多数是"普九"欠债，进入"两基"攻坚阶段后，一些地方又出现举债搞攻坚的苗头。农村教育欠债中包括银行贷款、欠施工队的工程款以及大量对教师和其他个人的借款。税费改革前，农村学校通常是将教育费附加以及收取的部分学杂费用于归还借款利息或部分本金。实施新机制后，农村教育费附加取消，学杂费也大幅度减少，而国家明确规定补助资金不能用于归还欠债，学校还债的压力进一步加剧。

总之，上述现象与问题均与农村教育投入不足有关。教育经费缺口巨大、支出结构不合理、分配不公平以及资源利用效率低下等问题，成为困扰中国农村教育发展的最大难题。因此，加强农村教育投入问题的研究，深入探寻解决农村教育投入瓶颈的最佳模式与机制，全面提升农村教育投入绩效，对于摆脱农村教育发展桎梏，从根源上治愈农村教育的顽疾具有十分重要的现实意义和理论意义。

1.2　研究目标与思路

本研究的总体目标：以实现教育公平、教育均衡发展为目标导向，在教育投资、公共产品、公共选择和教育公平等相关理论的指导下，综合运用多种研究手段与方法，深入考察中国农村教育投入绩效，系统探索与创新农村教育投入模式与机制，为新时期农村教育投入体制改革与发展战略提供理论和实证的依据。围绕着这一总体目标，本研究的具体目标可以细分为：①从农村与农村教育的实际出发，研究教育投入与农村教育以及农村经济发展的关系；②探索农村教育投入绩效的内涵及其形成机理，并构建农村教育投入绩效评价体系；③通过系统考察与评价农村教育投入绩效，揭示出影响农村教育投入绩效提升的障碍及成因；④合理选择中国农村教育投入的模式；⑤科学设计中国农村教育投入的机制；⑥提出切实可行的提升农村教育投入绩效的政策建议。

本研究的基本思路：广泛吸收、利用已有理论资源，以中国农村教育发展需要为起点，在充分把握农村教育投入及其绩效基本内涵的基础上，依循来源、投入、分配、使用这一教育投入运行过程，揭示农村教育投入绩效的形成机理，构建本研究的理论框架。在全面考察中国农村教育投入历史与现状的基础上，综合运用多种研究手段与方法，重点分析并综合评价中国农村教育投入绩效，以此揭示出影响与制约农村教育投入绩效提升的障碍及成因，结合中国农村教育发展需要，积极探索和创新中国农村教育的投入模式和投入机制，并提出配套的政策建议。

具体实施研究方案时的技术路线如图 1-1 所示。

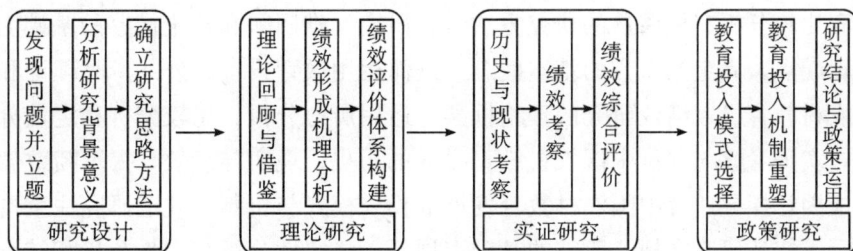

图 1-1 技术路线

1.3 研究内容与结构

本研究的内容包括理论研究、实证研究和政策研究三大部分，具体内容安排如下。

第1章总论。本章为研究计划设计，将阐明研究的问题及背景、目标、思路、内容、结构、方法与资料。

第2章农村教育投入绩效研究的理论基础。本章为研究的理论基础，主要回顾并借鉴国内外相关理论。

第3章农村教育投入绩效的理论分析框架。本章主要界定和阐明农村教育投入绩效的相关概念、内涵及性质，揭示农村教育投入绩效的形成机理，并构建农村教育投入绩效的评价体系。

第4章中国农村教育投入的总体考察。本章主要对中国农村教育投入的历史和现状进行考察。

第5章中国农村教育投入的绩效考察。本章分别从充足性、公平性、效率性和效益性四个维度对中国农村教育投入绩效进行实证分析。

第6章中国农村教育投入的综合绩效评价。本章是在第5章研究的基础上进一步对中国农村教育投入绩效进行综合评价，并对评价结果展开分析。

第7章中国农村教育投入绩效偏差的根源考察。本章从体制、经济、历史等层面深入剖析中国农村教育投入绩效偏差的根源。

第8章中国农村教育投入的模式选择。本章以公共产品理论、公共选择理论为基础，在借鉴国外实践经验的基础上，提出中国农村教育投入模式的可行选择。

第9章中国农村教育投入机制的重塑。本章重点阐明农村教育投入机制重塑的制度背景、指导思想与目标、基本原则与思路，并进行具体的制度设计。

第10章研究结论与政策运用。本章为研究结论的归纳与总结，并提出切实可行的政策建议。

1.4 研究方法与资料

本研究采用将规范研究与实证研究相统一，定性分析与定量分析相结合，历史分析、现实分析和比较分析有机渗透的研究方法。在研究文献回顾和理论借鉴的基础上，确定研究的逻辑起点，界定本研究的基本概念，进而运用教育投资、公共产品理论和分析范式，构建农村教育投入绩效研究的理论框架；运用历史分析、比较分析和定量分析的方法和手段，实证考察与评价中国农村教育投入的历史、现实与绩效，揭示绩效偏差所在并分析其成因，探寻适合中国农村教育发展的投入模式与机制。规范研究注重概念界定和内涵揭示；实证研究在规范研究的基础上展开，将定性分析与定量分析相结合。定性分析中，以历史分析、制度分析方法为主；定量分析中，注意时序与面板分析的结合，主要采用了数据包络分析、Tobit 回归分析、面板数据分析、粗糙集理论、信息熵等方法，强调数据可靠、方法实用和手段先进。

本研究的基础数据资料主要来源于《中国统计年鉴》（1991～2014 年历年）、《中国教育经费统计年鉴》（1997～2012 年历年）、《中国教育统计年鉴》（1991～2011 年历年）、《中国教育年鉴》（2000～2006 年历年）、《中国农村统计年鉴》（1997～2009 年历年）、《中国农业年鉴》（1999～2011 年历年）、《中国农村住户调查年鉴》（2000～2007 年历年）、《全国教育事业发展统计公报》（1998～2014 年历年）、《新中国五十年统计资料汇编》、教育部网站教育统计数据（1997～2014 年历年），以及中国统计局、教育部、财政部等相关网站。在研究中根据需要也参考了相关学者的研究成果，这些数据和资料在本书中都指明了出处。研究中必要的定性资料，主要来源于国家法律和政策公开的文件、权威性的报告、公告、规划、专业研究报告等。

第 2 章　农村教育投入绩效研究的理论基础

理论是实践的基础，理论的创新源于前人理论与客观现实的有机结合。本研究是在深入考察研究中国农村社会经济发展和农村教育发展的客观现实，并将其与前人的相关理论研究成果相结合的基础上展开的。根据研究目标和理论假设的逻辑推演，本研究可借鉴的理论资源主要有：教育投资理论、公共产品理论、公共选择理论、教育公平理论等。

2.1　教育投资理论

2.1.1　西方教育投资理论的简单回顾

1. 古典经济学的教育投资思想

以亚当·斯密为代表的古典经济学认为，教育和培训有助于资本的形成。亚当·斯密在其著名的《国富论》中首次把人的经验、知识、能力看作是创造国民财富的重要来源，特别指出。他认为人的经验、知识和能力是创造国民财富的重要来源，并指出"学习一种才能，须受教育，须进学校，须做学徒，所费不少。这样费去的资本，好多已经实现并且固定在学习者身上。这些才能，对于他个人自然是财产的一部分，对于他所属的社会，也是财产的一部分。工人增进的熟练程度，可和便利劳动、节约劳动的机器和工具同样看作是社会上的固定资本。学习的时候，固然要花费一笔费用，但这种费用，可以得到偿还赚取利润"[①]。亚当·斯密还指出了政府教育投入的必要性，认为"只要花很少的钱，国家就能方便、鼓励，甚至强迫全体人民必须获得这些最主要部分的教育"[②]。虽然亚当·斯密最终并没有把人和资本结合起来，但是最原始的教育投入思想已经在他的思想中形成。

2. 新古典经济学派对教育投资思想的发展

19 世纪新古典经济学的代表人物雷里昂·瓦尔拉斯、李斯特和阿尔弗雷德·马歇尔等在古典经济学基础上进一步发展了教育投资思想，形成了人力资本概念的雏形。

---

① 亚当·斯密. 国民财富的性质和原因的研究. 郭大力，王亚南，译. 北京：商务印书馆，1981：258.
② 亚当·斯密. 国富论（上卷）. 杨敬年，译. 西安：陕西人民出版社，2001：319.

19世纪40年代，德国历史学派先驱李斯特，在《政治经济学的国民体系》中，提出了"精神资本"和"物质资本"两个概念，他认为"各国现在的状况是我们以前许多时代一切发现、发明改进和努力等积累的结果，这些就是现代人类的精神资本"[①]，而所谓"精神资本"实际上就是来自于智力方面的成果的积累。李斯特认为人类创造财富不仅仅是通过体力劳动的形式，"维持法律与秩序、培养和促进教育、宗教、科学、艺术的人的精神劳动力具有生产性"，并且主张"一个国家的最大部分消耗，是应该用于后一代的教育，应该用于国家未来生产力的促进和培育"[②]。

19世纪末20世纪初，新古典学派的代表人物马歇尔将对教育投资的认识提到一个新的高度。他在《经济学原理》中，详细阐述了教育投资所具有的经济价值，提出了"用于人的教育的投资，是最有效的投资"，"在所有资本之中，最有价值的就是对人投资而形成的资本"，"一个伟大工业天才的经济价值，足以抵偿整个城市的教育费用"[③] 等观点。马歇尔对教育投资经济效益的分析，体现了教育投入思想的进一步成熟与深化。

真正使人力资本的概念得以确立的是费雪，他提出资本应该包括能随时产生一系列劳务的东西或者客体，而所有资本发挥作用的效果取决于人的能力高低，故存在人力资本。但由于当时占主流地位的马歇尔认为费雪的定义与当时市场经济的实际情况不相符合，致使他的人力资本的概念并未得到广泛认可。

3. 现代人力资本理论对教育投资思想的深化

"人力资本"这一概念最早是由美国的沃尔什于1935年在《人力资本观》一文中提出的。经过20世纪50年代中期和60年代初期的发展，人力资本逐渐形成了一套成熟的理论体系。现代人力资本理论的主要代表人物是西奥多·舒尔茨、加里·贝克尔、雅各布·明赛尔和爱德华·丹尼森。

人力资本理论的主要观点包括：第一，人力资本和物力资本都是通过投资形成的，二者都是生产性投资，都是推动经济增长的重要因素，而且人力资本投资的重要性越来越突出。第二，教育投资是人力资本投资的核心，教育投资的增长速度大于物力资本投资的增长速度，通过教育投资获得的人力资本投资在促进经济增长方面的作用比物力资本投资更为明显。第三，教育可以使个人收入社会分配的不平等现象趋于减少。通过教育可以提高人的知识和技能，提高生产能力，从而增加个人收入，使个人工资和薪金结构发生变化[④]。

人力资本理论不仅对教育在经济增长中的作用给予了高度重视，而且把成本—效益分析方法引入了教育管理，这是方法论上的一个突破，为定量分析教育投资的经济效益提供了一种新的分析方法。

---

① 李斯特. 政治经济学的国民体系. 陈万煦，译. 北京：商务印书馆，1961：125.
② 李斯特. 政治经济学的国民体系. 陈万煦，译. 北京：商务印书馆，1961：127.
③ 马歇尔. 经济学原理（上卷）. 朱志泰，译. 北京：商务印书馆，1983：319, 233.
④ 曲恒昌，曾晓东. 西方教育经济学研究. 北京：北京师范大学出版社，2000：25-46.

2.1.2 马克思恩格斯的教育经济思想

从严格意义上讲，在马克思和恩格斯的整个理论学说中，并没有系统的教育投资理论，但是他们在劳动价值理论、社会再生产理论中对教育的功能、教育的经济价值、教育与社会再生产的关系等所作的精辟论述，对于当代教育投资理论的发展无疑具有重要的指导意义。

1. 劳动价值论与教育对经济增长的贡献

劳动价值论指出，劳动力不仅是创造使用价值的力量和源泉，而且是"创造价值的力量，是价值的源泉，并且——在适当使用的时候——是比自己具有的价值更多的价值的源泉。"但是，劳动力创造价值的多少，是与劳动力的教育程度密切相关的。

马克思把生产商品的劳动分为简单劳动和复杂劳动。所谓简单劳动，是指一般人类劳动，是简单劳动力的耗费，"它是每个没有任何专长的普通人的机体平均具有的简单劳动力的耗费。"所谓复杂劳动，则是需要经过一定的专门的教育和训练，使劳动者具有一定的劳动技能和知识的劳动，"比较复杂的劳动只是自乘的或不如说多倍的简单劳动。因此，少量的复杂劳动等于多量的简单劳动①。"马克思还指出，"比社会平均劳动较高级、较复杂的劳动，是这样一种劳动力的表现，这种劳动力比普通劳动力需要较高的教育费用，它生产要花费较多的劳动时间，因此它具有较高的价值。既然这种劳动力的价值较高，它也就表现为较高级的劳动，也就在同样长的时间内物化为较多的价值②。"同时，马克思又指出，"由于总体工人的各种职能有的比较简单，有的比较复杂，有的比较低级，有的比较高级，所以，他的器官，即各个劳动力，需要极不相同的教育程度，从而具有极不相同的价值"③。可见，劳动力的劳动复杂程度与它的教育费用、所花费的时间以及它自身价位和所创造的价值等，都是成正比例关系的，而复杂劳动等于倍加的简单劳动，正是由于教育和训练的结果。

2. 社会再生产理论与教育在社会再生产中的地位

根据马克思、恩格斯的社会再生产理论，社会再生产过程是物质资料再生产、劳动力再生产、社会生产关系再生产的有机统一。正如马克思指出的："社会生产过程既是人类生活的物质生存条件的生产过程，又是一个在历史上经济上独特的生产关系中进行的过程，是生产和再生产着这些生产关系本身，因而生产和再生产着这个过程的承担者、他们的物质生存条件和他们的互相关系即他们的一定的社会经济形式的过程④。"

社会再生产理论指出，只有当物质资料再生产和劳动力再生产在整个生产过程数量

---

① 马克思，恩格斯. 马克思恩格斯全集. 第 23 卷. 北京：人民出版社，1972：57-58.
② 马克思，恩格斯. 马克思恩格斯全集. 第 23 卷. 北京：人民出版社，1972：223.
③ 马克思，恩格斯. 马克思恩格斯全集. 第 23 卷. 北京：人民出版社，1972：198.
④ 马克思，恩格斯. 马克思恩格斯全集. 第 25 卷. 北京：人民出版社，1972：925.

上比例协调，质量上相互适应时，社会物质再生产才能得以实现。社会再生产的顺利进行和整个社会经济的发展，也正是这两种再生产的有机结合和相互作用，共同促进的结果。其中，劳动力的再生产是整个社会生产和再生产中起决定性作用的组成部分，因为劳动力是生产力中最活跃的因素，一切工具的发明、制造和科学技术的进步，都取决于劳动力的体力和智力。这也就意味着，要实现整个生产力再生产的正常进行，必须首先实现劳动力的再生产。

社会再生产理论把劳动力的再生产分为两个方面：一是指现有劳动力的恢复和保持；二是指新劳动力的延续和培养。这里不是把劳动力的生产和再生产简单地只看作人的自然机体数量的增加，而是包括人的各种能力的生产和再生产，并把人的各种能力的培养看作主要是教育的作用和结果，因为"教育会生产劳动能力"①。因此，提高人的各种能力，培养和训练新的劳动力必须通过教育才能实现，教育是劳动力再生产的重要手段，主要表现在以下几个方面：第一，教育可以生产人的劳动能力。马克思认为，"教育可以使年轻人很快就能够熟悉整个生产系统，它可使他们根据社会的需要或他们自己的爱好，轮流从一个生产部门转到另一个生产部门"②。这是因为人的劳动能力是在后天社会实践活动中获得的，是通过教育和训练获得的。第二，教育可以改变人的劳动能力的性质和形态。马克思指出，教育可以"使劳动能力改变形态……使劳动能力具有专门性"③，"要改变一般的人的本性，使它获得一定劳动部门的技能和技巧，成为发达的和专门的劳动力，就要有一定的教育或训练④。"也就是说，教育可以把一个从事简单劳动的劳动力，发展改变为可以从事复杂劳动的劳动力。第三，教育可以使科学技术转变为现实的生产力。马克思指出，"生产力里面也包括科学在内"⑤，但是科学技术只是一种知识形态的潜在生产力，只有应用于生产，才能转变为现实的生产力。要实现这种转变，必须通过教育。科学技术的生产有赖于教育造就出高质量的科学家和科技人才；而科学技术的再生产，也需要通过教育。教育可以大大缩短科学知识再生产的必要劳动时间，因为"再生产科学所必要的劳动时间，与最初生产科学所需要的劳动时间是无法相比的，如学生在一小时内就能学会二项式定理⑥。"

2.1.3　中国教育投资理论的发展

中国古代就有一些政治家和思想家意识到了教育对于社会、经济的意义，提倡对教育予以投入，这可以说是教育投入思想的雏形。比较典型的有管仲、墨子、孟子等代表人物。近代以来，一些思想进步的教育家、思想家、革命家也开始注意到教育对于改良

---

① 马克思，恩格斯. 马克思恩格斯全集. 第26卷. 北京：人民出版社，1972：210.
② 马克思，恩格斯. 马克思恩格斯全集. 第23卷. 北京：人民出版社，1972：233.
③ 马克思，恩格斯. 马克思恩格斯全集. 第26卷. 北京：人民出版社，1972：159.
④ 马克思，恩格斯. 马克思恩格斯全集. 第23卷. 北京：人民出版社，1972：195.
⑤ 马克思，恩格斯. 马克思恩格斯论科学技术. 北京：人民出版社，1972：29.
⑥ 马克思，恩格斯. 马克思恩格斯全集. 第26卷. 北京：人民出版社，1972：377.

社会和促进国家富强的作用，如魏源、龚自珍、孙中山、蔡元培、黄炎培、陶行知、杨贤江等。但是中国近代的教育投入思想只能见之于少数大家或学者的思想主张中，并未形成系统的理论。

中国教育投资理论的真正产生和发展应当是始于 20 世纪 80 年代初中期，随着改革开放的进行，国际学术交流日益频繁，西方教育投资理论与思想随之进入中国。受此影响，国内开始对教育投资相关问题进行研究，如早期的厉以宁教授所著的《教育经济学》、易宗喜等所著的《教育经济学教程》、王善迈所著的《教育经济学概念》等。这一时期的研究主要集中于对一些基本概念、原则以及教育与再生产的关系、教育与经济的关系、教育与就业等定性研究，对教育投资进行定量分析和研究的很少。

进入 20 世纪 90 年代以后，随着计划经济逐步向社会主义市场经济体制转轨和人力资本理论的影响力逐步扩大，教育投资开始成为一个研究的热点问题，对于教育投资的研究也逐步过渡到以定量分析为主，研究的范围也随之扩大，主要集中于以下几个方面。

1. 教育与经济增长的关系

这一时期开始出现大量关于教育对经济增长贡献的定量研究，只是研究方法、选择指标各不相同，研究结果也不尽相同。靳希斌[①]、王玉昆[②]分别运用劳动简化法、劳动生产法等估算了 1952～1978 年中国教育对经济增长额的贡献率。沈利生、朱运法结合中国的实际情况对人力资本与经济增长的关系做出了定量分析[③]。朱舟从教育的成本收益入手，分析了教育投资率对于投资过程的影响和个人投资的行为过程[④]。李宝元则扩大了研究范围，不仅从教育投资的角度，同时将健康等其他人力资本积累因素考虑进来研究人力资本与经济增长的关系[⑤]。樊胜根的研究表明，政府在农业研发、灌溉、教育和基础设施领域的投入中，教育公共投资的扶贫效果最大，同时，教育对农业 GDP 的回报率在各种公共投资中排名第二。因此，增加对教育的投资绝对是一个"双赢"策略[⑥]。

2. 教育产业化问题

教育产业化问题一度成为中国教育领域及社会各界最为关注的问题，对于教育能否产业化是争论的最大焦点。持教育不能产业化观点的一方，认为教育是公益性事业，应该把社会效益放在首位。萧灼基教授认为："从总体说教育是一种公益性的事业，以追求

①　靳希斌. 人力资本理论阐释——兼论教育的人力资本价值. 广西师范大学学报（哲学社会科学版），2003，(3)：71-74.

②　王玉昆. 教育生产成本函数管理方法与技术. 中小学管理，1998，(6)：13-15.

③　沈利生，朱运法. 人力资本与经济增长分析. 北京：社会科学文献出版社，1999.

④　朱舟. 人力资本投资的成本收益分析. 上海：上海财经大学出版社，1999.

⑤　李宝元. 人力资本与经济发展. 北京：北京师范大学出版社，2000.

⑥　樊胜根. 经济增长、地区差距与贫困——中国农村公共投资研究. 北京：中国农业出版社，2002.

社会效益为目的……需要把提高教育质量和社会效益放在首位①。"赵海宽认为："公办学校只可能有限度地引进某些市场机制，不可能也不应该改变其为社会服务的宗旨，特别是义务教育更是这样②。"王善迈教授认为，如果将市场机制完全移植到教育中，实现教育的产业化，那么将会导致四个后果：一是引起教育机会的不均等；二是可能导致入学率的降低；三是政府的教育投入将减少；四是教育的异化③。持教育应该产业化观点的一方，则认为教育产业化有利于解决教育供给不足的问题。杨德广认为："发展教育产业，扩大办学规模，既有必要性又有相对性，通俗地说，人们愿意花钱买知识，花钱接受教育，就像到商店去购买商品一样④。"左中和认为："教育产业化是一种可再生的教育资金投入方式，把教育变成一种产业，通过投资与收益的良性循环，实现教育投资资金的保值和增值，从而保证教育投入的持续性增长，根本上解决教育供给能力不足的状况⑤。"胡瑞文和陈国良认为，将教育作为一种产业来运作，用产业经济的思路可以在很大程度上解决中国政府教育投入严重不足的财政支撑能力矛盾⑥。

3. 城乡教育均衡发展问题

城市与农村之间的巨大差距已经成为中国社会的主要矛盾，极大地影响了社会的公平，因此，教育均衡发展问题成为教育投入研究中的一个热点。王善迈等对中国区域教育发展不平衡的现状进行了统计分析，认为地区间教育投入不公平是教育发展不平衡的重要原因⑦。杨国勇和汪雷认为，现阶段，在中国的教育事业发展中存在诸多方面的不公平现象，但最主要和最根本的不公平是城乡义务教育的不公平，城乡义务教育的政府投入存在着严重的不公平，而且这种不公平正在日益扩大⑧。张乐天认为中国社会长期存在的城乡分割对立的二元经济结构和社会体制是使城乡教育产生严重差别的社会制度原因⑨。王蓉指出由于中国具有"二元"结构及地区发展不平衡的特征，城乡与地区间义务教育投资不平衡⑩。张玉林则指出在经济极端贫困的农村地区以及地区内部差距过大的省

①　萧灼基. 发展教育产业须正确处理好十大关系//教育产业在中国的理论与实践论文集. 北京：中国经济出版社，2000：16.

②　赵海宽. 鼓励民间办学促进教育改革//教育产业在中国的理论与实践论文集. 北京：中国经济出版社，2000：35.

③　王善迈. 关于教育产业化的讨论. 北京师范大学学报（人文社会科学版），2000，(1)：12-16.

④　杨德广. 发展教育产业的必要性与现实意义//教育产业在中国的理论与实践论文集. 北京：中国经济出版社，2000：124.

⑤　左中和. 产业之路：中国教育改革的重要途径//教育产业在中国的理论与实践论文集. 北京：中国经济出版社，2000：102.

⑥　胡瑞文，陈国良. 用产业经济的思路促进中国教育超常规发展//教育产业在中国的理论与实践论文集. 北京：中国经济出版社，2000：165-166.

⑦　王善迈，杜育红，刘远新. 我国教育发展不平衡的实证分析. 教育研究，1998，(6)：19-23.

⑧　杨国勇，汪雷. 公共经济学视角下农村义务教育政府投入机制研究，经济社会体制比较，2007，(2)：121-124，131.

⑨　张乐天. 城乡教育差别的制度归因与缩小差别的政策建议. 南京师范大学报（社会科学版），2004，(3)：71-75.

⑩　王蓉. 义务教育投入之公平性研究. 经济学季刊，2003，(2)：17.

份，教育的管理主体应该和投资主体一样，上升到省一级政府，便于地区和城乡统筹①。谢维和认为改善教育公平的政策不仅应该用于改善贫苦、农村和边远地区义务教育中的不公平问题，还应该重视教育资源配置，尤其是优质教育资源分配体制和机制的优化②。

4. 农村教育投入体制问题

刘泽云和胡延品研究认为，中国农村义务教育出现的问题表面上看是由经费短缺造成的，但从根本上讲是体制问题，即农村义务教育财政体制问题③。马国贤的研究表明：分散型的教育投资配置模式虽然调动了地方政府和社会大力兴办基础教育的积极性，但也造成了农村义务教育经费的短缺和区域发展的不平衡④。周宏认为"分级办学"管理体制成为滋生腐败的土壤和温床⑤。王善迈和曹夕多分析到义务教育经费绝对量和相对量的不足、省区和学校间的资源分布不均衡的问题需要重构中国义务教育财政体制来进行完善⑥。陈冰通过比较美国的预算管理制度，指出了中国义务教育投入体制预算制度的缺陷⑦。针对中国农村教育投入体制的缺陷，汪海燕提出应建立相对集中的教育投资体制，即由中央政府或省级政府与基层地方政府共同承担，其中，中央或省级政府应在整个义务教育投资中承担相对多的义务与责任⑧。王蓉提出，一个理想的义务教育财政体制应该具有保障教育公平、确保义务教育利益和促进效率和效益的特点⑨。

总体而言，国内外有关教育投资的理论与观点是相当丰富的，它们能够为本书对农村教育投入绩效的研究提供必要的参考，尤其对于农村教育投入的效益性分析具有重要的指导意义。

2.2　公共产品理论

公共产品是经济学家研究经典内容之一，对这一研究对象的认识经历了一个较长期的过程。早期对公共产品进行分析的可以追溯到大卫·休谟。休谟虽没有直接提出公共产品的概念，但他在《人性论》中提出，对于每个人都有益的物品应由集体行动来完成，后人将此称为集体消费品，这可以视为公共产品概念的雏形。其后，亚当·斯密在《国富论》中也对公共产品作过分析，他认为，国防、司法、公共工程等对于社会很有益处的公共服务，在由社会统一经营时，其利润通常能够补偿所费而有余，但若由个人或少

①　张玉林. 中国城乡教育差距. 战略与管理，2002，(6)：55-63.
②　谢维和. 中国的教育公平与教育发展（1990—2005）. 北京：教育科学出版社，2008.
③　刘泽云，胡延品. 我国农村义务教育财政体制的困境与对策. 2003 年全国教育经济学年会主题发言论文，24-29.
④　马国贤. 中国义务教育资金转移支付研究. 财经研究，2002，(6)：46-52.
⑤　周宏. 关于我国农村义务教育管理体制改革的新思考. 教育发展研究，2001，(1)：56-95.
⑥　王善迈，曹夕多. 重构我国公共财政体制下的义务教育财政体制. 北京大学教育评论，2005，(4)：25-30.
⑦　陈冰. 中美基础教育预算管理比较. 当代教育科学，2005，(1)：16-19，25.
⑧　汪海燕. 试论我国义务教育财政体制. 当代教育论坛，2006，(4)：24-25.
⑨　王蓉. 义务教育投入之公平性研究. 经济学季刊，2003，(2)：17.

数人经营，则决不能补偿其所费，因此应该由政府出面[1]。后来，穆勒在其名著《政治经济学原理》中以灯塔为例来说明，像灯塔这样的产品，个人不可能主动建造，原因在于，这类产品建造者和提供者很难对使用者收费以补偿建造费用并获利，解决的办法只能是，由政府采用收税的办法建造和提供[2]。

2.2.1 公共产品与私人产品

马歇尔在其 1890 年的论著中，首先对公共产品的定义作出了较为明确的阐述。他认为，公共产品是不同于私人产品的。对于私人产品，任何人不付费就不能消费；而公共产品则只要有人提供了，任何人不付费也能享受[3]。后来，Samuelson 给出了公共产品的经典定义："每个人对这种产品的消费都不会导致他人对该产品消费的减少[4]。"西方经济学家将此定义引申，与私人产品的特性相对比，提出了公共产品的三种特性。

（1）效用的不可分割性（non-divisibility），即公共产品为全体社会成员提供，具有共同受益或者联合消费的特点，其效用应为整个社会成员所共享，而无法将其分割为若干部分，分别归属于某些个人或者厂商享用，也不能按照谁付款谁受益的原则来限定为之付款的个人或者厂商享用。

（2）消费的非竞争性（non-rivalry），即消费者对公共产品的消费并不排斥和妨碍其他消费者的同时享用，也不会因此减少其他消费者享用该公共产品的数量和质量。也就是说，在产品数量既定的前提下，多一个消费者引起的社会边际成本为零：一是在生产方面，不需要追加资源的投入；二是在消费方面，不会减少其他消费者的满足程度，想要排除那些能从消费中获利正效用的人是缺乏效率的。

（3）受益的非排他性（non-excludability），即公共产品一旦提供出来，不可能排除任何人对它的消费：一是任何人不可能不让别人消费它，即使有独占的念头，但是在技术上没有办法排除他人对公共产品的消费，或者即使在技术上可以实现排他，但排他的成本过于高昂，以至于在经济上不可行；二是任何人不得不消费它，即使不情愿，也无法拒绝，如国防，环境保护带来的清洁空气等；三是任何人都可以消费相同数量。

2.2.2 准公共产品

现实生活中，纯公共产品并不普遍存在。一些产品虽然具有消费的非竞争性，但在技术上却能够实现受益的排他性；而另一些产品虽然不具有消费的非竞争性，却因为排他的成本过高而很难在技术上实现受益的排他性。显然，这些产品既不能完全具备纯公共产品的特性也不完全具备纯私人产品的特性，而是两种性质兼而有之。纯私人产品和

① 亚当·斯密. 国民财富的性质和原因的研究. 郭大力，王亚南，译. 北京：商务印书馆，1981：287-288.
② 约翰·穆勒. 政治经济学原理. 赵荣潜等，译. 北京：商务印书馆，1991：197-198.
③ 张馨. 公共财政论纲. 北京：经济科学出版社，1999：594.
④ Samuelson P. The pure theory of public expenditure. Review of Economics and Statistics, 1954, 11 (36): 387-389.

纯公共产品实际上可以被看作是一个产品属性的两个极端，介于这两极之间的既具有公共产品的部分特性又具有私人产品部分特性的产品是混合产品，也称为准公共产品。准公共产品可以分为两类。

第一类是具有排他性和一定范围非竞争性的产品。一定范围的非竞争性是指，这类产品在消费中都有一个饱和界限，在产品消费还远未达到饱和状态时，产品的消费具有非竞争性，增加一个消费者不会减少其他消费者的效用，不会因此而增加产品的成本；但是，当该产品消费趋于饱和状态时，增加一个消费者会减少其他消费者的效用。因而这类产品的非竞争性是局限在一定范围之内的。这类产品的另一个特征是排他性，以较低的排他成本不让某些消费者消费这种产品，从技术上来说是完全可能的。通过收取较低的费用，可以避免该类产品使用出现拥挤。这样的例子有公园、高速公路、桥梁等，如果不对这些产品进行收费，那么会变得十分拥挤。

第二类是非竞争性和非排他性不完全的产品。这类产品在消费中往往既有明显的内部效益，又有显著的外部效益。其中，竞争性和排他性主要通过该类产品的内部效益反映出来。例如，教育这种产品，受教育者通过接受教育，学到知识、掌握技能，从而提高自身在未来经济活动中的竞争能力，也增强了自己获取收入与享受生活的能力，这是一种内部效益。一方面这种内部效益完全为受教育者所拥有，其受益内部化，说明该产品在消费中具有竞争性；另一方面针对内部效益，按照其未来生产要素报酬进行收费从技术上来说不仅是可能的，而且容易实现，说明其在消费中还具有排他性。教育产品的非竞争性和非排他性主要通过这类产品的外部效益反映出来。这表现为这种产品在给受教育者个人带来收益的同时，还有相当一部分收益外溢给社会，如社会成员通过接受良好的教育，有助于提高一个国家的民族文化素养，改善人们的生活与工作环境等，这是一种外部效益。一方面这部分外部效益为所有社会成员所共享，其受益外部化，说明这类产品具有非竞争性；另一方面这部分收益外溢的边界是不清楚的，这意味着要对某些消费者进行排斥从技术上来说是不可能的，说明这类产品还具有非排他性。这类产品所提供的一些利益对个人来说是可分的，这一点具有私人产品的特征，而其提供的另一部分利益对社会来说却是不可分的。因此，这类产品的非竞争性和非排他性是不完全的。

本书是针对农村教育投入及其绩效的研究，故而研究首先需要明确投入的对象——农村教育的基本属性，在此基础上才能进一步确认投入的主体及其相应的责任，然后才能对投入主体及其行为作出绩效评价。因此，公共产品理论为农村教育的属性判断提供了基本的理论依据，是本书研究的基本逻辑起点。

2.3　公共选择理论

公共选择理论作为西方经济学的一个分支，是运用经济学的分析方法来研究政府决策的方式和过程的理论，又常被称为"新政治经济学"或"政治的经济学"。公共选择理论最早出现于 20 世纪 40 年代，50 年代以后逐渐形成了公共选择理论的基本理论框架，

80 年代早期开始受到西方国家政府的高度重视。自 1986 年布坎南获得诺贝尔经济学奖之后，公共选择理论更是得到了迅速发展和传播，被广泛运用于经济学、政治学、社会学等领域，成为研究公共政策的必备理论和工具。公共选择理论的代表人物有詹姆斯·布坎南、丹尼斯·缪勒、塔洛克、奥尔森等。

2.3.1　公共选择理论的含义

用公共选择理论的代表人物布坎南的话来说："公共选择是政治上的观点，它以经济学家的工具和方法大量应用于集体或非市场决策而产生"，"它是观察政治制度的不同方法"①。Mueller 认为："公共选择理论可以定义为非市场决策的经济研究，或者简单地定义为把经济学应用于政治科学。公共选择的主题与政治科学的主题是一样的：国家理论、投票规则、投票者行为、政党政治学、官员政治等"②。这一观点常被西方学者引用为公共选择理论的经典定义。由此可见，公共选择理论主要研究的是政府的决策，然而公共选择理论使用的是经济学的研究方法，它的基本假定就是经济学的"经济人"假定。因此，公共选择理论是采用经济学的理论假设和分析方法来研究公共决策（特别是政府决策）或者非市场决策的问题，是着眼于市场与政治的不足之处，试图使政治与经济理论相互弥补，而并不是抛开市场因素只限于政治领域。公共选择理论的主要贡献在于：证明了市场的缺陷并不是把问题转交给政府去处理的充分条件，同时以市场经济条件下政府行为的限度或局限以及"政府失灵"问题作为研究重点，分析政府行为的效率并寻求政府有效率工作的规则和制约体系。

2.3.2　公共选择理论的基本内容

公共选择理论研究的是公共选择的问题。公共选择是一种选择方式，指的是与个别私人选择相区别的集体选择，这种集体选择是通过民主过程来决定公共产品的供给、需求和产量，它是一种把私人选择转化为集体选择的机制或过程，是对资源配置的非市场决策。从此意义上讲，公共选择其实就是一个政治过程。作为一个政治过程，公共选择要经过立宪、立法或议会与行政和司法三个阶段。

第一阶段是立宪阶段，此阶段所作的选择是制定或改变根本性的法规，以约束人们的行为。公共选择要决定公共产品的决定规则，即决定按何种原则把社会各成员的偏好加总起来，以确定社会需求的公共产品量，按何种原则确定各阶层要负担的税收。例如，是全体一致，还是少数服从多数；是直接决定即全民公决，还是间接决定即由议会或立法机关机构决定，这些都是公共产品决定之前事前规定的。

第二阶段是立法阶段，此阶段主要是在现行的规则和法律范围内展开集体活动。如果是代议民主制，则由民选议员在议会通过立法程序，讨论表决各种方案，这些方案涉

---

① 詹姆斯·M·布坎南. 自由、市场和国家. 吴良健，桑伍，曾获，译. 北京：北京经济学院出版社，1998：12.
② Mueller D C. Public Choice. London：Cambridge University Press，1989：1-2.

及从投票人对公共产品的偏好中确定出公共产品的社会需求量,最后通过的法案就是社会所需要的、政府将提供的公共产品量。

第三阶段是行政和司法阶段,这是执行阶段,是由政府行政机构产生和提供社会所需要的、议会所决定的公共产品,即将立法机构通过的法案具体付诸实施,并且执行各项决策。三个阶段中,此阶段的问题最多,操作难度也是最大的,因此,通常认为行政和司法阶段是公共选择理论最为重要的阶段。

2.3.3 公共选择理论的研究方法

第一,方法论的个人主义。所谓"方法论的个人主义",是指与"方法论的集体主义"相对的,把作为微观经济分析出发点的个人视为集体行为的出发点,把个人的选择作为集体选择的基础。公共选择理论研究的是政治的决策过程,而政治决策实际上是集体行为,而公共选择理论却把个人看作决策的最基本单位。布坎南认为:"集体行动被看成是个人在选择通过集体而不是经由个人来实现目的时的个人活动,政治被视为不过是一系列过程,或一种允许上述活动产生的机构"[1],公共选择理论主张用个人的动机和目的来解释政治行为和经济行为。因此,政治决策过程与经济运行过程一样,同样可以采用个人主义的分析方法。

第二,经济人假说。所谓经济人假说,就是指人看作是一个自利的、理性的、追求效用最大化的人。公共选择理论以前,经济学与政治学采取两种完全相反的标准对人类行为进行分析。经济活动主体是经济人,只受狭隘的个人利益驱使;政治活动的主体是集体利益的代表人,只受公共利益驱使。但是,在经济决策的分析当中,人人都是利己主义者,但是在政治决策分析中,同样的人却又变成了利他主义者,这使对人的分析就陷入了两难的境地。公共选择理论将"经济人"假说应用于政治决策分析,将人的自利行为从市场领域扩展到政治领域,从而避免了这种两难的境地,体现出对人类行为分析的一致性。

第三,经济学的交换范式。公共选择理论把政治过程看成一种与市场交换过程相类似的活动,将政治学也看作是一门交换的科学,并且在这个基础上提出了"政治市场"的概念,即指人们在参与政治活动时,与其他政治个体和组织发生相互关系的场所。政治市场与经济市场相类似,由供求关系决定,但其需求的一方是选民、利益集团,供给的一方却是政治家和官员。不管是供需的哪一方,在进行选择的时候,首先要对自身的成本与收益进行衡量。只有在一项集体活动的决策中,他投赞成票所带来的自身收益远大于他所需负担的实际成本时,他才会投赞成票,否则他要么弃权,要么投反对票。因此,政治市场交易结构与经济市场一样,最终由人的自利本性来决定,有效率的政策结果并不产生于某个政治领袖的头脑,而是产生于团体之间或组成团体的个体之间的相互讨价还价、妥协与调整的政治过程。

---

[1] 詹姆斯·M·布坎南. 自由、市场和国家. 吴良健,桑伍,曾获,译. 北京:北京经济学院出版社,1998:9.

　　政府的财政投入是农村教育投入的主要来源，财政教育投入的规模与水平直接影响和决定着农村教育投入的水平。因此，激励与约束政府的教育投入行为是提升农村教育投入水平和绩效的关键。公共选择理论的分析思维能够为我国农村财政教育投入决策机制的改革与完善提供一定的借鉴，它的一些分析思路与方法也能为我们研究农村教育投入模式与机制提供有益的启示。

2.4　教育公平理论

2.4.1　教育公平的含义

　　公平（equality）是一种社会规范，人类社会追求的理想之一。"公"是指公正、合理，能获得广泛的支持，"平"是指平等、平均，"公平"就是公正、平等。社会公平就是社会的经济利益、政治利益和其他利益在全体社会成员之间合理而平等的分配，它意味着人身平等、地位平等、权利的平等、分配的合理、机会的均等和司法的公正，是人类的崇高理想和永恒的价值追求。

　　教育公平的观念源远流长，早在两千多年前我国古代大教育家孔子提出的"有教无类"的主张就蕴涵着教育公平的思想。古希腊的大思想家柏拉图也提出教育公平的思想：第一，为了使每个人都能通过教育获得发展，必须提供相同的教育机会，这种机会不应受地域、种族、经济状况、家庭背景等外在因素影响；第二，教育的大门应向有才能的人开放，教育的公平就是让才智出众的学生享有优越的机会[①]。近代西方资产阶级致力于把"平等"推广到教育上，寻求教育的公平。到 18 世纪末，一些西方国家开始把教育公平的思想转化为立法措施，在法律上明确了人人都有受教育的平等权利。近现代的西方社会，在不同的时期又出现了保守主义的教育公平观、自由主义的教育公平观和激进主义的教育公平观等不同的教育公平观。因此，教育公平是一个历史范畴，在不同的国家和不同的历史时期有着不同的含义。它既是对社会现实的一种反映，又是对社会现实的一种超越，是社会现实与教育理想的统一，具有特定的历史意义，包括它的历史合理性和历史局限性。

　　人们所处的文化背景、经济环境不同，对教育公平的理解也就不同。16 世纪以后，教育领域开始主张教育的"机会均等"，即公民不分民族、种族、性别、职业、财富、信仰而获得公平的入学机会，享受同样的教育资源。科尔曼在其著名的调查报告《教育机会均等的观念》中指出，仅重视教育机会的均等是不够的，还应当强调教育结果的平等，教育公平应包括入学机会均等、教育过程均等和教育结果均等[②]。因此，教育公平已经逐

---

　　① 黎军，朱峰. 关于高等教育公平问题的探讨. 教育理论与实践，2006，(3)：6-7.
　　② 詹姆斯·科尔曼. 教育机会均等的观念. 何瑾，张人杰，译. //国外教育社会学基本文选. 上海：华东师范大学出版社，1989：187.

步由教育权利平等进一步延伸为教育机会均等。教育公平是社会公平价值在教育领域内的延伸和体现,是达到社会公平的重要手段和途径,它保障了每个人的社会地位和社会角色的平等,只有享受平等的教育机会,人们才可能具备基本的生产、生活技能,才能在现代社会有效地行使其公民职责,维护个人权益和尊严。由于每个人个体的才能、禀赋不同,只有通过教育才能改变命运,通过教育得到的补偿,才是根本的补偿。教育公平已经成为现代教育的核心价值。

但是,我们必须用历史和辩证的态度去认识教育公平:首先,教育公平是一个历史范畴,"在不同的发展阶段,教育公平问题的特征和重心是不同的,在发展之初,贯彻教育机会均等的原则,最重要的是普及义务教育,保障儿童平等接受教育的权利。在教育初步普及之后,追求的是教育过程中的公正待遇和更高的教育质量,即对教育品质的追求。平等学业成就的实现,至今仍是一种比较遥远的理想"①。其次,教育公平是一个相对范畴。任何公平都是相对的,不存在没有任何条件的、不受限制的、完全意义上的绝对公平,教育公平也不例外。一方面,人与人之间存在差异具有绝对性和普遍性,没有差别也就无所谓公平与否。因而教育公平应当是承认差别,并在现实可能的情况下尽量缩小差距,差距缩小了,也就意味着正在走向公平。另一方面,教育公平的判别标准和实现程度是相对的,是相对于一定社会发展水平而言的,不同历史时期教育公平所包含的范围和层次是不同的,人们对教育公平的认识也是不同的。

2.4.2　教育公平的判别标准

哈佛大学哲学大师罗尔斯提出了关于公平的两条原则:一是平等性原则,即"均等性"的公平,其核心理念是"平等地对待相同者",这是横向的、水平的、平均性公平;二是差别性原则(或称补偿原则),即"非均等性"的公平,其核心理念是"不均等地对待不同者",这是纵向的、垂直的、不均等的公平②。瑞典教育家托尔斯顿·胡森进一步将教育公平的概念,从最初的"入学机会公平"发展到"教育过程公平"和"教育结果公平",他认为机会均等并不能保证学生在教育过程中受到公平的教育,即使受到公平的教育,由于客观存在的学生之间的差异,也很难取得公平的结果。因此,要给予处境不利的学生更多的帮助,即进行"补偿教育",才能实现教育结果的公平③。美国学者詹姆斯·科尔曼提出了教育公平的四条标准:一是进入教育系统的机会均等;二是参与教育的机会均等;三是教育结果均等;四是教育对生活前景机会的影响均等④。

当前中国学者较为普遍接受的一个原则是,教育公平包括教育权利平等和教育机会均等两方面。教育权利平等的理念是政治、经济领域的平等权利在教育领域的延伸。在超越了身份制、等级制等将教育视为少数人特权的历史阶段之后,平等接受教育的权利

①　王炳照,阎国华. 中国教育思想通史(第六卷). 长沙:湖南教育出版社,1994.
②　杨东平. 中国教育公平的理想与现实. 北京:北京大学出版社,2006.
③　托尔斯顿·胡森. 社会环境与学业成就. 张人杰,译. 昆明:云南教育出版社,1998:158.
④　王欢. 高等教育公平问题探析. 山西农业大学学报(社会科学版),2003,(1):77-80.

作为基本人权，成为现代教育的基础价值之一。20 世纪 40 年代的《联合国人权宣言》中规定"不论什么阶层，不论经济条件，也不论父母的居住地，一切儿童都有受教育的权利"。我国《教育法》第九条对教育权利平等作了明确的规定：中华人民共和国公民"不分民族、种族、性别、职业、财产状况、宗教信仰等，依法享有平等的受教育的机会"。当前，追求教育机会均等逐渐成为教育公平的主要内容，由于事实上存在的个体才能、禀赋的差异、社会政治经济地位的不平等，对教育公平的关注集中在给所有人公平的发展与竞争的机会。从本质上来讲，教育机会均等是与教育资源配置的公平联系在一起的。教育资源配置的公平是指教育资源的分配应以机会均等为准则，保证参与教育资源分配的每个人都能获得均等的机会，即教育资源的配置应能保证各学校或各受教育者在相同的条件下拥有平等享受等量教育资源的机会。

总的来说，在现实社会条件下，教育公平的价值应该从三个方面进行判别：教育起点的公平、教育机会的公平、教育过程的公平。

1. 教育起点的公平

教育起点的公平的衡量标准是"让人人都享有受教育的机会"，从教育权利和教育机会两个方面尊重和保护每一个人的基本人权与自由发展。教育权利公平是教育价值层面上的公平，包括基本权利（如受教育自由权、接受义务教育权等）和非基本权利（如接受高等教育、教育资源的分配、受教育机会的分配等权利）的公平。人人享有受教育的权利是人发展必要的、最低的权利，对于基本权利应该完全平等。非基本权利是满足人们教育方面比较高级需要的权利，对于非基本权利应该按比例平等。非基本权利平等原则表明，社会"不平等"地分配每个人的非基本权利，但需要采取补偿性原则。基本权利的完全平等和非基本权利的比例平等被人们视为平等的总原则。

2. 教育机会的公平

教育机会的公平是教育公平的核心，是指对进入教育系统和参与教育活动的所有人，都要给予公平的发展和竞争的机会，是一种教育制度层面上的公平。教育机会的公平具有鲜明的价值指向，意味着任何自然的、经济的、社会的或文化方面的低下状况，都应尽可能从教育制度本身得到补偿或通过竞争而得到，从而改变处于不利地位的社会阶层的教育状况。教育公平并不排斥教育竞争，但必须要让所有人通过平等竞争获取或使用教育资源，进而获得自身发展的条件和机会，同时在义务教育等一些涉及基本权利的教育领域或教育活动中则不能适用竞争原则。因此，教育机会公平的实现，正成为现代教育的社会价值取向。

3. 教育过程的公平

教育过程的公平的衡量标准是"让受教育者都有机会获得适合个人特点的教育"，在起点公平的实现中，通过相应的制度、政策继续体现和维护教育公平，包括教育资源和经费投放的公平、教学课程设置的公平、师生关系互动中的公平等。教育过程公平的实现首先要保证教育资源投入的公平，为所有学校和学生提供平等的机会和条件，公平地分配教育资源，投放教育经费，保证基本的教育需求。具体而言，就是要使每一位接受教育的人在受教育过程中享有质量和条件的公平，即各地区办学力量分布要公平，各学校办学条件要公平，各学校教师资源分配要公平等。教育过程的公平使受教育者在接受教育的过程中得到与自身现有发展状况与发展潜力相适切的帮助，以促进其最大限度地全面、健康地发展。

当前，教育公平缺失已成为中国社会关注的焦点问题，尤其城市教育与农村教育的不公平更显突出，不仅严重制约了农村教育的发展，而且成为构建和谐社会的巨大障碍。本书的研究正是基于这样一种现实背景展开的，同时，实现教育公平也是研究的终极目标。

第3章 农村教育投入绩效的理论分析框架

教育投入是教育过程中耗费的人力、物力和财力资源的源泉，是农村教育事业发展的物质基础与根本保证。农村教育投入绩效是对农村教育投入过程与结果成效的客观反映。充分把握农村教育投入的绩效，才能总结经验、找出不足，并予以纠正，这也是研究农村教育投入绩效的价值所在。然而，绩效是相对的，它的表现也是多样的，既可以是外在的，又可以是内在的；既可以是有形的，又可以是无形的。如何实现对农村教育投入绩效的判断与评价，优化与提升农村教育投入绩效，必须以科学的理论为指导。本章将深入研究农村教育投入绩效的内涵、性质、形成机理与评价体系，以此作为中国农村教育投入绩效问题分析的逻辑起点和理论依据。

3.1 基本概念界定

3.1.1 农村教育投入

1. 农村

中国现阶段农村是一个极其复杂的有机系统，包括生态、经济和社会等多方面的内容。也就是说，农村首先是一个地域概念，它包括城市以外的一切区域；其次，农村是一个经济概念，农村与自然再生产联系较大，第一产业比重较大，经济活动较分散；最后，农村是一个社区概念，农村居民的交往范围较窄，重视血缘和地缘关系，民风较纯朴，传统伦理的习惯势力大。

学术界对中国城乡的划分通常有三种方式：一是城市、县镇、农村（乡村）；二是城市（包括县镇）、农村；三是城市、农村（包括县镇）。本研究是按照第二种划分方式，即城乡中"城"的范围包括教育统计年鉴或资料上的"城市"和"县镇"，"乡"指乡村，即教育统计年鉴或资料上的"农村"。

选择这种划分方式的原因在于，根据国家统计局于2006年3月制定的《关于统计上划分城乡的暂行规定》，为了在统计上准确地划分城乡，科学、真实地反映我国现阶段城乡的人口、社会和经济的发展情况，规定的第三条、第四条明确指出以国务院关于市镇建制的规定和我国的行政区划为基础，以民政部确认的居民委员会和村民委员会为最小划分单元，将我国的地域划分为城镇和乡村，其中城镇包括城区和镇区。按照这一规定的精神，同时基于城市和县镇的投入经常无法分开，因此本研究将县镇放于城市中进行分析。在本书后面的论述中如没有单独分列或特殊说明，"城市"这一范畴当中都包括县镇。

2. 农村教育

　　关于农村教育概念的界定在学术界也存在很多分歧，其原因主要在于对农村教育概念的划分标准不同。有的认为农村教育应是一个地域的概念，即在农村中进行的教育；有的则认为农村教育是一个功能的概念，即为农村服务的教育。例如，《国际教育百科全书》对农村教育的定义为："为农村人口设计的机构与学习设施。提供学习设施可以由国家正规的学校体制，或者学习设施可以按非正规的条件加以组织[①]。"联合国教科文组织秘书处则将农村教育定义为：农村地区的基础教育、职业技术教育和成人教育，包括有文凭的全日制正规学习和短期非正规的成人扫盲学习以及技能培训[②]。赵家骥认为农村教育是县和县以下为农村社区服务的教育[③]。李少元认为农村教育是以农业为基础产业的农村的区域性教育。它首先是教育的一个区域概念，同时又是一个发展演变着的历史范畴[④]。刘豪兴认为农村教育就是在农村地区举办的，以农村人口为对象的、为农村经济社会发展服务的各级各类教育形式的总称。在发达国家主要是指农业教育，在发展中国家指使农村人口获取知识与劳动技能，现代公民意识与创业能力的教育[⑤]。陈敬朴则把发生在农村，以农村人口为对象并为农村经济和社会发展服务，不断提高农业生产率和促进农村城市化的教育称为农村教育[⑥]。

　　本研究认为，农村教育实际上是根植于中国二元社会结构的一种现象，研究农村教育的最终目的应当是为推动教育均衡发展，缩小城乡差距服务的。如果未来实现了由二元社会向城乡一体化社会的转变，那么也就不再有农村教育的概念了。如果把农村教育理解为一种功能概念，那么与之相对应的自然还有为城市服务的城市教育，随着教育功能的多样化，既为城市又为农村服务的教育又属于哪种教育类型呢？这很容易引起思想的混乱，所以本书倾向于将农村教育看成是一个地域概念，即将农村教育界定为：在农村地区举办，以农村人口为对象、为农村经济社会发展服务的各级各类教育的总称。在我国现阶段，农村教育包括农村基础教育（包括义务教育）、农村职业教育、农村成人教育、扫盲教育等教育形式。

3. 农村教育投入

　　教育投入，也称教育投资、教育资源等，是指投入到教育活动中的人力、物力和财

①　胡森，波斯尔思韦特. 国际教育百科全书. 丁延森等，译. 贵阳：贵州教育出版社，1990：663.
②　国家教育委员会，中国联合国教科文组织全国委员会. 当代国际农村教育发展的改革大趋势（农村教育国际研讨会论文集）（上）. 北京：教育科学出版社，1993：225.
③　赵家骥. 农村教育的困境与出路. 成都：四川教育出版社，1994.
④　李少元. 农村教育论. 南京：江苏教育出版社，1996.
⑤　刘豪兴. 农村社会学. 北京：中国人民大学出版社，2004.
⑥　陈敬朴. 为教育共同发展作证. 北京：人民教育出版社，2003：192-193.

力资源的总和，或者是指用于教育、训练后备劳动力和专门人才，以及提高现有劳动力智力水平的人力和物力的货币表现[①]。

教育是培养人的活动，教育活动可以提高人的劳动能力和智力水平，为经济和社会发展培养各种不同熟练程度的后备劳动力和专门人才。马克思指出："要改变一般人的本性，使他获得一定劳动部门的技能和技巧，成为发达的和专门的劳动力，就要有一定的教育或训练，而这就得花费或多或少的商品等价物"[②]。因为教育活动与其他领域的活动一样，必须要投入一定的人力、物力，耗费一定的社会劳动，而在商品货币关系存在的条件下，这种人力和物力投入一般采取货币形式，表现为财力[③]。

严格来讲，"投入"一词本身的含义比"投资"更为广泛。投资通常是货币形态或实物形态的，可以量化；而广义的投入可以是有形的投入，如货币、实物，也可以是无形的投入，如人的精力、精神等，有形投入可以量化，而人的精力、精神等无形投入则无法量化。因而，在对教育投入的相关研究中通常都将教育投入等同于教育投资的概念，不做严格的区分。

有鉴于此，本研究认为，所谓"农村教育投入"，即农村教育投资，是特指投入农村教育领域的人力和物力的货币表现。从广义来讲，农村教育投入是指投入农村教育活动中的人力、物力和财力资源的总和。其中，财力是人力、物力的货币表现；人力、物力是财力的具体体现，投入农村教育中的财力最终是要实现变为人力和物力的目的。从狭义来讲，农村教育投入通常可看作是一个国家或地区投入农村教育的经费。

农村教育投入的目的是教育和培养农村后备劳动力和专门人才，提高现有农村劳动力智力水平与技能水平，为农村乃至全国的经济和社会发展服务。从投入对象来说，农村教育投入可以分为两大部分：一是用于各级各类农村学校教育的投入，以培养后备劳动力和专门人才，包括农村小学、初中、普通高中、职业中学等，这是农村教育投入的主要部分；二是用于农村成人教育的投入，以提高在职劳动力的智力水平，包括职工教育、农民教育、扫盲教育等。从投入主体来说，农村教育投入主要包括政府教育投入、社会教育投入和家庭（个人）教育投入。

3.1.2　农村教育投入绩效

1. 绩效与效率、效益

"绩效"（performance）一词最早用于投资项目管理方面，后来在人力资源管理、工商管理和社会经济管理方面得到广泛应用。"绩效"源于英文的"performance"，牛津词典将其解释为"执行、履行、表现、成绩"。可以看出，绩效一词既包含"执行"、"履

①　靳希斌. 教育经济学. 第3版. 北京：人民教育出版社，2005：204.
②　马克思，恩格斯. 马克思恩格斯全集. 第23卷. 北京：人民出版社，1972：195.
③　顾明远. 教育大辞典. 上海：上海教育出版社，1998：777.

行"的过程行为，同时又包含"表现"、"成绩"这样的结果。国内外文献中，对于绩效的内涵有许多不同的表述。例如，OECD 将绩效表述为实施一项活动所获得的相对于目标的有效性，不仅包括从事该项活动的效率、经济性和效力，还包括实施主体对预定活动过程的遵从程度以及对该活动的公众满意度[①]。普雷姆詹德认为绩效体现了效率、产品与服务质量及数量、机构所做的贡献与质量，具有节约、效益和效率的含义[②]。丛树海等认为，绩效是效益、效率和有效性的统称，既包括行为过程和行为结果，又包括投入与产出比是否有效率，行为的结果及影响是否达到预期的目标[③]。陆庆平认为，绩效是一项活动实施的结果，其结果既包括实施该项活动所投入的资源与所获得的效果的对比关系，又包括投入资源的合理性和结果的有效性[④]。从现有的文献来看，对于绩效理解的差异主要在于绩效所包括的范围不同，但在绩效的核心思想上还是一致的，即基本认同绩效涉及行为过程与行为结果两个方面，具有效益、效率和有效性的含义。

绩效、效率和效益，是在对经济行为评价中常用到的三个词汇，然而对它们的理解却因人而异，要给这三个词汇统一地定义是困难的。但为了避免概念的混乱，有必要对绩效与效率、效益三个概念加以界定。

"效率"（efficiency），原是物理学中的概念，一般定义为有效输出量对输入量的比值。在经济理论上通常是指投入与产出或成本与收益之间的比率关系。在一定的时间内，如果投入或消耗的资源越少，而产出或收益越大，则意味着效率越高；反之，如果投入或消耗的资源越多，而产出或收益越小，则意味着效率越低。

"效益"（effectiveness），即效果和利益，它反映了相对于一定投入与所带来的利益多少之间的关系，既包括短期效益或长期效益，又包括经济效益、社会效益、文化效益等。简单地说，效益是一种付出之后的回报，同时也是继续进行更大付出的驱动。

从效率、效益和绩效三者的内涵来看，效率反映了投入与产出之间的动态比较关系，强调的是过程（工作方式）；效益则反映了投入与产出之间的静态比较关系，强调的是结果（效果与影响）；而绩效的范围和内涵比效率、效益更加广泛，既包括过程，又包括结果。就过程而言，绩效包括投入能否满足经济性要求，行为过程是否合规和合理，行为本身及其与环境、资源之间是否协调；从结果来说，绩效又包括行为的结果及影响是否达到预期的目标。

2. 农村教育投入绩效

将绩效的内涵引入农村教育领域，就可以相应地对农村教育投入绩效的内涵进行界定。农村教育投入是依据农村教育发展目标，围绕着教育资源从投入、分配、使用、管理到产出，再到产生效益的一项系统的投资活动，因而农村教育投入绩效作为考察和衡

① Diamond J. Performance measurement and evaluation. OECD Working Papers, 1994: 22-23.
② 普雷姆詹德. 公共支出管理. 王卫星等，译. 北京：经济科学出版社，2002.
③ 丛树海，周炜，于宁. 公共支出绩效评价指标体系的构建. 财贸经济，2005，(3)：37-41，97.
④ 陆庆平. 公共财政支出的绩效管理. 财政研究，2003，(4)：18-20.

量农村教育投入活动的客观标准，其实质上绝不仅仅是对投入过程和投入结果的衡量，还应包括对投入目标的实现程度的衡量。因此，农村教育投入绩效是指农村教育投入的目标、执行与结果、效果之间的对比关系。具体可以从以下几个方面来理解农村教育投入绩效的内涵。

（1）从绩效的本质功能来看，农村教育投入绩效要反映出农村教育资源投入运行全过程各环节的成效与结果，不仅包括教育投入有关部门（财政及教育主管部门、学校、培训机构等）的内部运作绩效，还包括教育产出的直接成果（人力资本）及其间接的外部效果（经济、社会、政治、文化等）。

（2）从绩效形成的过程来看，农村教育投入绩效反映的是农村教育投入活动的过程中，在一定时间内将教育资源投入农村学校或教育机构，然后通过教育过程实现教育成果的产出，并经由社会经济活动产生效益的过程。

（3）从绩效的范畴来看，农村教育投入绩效反映的是教育资源是否充足，能否充分满足教育过程需要；教育资源分配是否公平，能否让每一个学生获得平等的教育机会；教育资源使用是否有效，能否最大限度实现教育资源的利用价值；教育成果是否充分，能否实现教育的预期目标。

（4）从绩效的质与量的规定性来看，农村教育投入绩效不仅有数量的规定性，而且有质量的规定性。

绩效是一个相对的概念，其表现形式也是多种多样的：既有有形的，又有无形的；既有外在的，又有内在的。因此，农村教育投入绩效的大小、高低，需要通过科学的方法进行量化之后，才能进行判断与评价。农村教育投入绩效评价就是指依据科学、合理的绩效评价指标体系，运用规范、可行的绩效评价方法，对照统一的评价标准，对农村教育投入过程及其结果等方面内容进行的客观、公正的衡量比较与综合评判。

3.2　农村教育投入与农村经济发展关系特征

农村教育投入具有不同于经济领域其他投资活动的特征，因而投入主体的构成及其动机也不相同，并且对于经济发展贡献的方式与作用也有所不同。充分认识农村教育投入的特征是进行农村教育投入绩效分析的基础。

3.2.1　农村教育投入的性质与特点

1. 教育投入的性质

教育是一项花钱的事业，因此，长期以来，在我国教育投入被视为一种"纯消费性"的投资，甚至是"福利性"投资。到 20 世纪 80 年代以后，随着教育对社会生产和经济发展的巨大作用日益充分表现出来，传统观念受到了严重挑战，越来越多的人开始认识到教育具有的生产性。但在教育投入性质的认识上仍然存在着不同的理解和看法，始终未能取得共识。归纳起来，主要有三种代表性观点：第一种观点认为教育投入属于消费性支出，理由是教育与物质资料的生产绝然不同，只消耗了人力、物力和财力，属于非生产性投资。第二种观点认为教育投入属于生产性投资，因为教育能够培养和提高人的劳动能力，可以促进生产发展和劳动生产率的提高。第三种观点则认为教育投入具有生产性和消费性双重属性，一方面，教育在培养劳动力的过程中消耗了人力、物力和财力，具有非生产性的特点；另一方面，教育又能开发人的智力和发展人的劳动技能，促进经济增长，表现出生产的特征。

究竟教育投入属于消费性投资还是生产性投资？我们可以根据投资和消费行为的特点来进行分析。投资的本质在于取得经济上的回报，是以获利为目的的资源支出；而消费的目的在于自身得到享受，得到生理上或精神上的满足和愉悦。因此，判断教育投入属于消费性的还是生产性的就是要看这种投资行为是为了获取经济利益还是为了满足消费效用。

首先，教育活动的进行需要消费一定的人力、物力和财力。对个人而言，受教育者及其家庭就学需要支付一定的学杂费、生活费以及付出放弃就业的机会成本；对社会而言，国家为发展教育事业需要投入资金建设学校、购买设备、聘请教师等。这些都是教育的消费支出，但教育过程却不能直接生产任何物质财富。就教育本身而言，其直接产出是受教育者知识和技能的获得，各方面素质的提高，教育的所有经济收益需要在教育过程结束之后，受教育者投入物质生产过程以后才能产生。另外，从效用的角度上讲，教育能满足人们的求知欲和好奇心等，使人们得到精神上的满足和心理上的享受，因而教育效用首先表现为消费效用，教育投入表现为消费性特征。

其次，在现代生产和社会条件下，教育投入产生的效益越来越明显。对个人而言，教育投入可以使受教育者获得较高的经济与非经济的预期收益。一方面，教育可以提高受教育者的劳动技能，从而提高个人未来的收入水平；另一方面，教育还可以使受教育者获得更多的机会，包括职位晋升的机会、创业的机会、事业发展的机会等。对社会而言，教育能提高劳动者的知识和技能，有助于社会劳动生产率的提高，从而促进经济的发展。同时，教育在提高国民素质和道德水平，促进社会稳定和发展方面作用明显。因而，教育投入又表现为生产性特征。

综上所述，可以认为教育投入既是一种消费性投资，又是一种生产性投资，具有投资和消费的双重属性。概括起来可以表述为：教育投资是直接的消费性投资，间接的生产性投资；有形的消费性投资，潜在的生产性投资；今日的消费性投资，明日的生产性投资；有限的消费性投资，扩大的生产性投资[①]。

2. 农村教育投入的特点

教育投入不同于一般的物质生产投资，它是以人为对象的投资，从投资对象到投资

---

① 靳希斌. 教育经济学. 第三版. 北京：人民教育出版社，2005：206.

目的、投资回报、投资主体等均与物质生产投资有较大差异。农村教育投入的投资对象则更为特殊，是以农村受教育者为对象的投资，具有自身的特点。

1）农村教育投入具有非营利性的特点

一般物质生产领域的投资是以盈利为目标的，追求的是以最少的投入获得利润的最大化，并且以货币衡量价值。教育投资则不然，尽管其生产性投资的属性越来越被人们所接受，但这种投资不能使投资者本身获得最大的利润，它的投资结果——人力资本的价值也难以货币衡量。受教育者个人付费接受教育、国家和社会投资教育，虽然能直接或间接给个人、国家和社会带来许多的经济与非经济的效益，但从根本上讲，并不以盈利为目的。即使在西方市场经济国家里，也没有一个国家把教育当作营利性的事业。学校虽然可以收费，但主要是用于补偿教育成本，收费标准不能过高，否则就会将许多低收入家庭的受教育者排斥在外，影响教育公平的实现。这一点在农村教育领域尤为明显。由于农村家庭收入低下，过高的教育费用的负担导致不少农村孩子辍学外出打工，虽然这样能为个人和家庭带来一定的短期经济效益，但是却损失了受教育后可能带来的更大的经济与非经济效益，明显违背了教育公平的原则。因此，农村教育投入必须是非营利性的。

2）农村教育投入具有连续性的特点

教育是一个连续不断的过程，尤其是各种正规的学校教育，只有随着年限的增加，受教育者才能不断进行知识积累，能力才能不断增长。因此，对农村教育的投入不是一次性的，而是连续性的、需要不断追加的投入。农村教育投入的连续性特点主要表现在两个方面：一是随着农村教育普及程度的逐步提高，受教育者要依次接受初等教育、中等教育和高等教育，教育程度每提高一个年级、一个等级，都需要追加一次投入；二是在现代科学技术不断革命的条件下，教育成为一种终身教育，受教育者在投入劳动和工作之后需要接受再训练、再教育，同时由于知识更新周期缩短，劳动者又需要不断更新知识，进行继续教育，这些同样要追加投入。这一切都使农村教育投入更具有连续性。

3）农村教育投入具有间接性、潜在性的特点

教育不能直接生产社会物质财富，相应地，教育投入的直接成果也不是独立的物质产品，而是受教育者知识与技能的提高。因此，教育投入不会直接产生经济效益，其收益是潜在的。只有通过教育投放形成的人力资本作为生产要素投入物质生产领域后，与生产资料相结合，才能创造社会物质财富，潜在的收益才能转变为现实的收益。从这个意义上讲，农村教育投入的效益具有间接性、潜在性的特点。

4）农村教育投入具有周期长的特点

农村教育投入的周期较长，这是因为：第一，把受教育者逐步培养成社会所需要的劳动力或专门人才，需要很长的时间和过程。一般而言，培养一个中等文化程度的劳动者需要 12 年左右，培养一个大学生需要 16 年左右。第二，教育过程结束后，受教育者还要有一个寻找工作，适应工作环境，发挥劳动技能的过程，即把所学知识运用于实际工作还有一个"知识转化"的过程，就使教育投入的周期更长。教育投入的周期，一般

比教育的周期更长。

5）农村教育投入具有长效性的特点

农村教育投入的经济效益具有长期性。由于教育投入的直接产品——人力资本的形成是依附在人体之上的，人的劳动能力，尤其智力是可以在较长时间内发挥作用，产生效益的时间要比物质资本长得多，甚至可以使受教育者终身受益。一般来说，教育投入的收益及受益期限的长短，主要取决于劳动者的健康状况、寿命长短、受教育年限等因素。

6）农村教育投入具有外溢性的特点

农村教育投入不仅能为受教育者本人及农村带来种种经济与非经济的预期收益，还能为城市带来一定的经济和非经济的收益，投资收益具有明显的外溢性。一方面，由于我国农村劳动力过剩，城乡差距导致农村剩余劳动力大量流入城市；另一方面，享受义务教育的农村学生往往在毕业以后就通过上大学等途径进入城市，且绝大多数农村生源的大学毕业生留在经济发达的城市就业。两方面的原因使得农村教育投入的收益外溢，城市成为农村教育投入的受益者。

3.2.2　农村教育投入的主体及其行为动机

当前，我国农村教育投入的主体是由政府、个人家庭、企业及其他社会力量共同组成的多元化的投入主体，任何投入主体的任何投入行为都要受制于其特定的行为动机以及由此决定的行为方式。准确和全面地把握农村教育投入主体的行为动机，才能激励与约束其教育投入的行为，才能充分发挥各主体在农村教育投入中的作用，促进农村教育的发展。

1. 政府农村教育投入的行为动机

政府作为社会公共利益的代表，必须要为特定的公共利益与需要服务，也就是说，其行为动机是要提供公共服务，以满足社会全体公民或大多数人的需要。受特定的社会、经济以及政策等因素的影响与制约，在不同的社会经济发展阶段，政府的公共职能或社会公共需要往往会具有不同的内涵与外延，从而政府的投入行为动机也会表现出一定的差异性。一般来说，在计划经济体制下，因权力高度集中，政府被视为有能力解决一切经济问题，左右整个国民经济活动，并能够最大限度地促进经济发展和提高居民物质文化生活水平，因而政府被赋予了广泛、全面参与组织管理整个社会经济活动的经济职能。相应地，政府的投入行为动机主要也是为了满足其全面参与整个社会政治和经济活动的需要。在传统计划体制下，政府之所以对农村教育进行投入，很大程度上就是为了有计划地开发和利用农村人力资源，尤其是对具有一定知识和技能的农村劳动力资源的开发、利用。但是，在市场经济体制下，市场对资源配置起基础性作用，政府只被视为市场的补充者和校正者，用于弥补和消除市场调节可能带来的种种缺陷与不足，政府的职能被限制在"市场失灵"的领域内。也就是说，凡是市场能解决的问题由市场解决，政府只能做市场不能做的事或做不好的事，解决市场不能解决的问题。根据公共产品理论，政府的主要职能是生产和提供公共产品与准公共产品，满足社会的公共需要。与之相适应，在市场经济条件下，政府的投入行为动机就是为了追求和满足这种所谓的公共利益与需要，同时最大限度地弥补和消除市场调节可能产生的种种缺陷与不足。具体而言，政府对农村教育投入的行为动机主要表现为以下几个方面。

1) 作为社会公共利益的代表，满足社会对农村教育的公共需要

社会公共需要，即"一般的社会需要"，是指与个人、集团的个别需要相区别，由国家集中剩余产品提供，主要由公共产品满足，并且社会公众不需要交费或少量付费即可享用的社会共同需要。满足社会公众需要能维持一定的政治经济生活秩序，使社会再生产正常运转，是人类社会存在和发展的要求，而满足的程度又是社会经济发达程度的反映，随着社会进步和经济发展，满足社会公共需要的内容必然增多。

在现代社会经济条件下，教育是培养人的一种社会活动，它与社会的发展、经济的发展、人的发展有着密切的联系，既能产生经济价值，又能产生社会价值，既能带来个人收益，又能产生社会效益。根据公共产品理论的观点，教育是一种典型的准公共产品，依靠市场供给会发生"市场失灵"，必须要有政府的干预。教育具有很大的外部正效应，教育所带来的巨大的社会效益远高于私人收益，单由私人部门供给，会因其追求私人利益或个别利益而忽视巨大的社会利益，从而给社会造成损失。这样，教育一般只能作为一种公共利益或公共需要，由代表公共利益的政府来满足和实现。由于农村教育在全面建设小康社会中的基础性、先导性、全局性的重要作用，满足社会尤其是农村社会对农村教育的公共需要，就成为政府对农村教育进行投入的主要行为动机之一。

2) 作为社会公平的维护者，实现教育机会的均等

现代人力资本理论认为，教育能够提高劳动力的知识与技能，从而提高了生产能力，同时也增加了获取收入的能力。因此，教育不仅能推动国民经济增长，而且能使个人收入增加，收入分配趋于平等。但是，受个体才能、禀赋的差异等制约，并非所有的人都能通过自身努力而获得教育所带来的种种收益与满足。在市场经济条件下，如果不考虑其他因素影响，那些低收入家庭的子女很可能因其家庭收入水平过低而得不到应有的教育或培训，也就无法获得教育所带来的收益和满足。因此，社会有责任和义务来保障每个人都能享有平等接受教育的机会。然而，要想实现教育机会均等，单纯依靠市场的力量是行不通的，正如美国前总统克林顿所言："市场确实是了不起的，但市场（特别是在全球的经济中）不能给予我们安全的街道、清洁的环境、平等的教育机会、贫穷婴孩的健康孕育以及健康而可靠的晚年"①。于是只能靠政府来弥补，由政府投入创办教育，免费向居民提供教育服务，或者对个人提供相应的教育投入补助，如学费减免或者补助，以便消除因个人家庭收入过低而使正常接受教育受到的制约和限制，让那些低收入家庭的子女也能平等地接受教育。

---

① 克林顿. 在希望和历史之间. 金灿荣，译. 海口：海南出版社，1996：17.

　　3) 作为投入主渠道，弥补个人家庭、企业对农村教育投入的不足

　　在市场经济体制下，应充分发挥企业和个人家庭对教育投入的积极作用，这是市场经济下资源配置的重要准则。但是企业和个人家庭的教育投入存在着两个方面的问题：一方面，由于企业和个人家庭的教育投入来自企业和个人家庭的收入，而企业和个人家庭的收入都来自国民收入分配，但这部分收入是分散的，属于不同的企业和个人家庭所有，当然企业和个人家庭只能支配归他们所有的部分。因而企业和个人家庭对教育的投入是有限的。国家的财政收入，在国民收入分配中居于主导地位，可以在全社会范围内重新分配。因此，从国家财政收入在国民收入构成中的地位来看，政府应当充分发挥国家教育投入主渠道的作用，以弥补企业和个人家庭对教育投入的不足。另一方面，由于企业和个人家庭的教育投入具有"自发性"，很容易受到一些因素的干扰或影响，即使企业和个人家庭有较强的教育投入能力，也可能使本应由企业和个人家庭提供的投入出现一定的供给不足或短缺，从而也会影响到整个教育的正常发展。因此，为弥补企业和个人家庭对教育投入的不足，保证教育的均衡发展，政府作为整个社会经济活动的最后调节者，有必要对教育进行补充性投入。

　　由上述分析可知，在市场经济条件下，政府农村教育投入的行为动机主要是为了满足社会尤其农村社会对农村教育的"公共需要"，是为了实现教育的机会均等以及弥补企业和个人家庭农村教育投入的不足。政府农村教育投入的行为动机，其实也是政府对农村教育发展所应承担的责任和义务。正是由于具有这些责任和义务，决定了政府在整个农村教育投入和农村教育发展中起着十分重要和不可替代的作用。

2. 个人家庭农村教育投入的行为动机

　　个人对教育的投入实际上多表现为受教育者个人家庭对教育的投入。从理论和现实来看，个人教育投入状况不仅是政府和社会确定教育投入规模、投资风险以及制定教育投入政策的基础和出发点，而且影响到个人家庭对教育的评价，影响教育投入来源乃至教育自身的发展，此外，如果算上个人的间接投入，那么个人家庭对教育的投入总额将会成倍增加，因此个人家庭对教育的投入是教育投入来源中不可忽略的主体之一。

　　个人家庭对教育的投入，作为个人家庭投入活动的重要组成部分，总的来讲，同样符合一般投资原则，只是与其他投资活动相比，个人家庭对教育投入的目的或行为动机不同而已。具体来讲，个人家庭对农村教育进行投入，其动机和目的无非出于以下两点考虑。

　　(1) 通过调整与接受教育满足现时期的家庭精神生活或个人心理需求。从社会心理学的角度看，教育是人们在满足吃穿住行及安全需要之后的一种较高层次上的、带有个人自我完善性质的需求。用经济学的术语讲，教育是一种能满足人们特殊消费需要的"耐用消费品"，这种消费品"甚至比物质的耐用消费经久耐用"[1]，可使受教育者终身受

---

　　① 舒尔茨. 论人力资本投资. 北京：北京经济学院出版社，1990：26.

益。随着农村经济的发展，农民生活水平的逐渐提高，个人和家庭对教育消费效用的追求日益增长，成为个人家庭农村教育投入行为的重要动机之一。

（2）通过调整与接受教育获得相应的知识、技能及相应的品质，形成人力资本，从而最终取得一定的经济收益。在现代社会里，在个人的受教育程度与其未来的收入水平呈高度正相关的情况下，追求教育投入的"资本性收益"，是个人家庭对农村教育投入的主要目的和动机。

3. 企业农村教育投入行为动机

企业也是主要的农村教育投入主体之一。由于企业是自主经营，自负盈亏，实行独立核算的经济单位，它的性质及其所追求的利益目标决定了企业教育投入的动机与个人家庭教育投入和政府教育投入有较大的差别。

企业是社会经济活动的主体，但是企业没有义务也不会直接自觉地去满足公共利益或公共需要，它也不像受教育者个人那样，是为自己的全面发展创造条件。在市场经济条件下，企业投资行为的根本目的就是使资本增值，获取最大经济利益，这是所有企业投资行为的一个共同特征，也是符合市场经济内在要求的一个公认的基本经济前提和理论假设。

作为企业整个投资的一个重要组成部分，企业对农村教育的投资行为也同样应遵循利益最大化的基本准则。因此，根据市场经济中利益最大化的基本准则，原则上讲，企业对农村教育投入，至少应符合以下两个基本条件[①]。

第一，企业农村教育投资的预期收益应不低于其投资成本。如果用 I 代表企业农村教育投资，E_i 代表某一时期（年）企业教育投资的收益，n 为企业教育投资取得收益的整个期限，r 为贴现率，用公式表示为

$$\sum_{i=1}^{n} E_i/r > I \tag{3-1}$$

第二，企业农村教育投资的预期收益率应等于或不低于企业对其他项目投资的收益率。假设把企业的投资只划分为物质资本投资和教育投资两部分，用 I_1 和 I_2 分别代表教育投资和物质资本投资，E_{1i} 代表某一时期（年）企业教育投资的收益，E_2 代表物质资本投资的收益，用公式表示为

$$\frac{\sum_{i=1}^{n} E_{1i}/r}{I_1} > \frac{E_2}{I_2} \tag{3-2}$$

以上两个条件是决定企业对农村教育投资的基本准则，很明显，在利益最大化目标的约束下，只有那些能为企业带来较高收益的教育投资才会被企业所采纳和实施，这也正是当前企业缺乏对农村教育投入足够热情的关键原因。当然，随着经济的发展与社会的进步，现代企业制度的不断完善，企业在追逐经济利益这一目标的同时，社会性的、

---

① 苌景州. 教育投资经济分析. 北京：中国人民大学出版社，1996：102-103.

非经济的利益也日益成为很多企业所追求的重要目标之一。因此，企业对农村教育投入的动机既可能为获取投资收益，又可能为追求精神享受或心理满足，无论出于何种动机，国家和社会都应予以合理的引导与支持，以充分拓展农村教育投入的来源渠道。

3.2.3　农村教育投入与农村经济发展的关系

教育对经济发展的巨大促进作用早已为人们所认识和接受，通过增加教育投入促进教育功能的发挥，培养出数量更多、质量更高的劳动者和各类专门人才，从而促进社会生产力的提高，国民经济的发展，这一规律也在各个国家的实践中得以证实。国外的成功经验可以为中国农村经济的发展提供有益的借鉴。

目前，中国农村经济发展中存在的主要问题是：农村生产方式传统，现代农业没有大范围推广；农业产业化程度低，农产品附加值低；农村人口过多，农村生产效益低下；农民收入不稳定，消费能力弱等。这些问题的解决，虽然有多种方式，但最根本的还是农村教育。农村教育的发展能有力地促进这些问题的解决，从而促进农村经济的发展。

1. 农村教育可以提高农村劳动力素质，促进农村经济发展

农村经济的发展，离不开农业生产的进步与发展。传统农业投入产出比低、效益不高，只有实现传统农业向现代化农业的转变，用现代农业科技代替传统农业技术，用现代经营管理方式取代传统经营方式，才能提高农业生产率，促进农业生产的进步。劳动力是生产力诸要素中最为活跃的要素，农民作为农业生产主体，只有农民自身的素质提高了，真正与生产力发展的要求相适应，才能从根本上推动农业生产的发展。发展现代化农业，需要大量具备一定科技知识和专业素质的劳动力才能胜任。提高农村劳动力的基本科学素质、技术熟练程度以及对农业科技的快速消化能力，最根本的是农村教育。

2. 农村教育可以推进农业产业化发展，促进农村经济发展

农业产业化经营作为农村经济发展的主要增长点已经成为现代农业的发展趋势。通过推进农业产业化发展，改变传统一家一户生产、经营的小农经济，能够有效解决农户小规模经营与社会化大市场的矛盾，提高农业的专业化、规模化程度，有利于促进农业的规模经营和技术进步，在一定程度上提高农业的比较收益，是我国实现农业现代化、发展农村经济的有效途径。农业产业化的主体是农民，农业产业化能否充分发挥出效益，农业产业化能否获得最终成功，从一定意义上讲，将取决于广大农民的经营、管理、科技、文化素质。因此，通过教育培养大量懂经营、善管理的农业应用性人才成为连结市场、龙头企业、农户之间的纽带，是推进农业发展，促进农村经济发展的基本保证。

3. 农村教育可以加快农村剩余劳动力转移，促进农村经济发展

长期以来，我国农村存在着大量剩余劳动力，人地矛盾突出，不仅制约了农民增收和农业以及农村经济的发展，而且制约了整个国民经济的发展。因此，必须尽快实现农

村劳动力的合理有序转移。加快农村剩余劳动力转移对于促进农村经济发展的作用主要表现为：第一，可以缓解农村人多地少的矛盾，提高农业劳动生产率。一方面为农村经济发展减轻了人口负担，另一方面缓解了农村劳动力过剩的压力，使农村劳动力得到比较充分的利用，充分发挥农村存量资源的经济作用。第二，可以为农村发展注入资金，增加农村收入。外出劳动力增加的收入返回规模很大，外出劳动力通常不仅会向家乡汇回大量的资金，而且将绝大多数收入带回家乡消费，这不仅提高了当地农村的消费水平，增加了农村社会购买力，而且把部分收入用于发展农业生产，有利于农村经济的发展。

但是农民的素质较低，已经越来越成为阻碍农村剩余劳动力转移的因素。实践证明，教育发展水平和剩余劳动力转移之间存在着十分密切的关系，转移劳动力的文化素质和技术水平越高，就业的机会和就业的层次就越高。因此，通过教育和培训来提高农村劳动力的素质，不仅有利于转移劳动力适应新的产业部门的需要，还有利于农村经济的发展。

4. 农村教育可以提高农业科技成果转化，促进农村经济发展

科技是第一生产力。国内外的实践证明，在当今时代，农业科技是促进农民增收、农业发展和农村全面进步的最主要推动力。只有通过先进的科学技术的普及、应用，才能不断地提高农村劳动生产力，从而促进农村经济发展。农业科技成果本身具有潜在生产力，只有通过推广应用，使科学技术与生产力最活跃的要素——劳动力结合起来，也就是说，只有让农民认识、掌握，在实际生产和经营上被采用，并产生了效益，才能说转化为现实生产力了。可见，农民是农业科技成果转化的实施主体，其文化程度和科技水平的高低，决定了农业科技成果被农民接受和应用的程度。因此，通过加强农业科技教育，提高农民科技素质对于科技成果的应用，具有极其重要的现实意义。

总的来说，农村教育能够通过提高农村劳动力素质、推进农业产业化发展、加快农村剩余劳动力转移、提高农业科技转化等方式来促进农村经济发展。因此，要发展农村经济，必须重视农村教育。农村教育诸多功能的实现，则依赖于农村教育投入的大力保障，否则将成为"无源之水，无本之木"。

3.3　农村教育投入绩效的形成机理

3.3.1　一般项目或活动的逻辑模型

明晰一个项目或活动的内在逻辑及其运作过程与期望结果之间的内在联系，使一个复杂的问题变得条理化和清晰化，是对项目或活动进行绩效评价的前提。逻辑模型常被用于项目或组织的绩效评价，它能够较好地展示项目实施流程中的各个关键环节，反映出项目各个环节之间的内在联系和因果关系，进而确定投入与产出效果之间的关系。

项目或活动的逻辑模型一般主要包括投入、过程、结果、影响等环节，如图 3-1 所

示。投入是指投入到项目或活动的各种资源，如人员、物资、资金、设施、服务等；过程是指项目或活动如何运作，包括项目内部执行的过程、工具、技术、行动等，正是这些活动的过程产生了期望的产出与结果；结果是项目或活动的直接产物，通常表现为完成的工作量或活动量，如活动带来的各种服务的类型、水平和目标；影响是项目活动产生的最终结果或效果，反映了项目活动带来的行为、知识、技能、状态和功能水平等的变化。

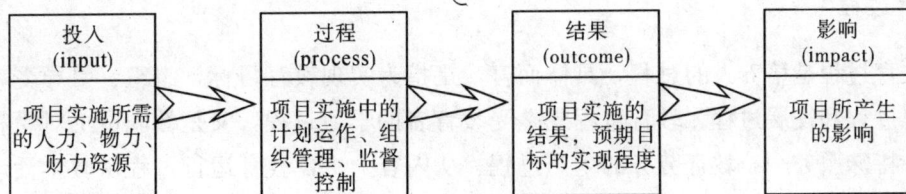

图 3-1　一般项目或活动的逻辑模型

3.3.2　农村教育投入绩效的形成机理

农村教育投入的运作过程从根本上体现了农村教育投入的内在规律和绩效的形成机理，为此，本研究根据一般项目或活动运作逻辑模型的基本原理，结合教育活动和农村教育投入的内在运行规律，设计了农村教育投入的运作逻辑模型，如图 3-2 所示。通过对该模型的分析，可以比较清晰地反映出农村教育投入绩效形成的机理。结合农村教育投入绩效表现的四个维度：充足性、效率性、公平性和效益性，可将农村教育投入绩效的形成过程分为以下四个环节。

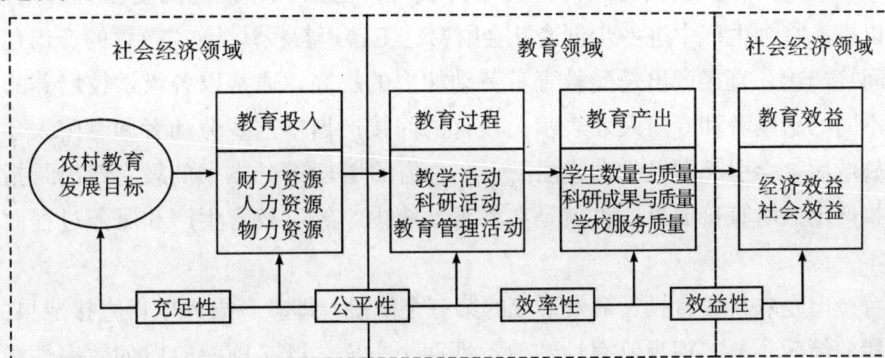

图 3-2　农村教育投入的运作逻辑模型

1. 教育投入

教育是一种培养人的社会实践活动，必须以占有和消耗一定的资源为前提，必须投入和利用一定的人力、物力和财力资源。教育人力投入主要包括一定数量的教师、行政人员、管理人员和后勤保障人员等；教育物力投入主要是指教育过程中的教学用地、教学用房、教学设施、仪器设备等；教育财力投入是指教育经费、上级补助收入、科研经费、经营收入等。

　　教育投入是农村教育投入绩效形成的第一个阶段，是依据国家教育发展目标与计划、农村教育发展的具体目标，将各个投入主体由不同渠道筹措的教育资源投入到教育系统内部，即各级各类学校及培训教育机构，这也是教育过程开始的准备阶段。这一阶段的绩效最主要体现为农村教育投入的充足性，即要为下一阶段的教育过程提供充足的教育资源保障。

2. 教育过程

　　教育过程是培养人的过程，具体而言，是指为实现教育目标，组织、引导受教育者的认识过程和发展过程。教育过程既是受教育者的学习过程，又是教职员工对受教育者的一种特殊服务——教育劳务的生产过程。从内容上讲，教育运行过程由教学活动、科研活动、教育管理活动等构成。

　　教育过程是农村教育投入绩效形成的关键阶段，对于绩效目标的实现有着重要的影响，教育过程质量的好坏直接影响教育产出的质量和数量，也间接影响教育成果的实现。这一阶段的绩效主要体现为农村教育投入的公平性和效率性，既要大力提高教育资源使用、管理的效率以促进教育质量的提高，又要保证教育资源分配的公平性以实现教育机会的平等。

3. 教育产出

　　在经济学中，产出是指生产过程中创造的各种有用的物品或劳务，它们可以用于消费或用于进一步生产。在教育生产过程中，获得一定知识和技能的受教育者则是产出，他们可以投入社会生产中进一步创造社会财富。王善迈教授认为："教育的产出包括直接产出和间接产出，直接产出是受教育者劳动能力的提高，通常以各级学校培养的各种熟练程度不同的劳动者和专门人才表示。教育的间接产出指这些劳动者和专门人才投入社会经济领域后，会引起国民收入或国民生产总值的增长[①]"。本书的教育产出是指农村教育的直接产出或者直接成果，也就是在教育系统内，经过教育生产和服务过程而培养的人力资本。

　　教育产出是农村教育投入绩效形成的第三个阶段，即教育投入取得直接成果的阶段，这一阶段的绩效主要表现为效率性和效益性两个方面，既是前一阶段的效率性绩效所产生的结果，又是下一阶段效益性绩效形成的基础。

4. 教育效益

　　教育效益是指教育过程所培养的劳动者和专门人才进入社会经济领域后，在社会和经济活动中所产生的结果、效果和效益。这里的教育效益是指教育的间接成果或间接产出，是教育的直接产出——人力资本进入社会经济领域后对经济社会发展所作的贡献。

---

　　① 王善迈. 教育投入与产出研究. 石家庄：河北教育出版社，1996：246.

　　教育效益是农村教育投入绩效形成的最终阶段，它是在教育系统之外形成的间接的绩效，故也可以称为外部绩效。这一阶段的绩效表现为农村教育投入的效益性，即表现为对经济增长的贡献、受教育者收入的提高以及社会地位的提升、精神的丰富充实等经济效益和社会效益。由于效益性既可以表现为经济效益或非经济效益，又可以表现为个人效益或社会效益，还可以表现为近期效益或远期效益等，因此，对农村教育投入效益的衡量是非常困难的。

　　从以上四个环节来看，农村教育资源一经投入之后，便从外部进入教育系统内部，然后通过对教育资源的使用和消耗最后转化为教育的产出，这期间形成的绩效主要表现为教育系统的内部绩效。当内部绩效的结果——人力资本进入社会经济领域，在对经济社会发展做出贡献之后，绩效就表现为教育系统的外部绩效。因此，从农村教育活动过程的角度看，只有全面地考虑农村教育投入在教育系统内部和外部的绩效状况，才能系统、客观地评价农村教育投入的绩效。同时，通过以上分析可以得出一个结论，即对农村教育投入整体绩效的评价，必须依据农村教育投入绩效的充足、公平、效率和效益四个方面的内涵来进行，只有在这一基础之上，才能全面、客观地反映出农村教育投入活动的真实状况，为进一步提高农村教育投入的绩效提供必要的依据。

3.4　农村教育投入绩效的评价体系

　　随着我国社会主义现代化建设进程的不断推进，作为教育事业重中之重的农村教育，在取得前所未有巨大成就的同时，农村教育整体薄弱现象仍然没有从根本上得到扭转，教育资源匮乏问题仍然是制约农村教育发展的瓶颈。由于历史与政策制度的原因，长期以来我国农村教育一方面面临着教育投入严重不足的问题，另一方面却又由于教育资源使用管理不善而导致浪费、被挪用、被侵占等现象，使原来有限的教育资源得不到很好的利用，更加重了教育资源短缺的状况。因此，强化对农村教育投入的来源、分配和使用各环节的管理与监督，提高农村教育投入绩效，已成为农村教育发展中一项不可忽视的工作。通过对农村教育投入绩效实施积极评价和控制，是提高农村教育资源利用效率与效益的有效方式。

　　所谓农村教育投入绩效评价是指根据农村教育的特征，采用科学、规范的绩效评价方法，对照统一制定的评价标准，按照绩效的内在原则，对农村教育投入活动的行为过程及其效果进行科学、客观、公正的衡量比较和综合评判。农村教育投入绩效评价不仅是对农村教育投入活动的过程进行评价和监督，其根本意义更是以农村教育投入活动的效果为最终目标。其核心是强调农村教育投入活动的目标与结果及结果有效性的关系。具体而言，农村教育投入绩效评价应该包括：制定明确、合理的农村教育投入的绩效目标；建立科学、规范的绩效考评指标体系；对绩效目标的实现程度及效果实施考核与评价；运用考评结果，提高农村教育投入管理水平。

3.4.1　农村教育投入绩效的评价目标

对农村教育投入绩效的评价，首先需要明确绩效评价目标，形成一套科学、客观、全面的目标体系。农村教育投入绩效评价的核心是强调农村教育投入运行管理中的目标与结果及效益的关系，制定明确、合理的绩效目标，才能突出绩效评价的针对性，使绩效评价工作真正起到应有的激励和约束作用。

目前有关绩效评价的研究趋向于按照"3E"或"4E"的标准来衡量项目或活动的绩效。所谓"3E"原则，即经济性（economy）、效率性（efficiency）、效益性（effectiveness），是 20 世纪 80 年代以来，西方国家从政府支出绩效评价实践中总结出来并且逐渐成为绩效评价的基本原则和标准。后来福林（Flynn）将公平性（equity）加入"3E"中，提出了"4E"概念：经济性、效率性、效益性和公平性。

本研究认为，不同的国家在不同的历史时期以及在不同的教育体制下，教育发展的需求与目标也是不尽相同的，所表现出来的教育投入的绩效内涵也是不同的，即使在同一个国家的不同时期，教育投入的绩效内涵也可能有不同的含义。如果直接采用传统的"3E"或"4E"的标准来指导当前我国农村教育投入的绩效评价，那么有可能出现偏差，甚至有违农村教育的现实以及发展的需要。只有在充分认识我国农村教育发展主要矛盾的基础上，以解决主要矛盾和加快农村教育发展为宗旨，才能为农村教育投入设定出科学、合理的绩效目标，相应地，绩效评价的结果也才能更加客观，体现出绩效评价的参考价值和借鉴意义。

当前，我国农村教育事业的发展可谓矛盾重重，其中最突出的矛盾表现在以下几个方面：一是教育投入严重不足，经费短缺；二是城乡教育差距不断扩大，教育发展不均衡；三是教育资源配置不合理，浪费严重。有鉴于此，本研究提出了新的"4E"标准，即充足性（enough）、公平性（equity）、效率性（efficiency）和效益性（effectiveness），并以此作为农村教育投入绩效的评价目标。

1. 充足性

充足性是指要筹集足够的教育资源投入农村学校，以供给理想水平（包括数量和质量）的教育服务，学校能保障每一个普通学生享受到规定标准的教育服务，同时为特殊需要的学生提供额外需要的教育资源使之能够享受到特殊规定标准的教育服务。农村教育投入的充足性与农村教育产出的效果密切相关，要达到一定水平的产出结果，特定水平的教育投入必须得到保障。农村教育投入的充足性是农村教育投入绩效的基本目标和农村教育事业发展的基本保障。

农村教育投入的充足性的关键在于教育经费的充足。一般而言，教育资源总是稀缺的，因此，农村教育经费的"充足性"事实上是指"最低充足经费水平"，即能满足一定理想水平和教育目标的教育服务所需的最低经费水平。

2. 公平性

公平性关心的是接受教育投入的不同地区、不同学校或不同个人是否都受到公正的待遇，需要特别照顾的弱势地区、学校或个人是否能够享受到更多的资源和服务。农村教育投入的公平主要体现在教育成本负担的公平和教育资源分配的公平上。教育成本负担的公平是指在农村教育投入的主体间合理、公正地确定投入责任与负担比例；教育资源分配的公平是指农村教育资源在地区间、学校间、学生间以及在各级各类教育间合理、公正地分配。由于公平无法在市场机制中加以界定，所以公平与否很难衡量。一般来说，教育成本负担的公平是按照受益原则和能力原则来衡量的，教育资源分配的公平则可以通过教育资源的地区分布差异、城乡分布差异等进行衡量。维护农村教育投入的公平性是实现教育机会公平的关键前提。

3. 效率性

效率是指为特定水平的产出与结果所付出努力的数量，简单地说，就是投入与产出之间的比例关系。效率与产出成正比，与投入成反比。农村教育投入的效率性关心的是，如何在可供利用的有限资源条件下提供更多更好的教育服务，以培养出更多、素质更高的劳动力和各类专门人才。农村教育投入的效率性可以用投入产出比来度量，即教育产出与所消耗的人力、物力、财力资源之间的比率。农村教育投入的高效率，意味着用最小的投入水平使产出水平最大化，或者在既定的产出水平下使投入水平最小化。

农村教育投入的效率性体现在两个方面：一是使用效率，即教育产出成果与教育资源投入之比。在教育产出相同的条件下，教育资源投入越少，则使用效率就越高；或者是在教育资源投入相同的条件下，取得的教育产出成果越大，则使用效率就越高。二是配置效率，即教育资源分配上的效率。配置效率的高低是教育投入管理运行中各种要素和资源组合是否科学的综合反映，如果教育资源和要素的投入安排未达到最佳比例和结构，则会导致资源配置效率低。

4. 效益性

效益性表示教育产出最终对实现目标的影响程度，即通过教育投入活动在社会经济领域产生的收益。农村教育投入效益可以从不同领域的多个方面体现出来，可以表现为农村教育投入产生的经济效益和社会效益，也可以表现为直接效益和间接效益，还可以表现为近期效益和远期效益等。

设置效益性标准的目的在于考察相关农村教育投入活动在保证其充足性、公平性和效率性的同时，是否能够有效实现预期目标。农村教育投入效益性的衡量要看"情况是否得到改善"，即用来衡量提供教育服务在社会经济领域产生的影响和质量，看教育投入是否达到预期目的，它关心的是目标和效果。因此，效益性可以通过教育投入与教育产出的效果之间的关系加以衡量，主要是指农村教育投入活动通过教育产出对既定目标的实现做出了多大贡献，或者是在多大程度上满足了社会公众的需要。故效益性的衡量可以从两个角度进行：一是现状的改变程度，如经济增长、国民受教育状况等；二是行为的改变幅度，如犯罪行为的改善幅度等。

理论上，充足性、公平性、效率性和效益性是一致的，充足性是农村教育投入活动的前提和基础，效率性是农村教育投入有效运行的外在表现，效益性是农村教育投入活动最终效果的反映，公平性是农村教育投入追求的基本目标之一。总之，绩效评价的根本目的是实现"4E"的有机结合与完美统一。但在实际工作中，由于农村教育投入追求的目标具有显著的多样性特征，四者之间有时又会存在着一定的矛盾与冲突。因此，要对农村教育投入进行科学、客观的绩效评价，就不能片面地、孤立地分析其中的某一个方面，而是要从充足性、公平性、效率性和效益性四者之间的相互联系中进行考察、分析，才能做出客观、公正的评价。

3.4.2　农村教育投入绩效的评价指标体系

制定全面、系统、科学的评价指标体系，是农村教育投入绩效评价的关键步骤。由于绩效评价指标不仅关系到绩效评价活动的实质性开展，还关系到评价对象下一周期绩效的改进和提高，而且其所具有的强烈的价值取向引导着评价对象未来的发展方向，因而构建科学合理的农村教育投入绩效评价指标体系就显得非常重要。

1. 构建原则

构建农村教育投入绩效评价指标体系应遵循以下原则：明确性（specific）、可测性（measurable）、可行性（attainable）、相关性（relevant）和时效性（time-bound）五个基本原则，即通常所称的 SMART 原则。

1）明确性

明确性是指要用具体的语言清楚地说明要达成的行为标准，即评价指标应该是具体的、明确的，能够切中目标，不可以抽象模糊。农村教育投入绩效评价指标体系的设计要以农村教育的特征和农村教育发展的基本规律为依据，每项指标都应有明确的含义，并且相关指标的测算方法要以公认的科学理论为依据。由于农村教育投入由投入、分配、使用和产出等多个环节构成，各个环节之间相互制约、相互依赖，所以指标体系应该能对农村教育投入的各方面进行不同层次的全方位的明确性评价。

2）可测性

可测性是指绩效评价指标应是可以衡量的，可以被量化的，同时要求验证这些绩效指标的数据或者信息是可以获得的。从指标的可测性要求考虑，所有的指标大致可分为两类：一类为可量化的定量指标，另一类为不宜或难以直接量化的定性指标。因此，农村教育投入绩效评价指标体系每设计的一项指标都必须规定出相应的量标，有了统一的量标才能进行比较。

3）可行性

可行性是指绩效评价指标是在付出努力的情况下可以实现的，应避免设立过高或过低的目标。在具体评价指标的选择上，既要考虑该指标的必要性，又要考虑这一指标数据取得的可能性，应该避免选择那些"理想化"但没法获得或需要投入大量资源才能收集到的指标，否则，评价工作难以进行或代价太大。

4）相关性

相关性是指绩效评价指标应当与绩效目标有直接的联系，能够正确反映目标的实现程度。农村教育投入绩效评价指标体系中各个指标之间应有内在的逻辑关联，既强调各指标间有相对内在独立性，同时又强调在评价目标统一导引下相互之间的关联，构成一个各指标关联紧密、各有侧重、内在统一的完整性指标体系。

5）时效性

时效性是指绩效评价指标应该是有一定时限的，具有动态性特征。教育成果相对于教育投入而言存在一定的滞后性，因而农村教育投入绩效不易在较短的时间内取得真实值。因此，在选择评价指标时，既要有测量农村教育投入绩效活动结果的现实指标，又要有反映农村教育投入绩效活动过程的过程指标，能够动态、综合反映农村教育发展的现状和未来趋势。同时，评价指标体系建立后，应该根据农村教育所处的发展阶段的不同对评估指标进行适当的调整，并不是就此一直沿用不变。

2. 评价指标体系

依据农村教育投入绩效内涵及其形成机理，本研究拟从投入、配置、产出和效果四个方面来架构农村教育投入绩效评价的指标体系。相应地，将指标体系也分解为投入类、配置类、产出类和效果类绩效指标。为了保证指标体系的可操作性，进一步对四大类指标进行分解，进而给出具体的评价指标，如表 3-1 所示。

表 3-1　农村教育投入绩效评价指标体系

评价内容		评价指标
投入类	投入规模	农村教育经费总额
		农村财政性教育经费总额
		农村预算内教育经费总额
	投入水平	农村财政性教育经费占 GDP 的比重
		农村预算内教育经费占财政支出的比重
		生均财政性教育经费
		生均教育经费支出指数
	投入增量	农村财政性教育经费增长率
		农村预算内教育经费增长率
		生均教育经费支出增长率
		生均教育事业费支出增长率

评价内容		评价指标
配置类	财力资源配置	教育事业费占教育经费的比例
		公用经费占教育事业费的比例
		地区间财政教育经费差异系数
		各级教育经费分别占总教育经费支出的比重
		生均教育经费城乡差异
	人力资源配置	生师比
		专任教师占全部教职工的比例
		高学历教师占专任教师的比例
		教师平均工作量
	物力资源配置	生均校舍面积
		生均固定资产
		生均图书册数
		校舍利用率
		仪器设备利用率
产出类	产出规模	毕业生数
		万元财政教育支出培养的学生数
	产出效率	毛入学率
		学龄人口在校率
		危房改造率
		新增校舍比率
		新增图书比率
	产出质量	义务教育完成率
		文盲率
		升学率
		小学五年巩固率/初中三年巩固率
		辍学率
效果类	经济绩效	农村教育投入对农村经济增长的贡献率
		农村教育投入与各地区收入差距的相关系数
	社会绩效	农村教育投入与犯罪率的相关系数
		农村教育投入与社会贫困减少的相关系数
		农村教育的社会公众满意率

3. 各项指标的分析说明

1) 投入类绩效指标

投入类绩效指标主要反映的是农村教育活动中教育经费投入的情况，可从总量、增量和质量三个方面予以反映。

(1) 投入规模指标反映了农村教育投入总量是否满足经济社会和教育发展的需要。包括农村教育经费总额、农村财政性教育经费总额和农村预算内教育经费总额等指标。

(2) 投入水平指标体现为农村教育投入的力度以及政府对农村教育投入的努力程度。

包括农村财政性教育经费占 GDP 的比重、农村财政性教育经费占全国的比例、农村预算内教育经费占财政支出的比重和农村生均教育经费支出指数等指标。

其中，农村生均教育经费支出指数指标采用农村生均教育经费支出占人均 GDP 的比重进行衡量。

（3）投入增量指标集中反映了农村教育投入的进步程度，增长速度是否达到或满足教育需求扩张的需要和预设的政策目标。包括农村教育财政性教育经费增长率、农村预算内教育经费增长率、农村生均教育事业费增长率等指标。

2）配置类绩效指标

配置类绩效指标用于度量农村教育资源分配的公平与效率，它反映了农村教育投入的财力、人力、物力分配是否合理、公平，运用是否有效率。

（1）财力资源配置指标反映了教育财力资源在教育系统内部各部分的配置情况，可用于评价农村教育经费是否被合理运用，是否被用到相关领域，以及使用效率的高低。包括教育事业费占教育经费的比例、公用经费占教育事业费的比例、生均教育经费城乡差异等指标。

（2）人力资源配置指标反映教育系统内部人力资源的配置情况。包括生师比、专任教师占教职工的比重等指标。

（3）物力资源配置指标反映物力资源的分配及利用效率。包括生均校舍面积、生均固定资产、生均图书册数等指标。

3）产出类绩效指标

产出类绩效指标反映的是农村教育投入所产生的直接成果，即教育过程的直接产出成果。产出类指标可以从产出规模、产出效率和产出质量三个方面予以反映。

（1）产出规模指标反映了教育过程所产出的直接成果的数量规模。包括毕业生数、万元财政教育支出培养的学生数等指标。

（2）产出效率指标反映了教育过程产出成果的相对比率。包括毛入学率、学龄人口在校率、危房改造率、新增校舍比率等指标。

（3）产出质量指标反映了教育过程产出成果的质量、水平。包括义务教育完成率、文盲率、升学率、辍学率、巩固率等指标。

4）效果类绩效指标

效果类绩效指标是指通过农村教育投入的直接产出的过渡而在长时期内对经济社会各个方面产生的间接作用，它反映了农村教育投入的间接成果。

（1）经济效益指标反映了农村教育投入对经济增长、农民收入等方面的贡献。包括经济增长中农村教育的贡献率、农村教育投入与地区收入差距的相关系数、农村教育投入与农民收入增长的相关系数等指标。

（2）社会效益指标反映了农村教育投入对社会各方面的影响。包括农村教育投入与犯罪率的相关系数、农村教育投入与社会贫困减少的相关系数、农村教育的社会公众满意率等指标。

3.4.3　农村教育投入绩效的评价方法

国内外在绩效评价方面采用的方法很多，比较常用、比较前沿的绩效评价的方法主要包括如下几类。

1）同行评议法

同行评议法也称专家评议法，是指由从事某领域或接近该领域的专家来评定一项工作的价值或重要性的一种机制，即通过一定的方式（如专家意见征询表、专家会议等）征求若干位专家对考评对象的评价性意见，然后对专家意见进行分析与综合。作为一种定性考评方法，专家评价法目前被广泛应用于各种评估和评价活动中，由于有专家的参与，评价结论的科学性大大提高。但是，该方法主观性较强，评价的公正性和准确性严重受制于专家的主观意愿。

2）成本效益分析法

20世纪30年代产生于美国，是将一定时期内项目的总成本与总效益进行对比分析的一种方法，通过多个预选方案进行成本效益分析，选择最优的支出方案。成本效益分析作为一种经济决策方法，将成本费用分析法运用于投资决策之中，以寻求在投资决策上如何以最小的成本获得最大的收益。常用于评估需要量化社会效益的公共事业项目的价值。但其缺点也显而易见，对于那些成本和收益都无法用货币计量的项目无能为力。

3）关键绩效指标法

关键绩效指标（key performance indicators，KPI）法是基于社会的远景、战略与核心价值观，通过系统科学的方法，对特定的组织（项目）的若干关键要素进行提炼与归纳，寻找出最关键的若干指标，然后再一步步分解，从而建立组织（项目）的关键业绩评价指标体系和绩效管理系统的程序和方法。关键绩效指标法的最大优点是通过在关键绩效指标上达成的承诺，实现组织中工作期望、工作表现和未来发展等方面的沟通。在实际操作中，它也存在一些明显的缺点：一是关键绩效指标的确定难度较大；二是侧重于追求结果，从而忽略了过程；三是没有关注重点指标之外的其他基础指标，致使重点指标的完成受到影响。

4）平衡计分卡

平衡计分卡（balance score card，BSC）是由美国哈佛商学院罗伯特·S·卡普兰（Robert S. Kaplan）教授和美国复兴方案公司总裁戴维·P·诺顿（David P. Norton）于1992年在对美国12家绩效管理成绩卓著的公司进行一年的研究之后，总结其经验而发明的一种战略性绩效管理系统和方法。平衡计分卡是针对性地设计一套"绩效发展循环"，由此制作多维度评价指标系统，以促进实现战略目标的方法。平衡计分卡是世界范围内被广泛讨论和应用的组织绩效管理方法，其产生、发展及在企业绩效和战略管理中的应用给了公共部门很多启示。目前，公共部门引入平衡计分卡，以目标、产出、成果和绩效的评估代替传统的投入和程序控制，以提供公共服务的实际成果、业绩和公众满意度来界定组织存在的价值、规模和预算。平衡计分卡能够从不同的角度评价组织绩效，把组织远景和战略转化为有形的目标和衡量指标，使财务和非财务达到平衡、企业内外群体的平衡、长期目标和短期目标的平衡、过程和结果的平衡、前置与之后指标的平衡。但平衡计分卡的实施是一个复杂的过程，其中也存在着一定的限制条件，如在指标创建与量化、实施成本等方面的限制。

5）层次分析法

层次分析法（analytical hierarchy process，AHP）是一种实用的多方案或多目标的决策方法，它合理地将定性与定量的决策结合起来，按照思维、心理的规律把决策过程层次化、数量化。层次分析法是由美国匹兹堡大学教授撒泰（A. L. Saaty）于 20 世纪 70 年代提出的一种系统分析方法，目前已在经济计划和管理、能源政策和分配、行为科学、军事指挥、运输、农业、教育、医疗、环境保护及决策预报等领域得到了广泛的应用。层次分析法将人们的思维过程和主观判断数字化，不仅简化了系统分析与计算工作，而且有助于决策者保持其思维过程和决策原则的一致性，所以，对于那些难以量化处理的复杂社会经济问题，它能得到比较满意的决策结果。该方法是对复杂问题做出决策的一种简明有效的新方法，为科学管理和决策提供了较有说服力的依据，但它也有局限性：一方面它在很大程度上依赖于人们的经验，主观因素的成分很大，另一方面它的比较、判断过程较为粗糙，不能用于精度要求较高的决策问题。

上述所列举的是目前较为常见的绩效评价方法，但就评价而言，并没有通用的方法库，评价者在评价的实践中，往往是根据不同的评价目的、评价对象确定不同的方式方法，或者综合起来使用，优势互补，以保证评价的有效性。本研究在对中国农村教育投入绩效进行分析与评价时，将在借鉴上述评价方法的基础上，根据农村教育投入绩效不同阶段具体目标的实际需要选择适合的方法。在对农村教育投入充足性绩效分析时，主要采用横向比较法（国际比较法）；对农村教育投入公平性绩效分析时，综合采用偏离度、变异系数、泰尔指数、基尼系数等多种方法；对农村教育投入效率性绩效分析时，主要采用数据包络分析法；对农村教育投入效益性绩效分析时，主要采用面板数据分析法；对农村教育投入综合绩效评价时，则采用粗糙集与信息熵结合的方法。

3.4.4　农村教育投入绩效的评价程序

任何绩效评价都应当明确评价程序，以便指导绩效评价的具体实施。农村教育投入绩效评价的主要程序如下。

1. 明确评价目标

目标是行动的指南，从事任何一项活动都是针对某一目的进行的，农村教育投入绩效评价也概莫能外。评价目标取决于绩效评价的价值取向，价值取向不同，评价结果也不同。虽然农村教育投入绩效评价的基本目的与一般项目（活动）绩效评价的目的并无本质区别，即都是通过绩效评价发现问题，总结经验，以便为下一阶段项目（活动）提供改进的方向与措施，促进项目（活动）效益的不断提高。但是事实上，不同的评价对象，其评价的具体目标不同，评价的重点也不同。农村教育投入绩效评价的核心价值应该体现在最大限度地满足农村教育发展的需要之上，它强调的是农村教育投入中目标与过程、结果及结果有效性的关系。有鉴于此，农村教育投入绩效评价的具体目标必须是在满足农村教育发展的基本目标之上，围绕着农村教育投入的各个关键环节来制定，即投入的充足性，分配的公平性和效率性，使用的效率性以及结果的效益性。

2. 构建绩效评价指标体系

指标是反映总体现象的特定的概念和具体数值，通过一个具体的统计指标，可以认识研究对象的某一特征，说明一个简单的事实；如果把若干有联系的指标结合在一起，就可以从多方面认识和说明一个比较复杂现象的许多特征及其规律性。建立科学、合理的绩效评价指标体系直接关系到评价结果的真实性和正确性，是绩效评价的关键环节。因此，农村教育投入绩效评价指标体系的构建，需要经过认真仔细的分析研究。一方面必须遵循构建评价指标体系的原则，另一方面必须反映出农村教育投入的特征。在具体指标的选择时，应采用共性指标与特性指标相结合、定性指标与定量指标相结合、短期指标与长期指标相结合的方法，并结合绩效评价工作进一步修订与完善，做好绩效评价的基础性工作。

3. 确定绩效评价方法

绩效评价方法是绩效评价的"拐杖"，是绩效评价顺利进行的保障。目前用于绩效评价的方法有多种，每一种方法都有自身的优点与不足，并且有自己适用的特定对象和范围。因此，农村教育投入绩效评价方法的选择上，关键是选择适合农村教育和农村教育投入特点的评价方法。一般而言，"采用何种方法或评价工具检验教育部门绩效目标的实现程度，无疑需要考虑到各种目标所反映的价值标准、领域维度以及相关利益群体的状况"[1]。为此，结合农村教育发展的实际情况，根据农村教育投入绩效评价的具体目标选择相应的方法，力求所得到的评价结果更客观、更可靠。

4. 绩效评价与结果分析

上述工作完成后，就可以根据所选的方法与指标进行相应的计算，得出农村教育投入绩效评价结果。绩效评价与结果分析，既是本阶段工作的结束，同时又是下一阶段工作的起点。通过对评价结果的分析，可以发现本阶段工作的问题，并据以提出改进的方向与措施，为改善下一阶段工作提供有价值的参考。因此，必须重视绩效评价结果的分析，以便为进一步提升农村教育投入绩效提供改进的方向与措施。

① 刘旭涛. 政府绩效管理制度、战略与方法. 北京：机械工业出版社，2003：182.

第 4 章 中国农村教育投入的总体考察

以发展的观点看待中国农村教育投入，深入探寻农村教育投入的制度变迁与现实状况，是揭示农村教育发展滞后的制度根源的有效途径，也是农村教育投入绩效分析与评价的一个切入点。本章将对中国农村教育投入体制的历史演变进行考察，并对农村教育投入的总量与结构进行实证分析，进而反映出中国农村教育投入的总体状况。

4.1 中国农村教育投入的历史考察

纵览新中国成立以来几十年的历史，中国农村教育投入体制发生了多次变动，每一次大的变革都会对农村教育的发展产生巨大的影响。本部分将按照时间的顺序对每一时期农村教育投入体制的演进背景加以梳理和辨析，力求把握制度变迁的实质，为进一步的理论分析和实证研究提供有益借鉴和研究基础。

4.1.1 新中国成立后中国传统农村教育投入体制的产生

1. 统一列支，高度集中

1949 年新中国成立以后，随着社会主义制度的迅速确立，中国开始模仿苏联模式建设教育制度。建国初期，中央实行统一列支、高度集中的财政管理体制，相应地，教育经费也采取统包的方式，由中央、大行政区和省（市）三级管理。1950 年《政务院关于统一管理 1950 年度财政的决定》中规定：乡村小学、县简师、教育馆的经费可由县人民政府随国家公粮征收地方附加公粮解决。1951 年 3 月政务院进一步明确规定一般小学简师由地方附加开支。

2. 统一领导，分级管理

1953 年起的"一五"时期，实行"统一领导，分级管理"的财政管理体制，即中央统一领导，中央、省（市）、县分级管理的体制。各级教育行政机构严格执行三级财政制度，凡属省、市、县级教育支出预算，均不得互相留用，同时，各省（市）教育厅（局），如有发生经费不足，须先报请省（市）政府转报政务院考虑，不得条条上达。这期间，农村教育被列入县级教育支出预算，政府成为农村教育管理的唯一主体。

3. 条块结合，以块为主

1958 年以后，开始实行"条块结合、以块为主"的教育财政管理体制。1958 年 8

月，中共中央、国务院发布了《关于教育事业管理权力问题的规定》，把教育事业的管理权下放到地方，教育经费也随同下放。为解决教育管理权下放以后，出现的大量挤占、挪用教育经费的现象，1959年11月24日国务院批转了教育部、财政部《关于进一步加强教育经费管理的意见》，要求根据"条块结合，以块为主"的精神加强各级财政部门和教育行政部门的协作，共同管好教育经费，"各级政府财政部门在编制教育经费概算和核定下级教育经费预算时，应与同级教育行政部门协商拟订，提请同级人民委员会审定。各级人民政府在下达经费预算指标或批准下级政府预算时，应将教育经费单列。"1960年3月，教育部、财政部发布了《关于人民公社社办中小学经费补助的规定》，提出在社办中小学经费来源方面，公社可从公益金中抽一定比例，也可向学生收取杂费或分摊工分，还可拨给学校一定土地组织学生劳动获取收入，国家也可给予适当资助。农村公办小学的重点修缮和其他民办教育事业所需要的费用（包括农业中学），要求各省、市、自治区应在农业税地方附加中划出一定数额给予补助。

在教育部、财政部共同努力下，1963～1965年，基本上纠正、制止了一些县社擅自挪用教育经费的现象，并且增加了地方筹措中小学经费的来源，比较好地贯彻了"统一领导，分级管理"的原则。

4. 财政单列，戴帽下达

从1972年起，中央在安排下达国家财政预算时，把教育事业费支出单列，戴帽下达，专款专用。各级政府的财政、教育部门，密切协作，共同负责，加强了教育事业经费管理。1973年月，财政部、国务院科教组等部门联合制定了《关于中小学财务管理若干问题的意见》明确提出：中小学勤工俭学收入不上缴财政，并在税收上给予适当照顾。对民办公助学校和民办教师，要逐步做到国家财政补助是主要的。对少数民族地区和边境地区，在教育卫生和行政开支方面的一些特殊困难，要注意帮助解决。《意见》中还提出，要适当安排民办公助经费，城镇街道和农村社队集体办学经费，应由国家补助、集体负担、杂费收入和勤工俭学收入等几方面解决，逐步做到国家补助是主要的。

从新中国成立开始到1978年的三十年间，我国的义务教育，特别是农村义务教育取得了举世瞩目的成就。新中国成立前，我国的学龄儿童入学率仅为20%，而到了1952年，全国学龄儿童入学率为49.2%，1979年达93%。同时，教育经费也得到了大幅度增加。1952年，国家财政用于教育事业费的支出为11.03亿元（按当年的价格计算），1978年大幅度增加到75.05亿元，比1950年增加了10多倍。但是，从新中国成立以来直到20世纪80年代，由于我国总体的财政水平比较低，加上这一阶段出现了自然灾害、苏联撤资、"文化大革命"，经济呈现较大的浮动，所以这一阶段的农村义务教育财政保障机制，是属于一种低水平的保障。

4.1.2　改革开放以后中国农村教育投入体制的变革

1. 两级财政，切块安排

1980 年，开始在全国实行"划分收支，分级包干"的财政管理体制，各省、市、自治区教育事业所需的教育经费，由各省、市、自治区人民政府安排。改变了由财政部门和教育部门协商联合下达教育事业经费支出指标的管理体制。实行新的财政体制以后，大多数地区在安排本地区年度预算和使用地方机动财力时，按照中央对教育工作的有关方针政策或指示、决定，结合本地教育事业发展的实际情况，增拨了一些教育经费。但是，也有些地方，在安排预算时，不仅没有增加甚至压减了教育经费，致使经费安排与教育事业发展计划不衔接，出现了脱节现象。1980 年 12 月 3 日，中共中央、国务院在《关于普及小学教育若干问题的决定》中指出：要把教育事业列为调整的重要内容，必须逐步地提高教育投资的比重，改变教育经费过少的状况。在国家财政体制和经济管理体制改革之后，地方对办好普通教育的责任将更为重大。今后普通教育的发展规划和年度计划、事业费、基建投资、人员编制，由省、市、自治区党委和政府统筹安排，组织实施。实行两级财政，国家要加强指导。今后普通教育经费要由省、市、自治区戴帽下达到县，专款专用、严禁挪用。如有违反，必须严肃处理。

2. 分级办学、分级管理

1985 年 5 月，中共中央出台《中共中央关于教育体制改革的决定》，明确提出，"把发展基础教育的责任交给地方"，"实行基础教育由地方负责、分级管理的原则"。1986 年 4 月通过的《义务教育法》还进一步规定，发展义务教育所需经费，主要通过各级财政拨款、征收教育费附加以及社会捐资助学等途径加以筹措。同期，国务院发布《关于征收教育费附加的暂行规定》，明确了农村教育费附加应用于农村学校的基本建设。至此，义务教育经费投入由地方负责的制度正式确立下来。1992 年 3 月，颁布的《〈义务教育法〉实施细则》，进一步明确了以地方为主的特征，县级财政主要承担城区少数学校的教育投入责任，乡镇财政负责本地中心小学和乡镇中学的经费投入，行政村则要负责村办小学部分经费的筹措工作。从经费来源看，农村教育经费主要包括乡镇预算内财政拨款、预算外教育费附加和"五项统筹"中用于教育的费用、教育集资、书杂费收入和捐资助学等项目。这样，农村教育逐渐形成了"地方负责，分级管理，以乡为主"、"人民教育人民办"的局面，乡镇政府和农民承担了农村义务教育的主要责任，其中，农村教育费附加、书杂费收入、教育集资和"五项统筹"等预算外收入，构成了大多数农村地区教育投入的主体部分。从当时情况看，这种"地方负责，分级管理，以乡为主"的教育管理体制在改革开放的初期，中央财政收入比重较低而地方财政相对丰裕的财政格局下，对于促使地方政府加大教育投入，推动农村教育的发展，改变农村教育落后的面貌，起到了一定的积极作用。

3. 县、乡两级办学，以乡为主

1994 年开始的分税制改革改变了中央财政困难，地方财政充裕的局面。我国农村教育经费仍然是由县乡两级财政承担，县直属学校经费由县财政负责，农村学校由乡财政负责。但是由于实行分税制后，县乡财政实力大大削减，尤其是乡级财政十分困难，乡级财政预算内收入只剩下"农业四税"的一部分和工商税中的一些零星税收。据国家统计局的统计数据，2000 年全国有 2109 个县级财政，4 万 6 千多个乡镇财政，财政收入 1.34 万亿元，中央占 51%，省级占 10%，地市占 17%，县乡两级共计 20% 多。在财权层层上收的同时，并没有压缩乡镇财政的事权范围。据国务院发展研究中心的调查，乡镇负担了 78% 的义务教育经费，县财政负担 9% 左右，省财政负担 11%，中央负担不足 2%。为了弥补预算内收入的缺口，在"分税制"之后，乡级财政就只有扩大预算外收入一途可行[①]。最终导致农村义务教育学校经费严重依赖农村教育费附加、教育集资和向学生收取杂费，造成了农村中小学基本办学条件无法满足、普遍拖欠教师工资、学生经济负担过重、辍学率上升的现象。

4. 地方负责，以县为主

实行分税制后，县乡财政困难，直接导致农村乱收费现象严重，农民负担过重。为此，中共中央、国务院在 2001 年下发了《中共中央、国务院关于进行农村税费改革试点工作的通知》，要求取消现行的按农村上年人均纯收入一定比例征收的乡统筹费（乡村两级办学、计划生育、优抚、民兵训练、修建乡村道路），取消农村教育集资等专门面向农民征收的行政事业性收费和政府性集资，取消屠宰税，逐步取消统一规定的义务工和劳动积累工，调整农业税、农业特产税政策，改革纯提留征收和使用办法，采取新的农业税附加或农业特产税附加方式统一征收。农村税费改革有利于切实减轻农民负担，但是取消农村教育费附加和农村教育集资两项政策对于长期以来很大程度依赖这两项收入的农村义务教育是一个巨大的冲击，特别是我国大多数农村地区实际上由乡级政府和农民承担的义务教育经费的责任，使原本艰难的农村义务教育经费更加困难。

为了解决上述问题，2001 年 6 月，国务院公布《关于基础教育改革与发展的决定》，进一步完善了农村义务教育管理体制，特别明确了县级政府对本地农村义务教育负有主要责任，规定了教师工资，由县级政府负责统一发放。2002 年 5 月，国务院办公厅发出《关于完善农村义务教育管理体制的通知》，正式开始实行"地方负责、分级管理、以县为主"的管理体制，实现从主要由农民负担转到主要由政府承担、政府的责任从以乡镇为主转到以县为主两大重大转变。农村教育投入主要由三个方面的经费构成：一是县级财政投入的财政经费，主要用于保障教师工资的按时足额发放；二是中央和省级财政的专项转移支付，主要用于抵补农村教育费附加减收后的缺口，以保障农村校舍不出现危

---

① 朱钢. 聚焦中国农村财政. 太原：山西经济出版社，2000：34-35.

房；三是书杂费收入，用于保障学校的正常运转。实行"以县为主"的农村义务教育管理体制后，极大地缓解了农村教育经费紧张的问题，特别是拖欠教师工资问题，基本实现了确保农村义务教育投入不低于税费改革前的水平，确保农村中小学教师工资发放，确保师生安全，确保农村中小学公用经费（即四个确保）。

但是"以县为主"的农村教育管理体制的缺陷日趋明显。首先，上级转移支付资金往往数量较少，无法完全抵补因农村教育费附加减收的缺口。其次，由于我国大多数县财力有限，基本属于吃饭财政，尤其中西部地区更为严重，难以保证应该分摊的教育投入。再次，2002 年开始实施的"一费制"政策，虽然减轻了学生家庭的负担，但也造成了农村学校的较大减收，客观上造成农村学校经费的进一步紧张。在多重因素的综合作用下，不少县级财政部门遂屡屡出现截留、平调、挪用或挤占上级专项转移支付和书杂费用于发放教师工资的现象。甚至有些地方，出现教育行政部门"统筹"学校书杂费收入，用于支付机关办公和公务接待费用的情况，而且更为严重的是，由于停收农村教育费附加，不少农村学校丧失了偿还"普九"基建债务的可能性，从而加剧了农村教育债务危机。显然，广大农村地区出现的校舍大面积危殆、公用经费严重短缺以及负债沉重等现象，绝非是"以县为主"体制所能消除的。

4.1.3　新时期中国农村教育投入体制的形成

2005 年 12 月，国务院发布《关于深化农村义务教育经费保障机制改革的通知》，正式推出了以加大中央财政转移支付力度为核心，以省级政府负责统筹和落实辖区内农村义务教育经费为抓手的"农村义务教育经费保障机制"。以此为基础，2006 年 6 月，全国人大通过的新修《义务教育法》进一步规定："义务教育经费投入实行国务院和地方各级人民政府根据职责共同负担，省、自治区、直辖市人民政府负责统筹落实的体制。农村义务教育所需经费，由各级人民政府根据国务院的规定分项目、按比例分担。"

随着新机制的实施，中国农村义务教育经费投入逐步纳入公共财政的覆盖范围。"两免一补"政策，2005 年首先在 592 个国家重点贫困县实施，2006 年在西部农村和中部部分农村地区实施，2007 年对农村义务教育 1.5 亿学生全部免除学杂费，3800 万名家庭经济困难学生得到免费教科书，780 万名家庭经济困难的寄宿生得到生活费补助。近几年来，中央和各级地方财政逐步加大对农村义务教育的投入力度，2010~2011 年，连续两次将生均公用经费基准定额标准每年提高 100 元，"一补"生均标准每年提高 250 元。2011 年，中西部地区年生均公用经费基准定额达到小学 500 元、初中 700 元，东部地区年生均达到小学 550 元、初中 750 元，同时，对不足 100 人的农村小学教学点按 100 人核拨公用经费，较好地满足了农村中小学教学和运转之需；家庭经济困难寄宿生"一补"生均标准达到每年小学 1000 元、初中 1250 元。据统计，2006~2013 年，全国财政已累计安排保障机制改革资金（不含教师工资）8950 亿元，其中：中央财政 5050 亿元、地方财政 3900 亿元。中央财政资金从 2006 年的 150 亿元增长到 2014 年的 878.97 亿元，年均递增 24.7%①。新机制的出台加快了普及农村免费义务教育的步伐，给农村教育的发展带来了可喜的变化，成为中国教育发展史上的一个里程碑。

实施新机制后，农村教育投入体制表现出来的特点如下。

（1）把农村义务教育全面纳入公共财政保障范围。义务教育是公民的一项基本权利，其经费主要由公共财政负担，这是保障公平就学机会的基本手段。确立农村义务教育在公共财政中的优先地位，切实发挥公共财政资金在配置农村义务教育资源中的绝对主体作用，有利于解决当前农村教育经费总量不足的现实问题。

（2）建立了中央和地方分项目、按比例分担的机制。新机制从明确各级政府责任入手，建立了中央与地方分项目、按比例分担的经费保障机制。在资金的总体安排上，体现了"中央拿大头"的原则。这一机制初步达到了财权与事权的相对契合，同时也使公共财政恢复了它为义务教育等公共事业服务的本来功能。

（3）实行了省级政府统筹落实、管理以县为主的制度。由省级政府负责统筹落实省以下各级政府应承担的经费，制定地方各级政府的具体分担办法，完善财政转移支付制度，有利于保证中央和地方各级农村义务教育经费保障机制改革资金落实到位。

（4）在延续多元化投资主体与多渠道筹集资金模式的基础上，加大了政府对其他非义务教育阶段教育的投入力度。在党的十七届三中全会"加快普及农村高中阶段教育，重点加快发展农村中等职业教育并逐步实行免费"方针的指导下，农村职业教育发展取得了明显成效。2009 年，经国务院同意，财政部、国家发改委、教育部和人力资源社会保障部联合发文，宣布对中等职业学校农村家庭经济困难学生和涉农专业学生逐步免除学费。这是我国继全部免除城乡义务教育阶段学生学杂费之后，促进教育公平的又一件大事。

虽然新机制的实施开启了农村义务教育免费的划时代进程，但它却仍然无法消除"以县为主"模式下农村教育投入不足的痼疾。第一，经费投入不足现象依然存在。由于中央和省级财政增加的转移支付资金，只能被用于填补实施免费义务教育后农村学校减收的书杂费缺口，而转移支付的标准较低，无法完全弥补学校减收的书杂费，其结果是，在农村实施免费义务教育后，绝大多数县级单位的教育经费总收入都在下降。据调查显示，实施"省级统筹"新机制后，伴随着义务教育免费政策的推进，农村学校反而出现了经费更加拮据的局面，欠发达地区的农村教育投入水平依然十分低下②。第二，各级政府的负担责任，特别是省级政府和中央政府的负担责任与负担方式还有待完善和加强。新机制对中央政府的负担责任给予了明确的规定，主要目的在于平衡各省财政能力之间的差异。但是按照目前中央和地方财政收入的比例，中央财政负担义务教育财政性经费的仍然太低。省级政府在转移支付作用上不够积极、不突出仍是当前的主要问题之一。许多省级的转移支付资金总量中，根据中央转移支付中的配套资金的要求确定转移支付

---

① 中国财经报网．www.cfen.com.cn［2014-7-15］.

② 张霞珍．免费义务教育：政府需处理的三对关系．教育发展研究，2008，（7）：35-38.

的资金占了较大部分，这种方式体现在分配上，直接削弱了转移支付在平衡省内各县之间财政能力差异的作用。第三，地方政府义务教育经费投入的努力程度还有待提高，特别是县级政府在本地区学校之间资金分配的公平性上还有待改进。据相关研究发现，在那些生均教育经费水平越高的县，其学校间的差异程度也越大；在生均公用经费差异上，各个省份都典型地表现为县内的差异要大于县之间的差异，县内差异对总体差异的贡献率为 50％～70％，这一结果显示了县内分配不公平性的严重程度[①]。

4.2　中国农村教育投入的现状考察

农村教育投入的制度变迁必然表现为现实农村教育投入的数量特征，对这种数量特征加以考证，既是中国农村教育投入绩效评价的基础，更是中国农村教育投入模式与机制构建的重要依据。本节将从总量和结构两个方面对中国农村教育投入的状况进行实证分析。

4.2.1　农村教育投入的总量分析

农村教育投入的总量分析，即农村教育投入的总规模，是对投入农村教育领域的人力、物力和财力的总的货币表现形式所进行的分析，其目的在于说明农村教育投入总量规模的变化趋势，以及农村教育投入的总量水平。本部分主要使用三类指标来反映农村教育投入的总量：一是农村教育投入的绝对量增长分析；二是农村教育投入的相对量比较分析；三是农村教育投入的平均量分析。

1. 农村教育投入的绝对量增长分析

1) 全国教育经费投入的总量

新中国成立 60 多年来，中国教育事业发生了翻天覆地的变化。新中国成立前，我国学龄儿童入学率仅为 20％，人口文盲率达到 80％，农村的文盲率更是高达 95％以上，有的地方甚至十里八村都找不出一个识字的人。新中国成立后，党和国家把普及教育、扫除文盲提上重要日程，动员全党、全社会和全国各族人民的力量，开展大规模的扫盲运动。改革开放之后，中央做出《关于教育体制改革的决定》，随后颁布《义务教育法》和《扫除文盲工作条例》，以法律形式对实施九年义务教育和扫除青壮年文盲做出明确规定。之后的二十多年间，中国进行了一场致力于教育起点公平的伟大实践。2011 年底，随着我国西部 42 个边远贫困县实现"两基"目标，全国所有县（市、区）和其他县级行政区划单位、所有省级行政区全部通过普及九年义务教育和扫除青壮年文盲的国家验收，实现"两基"目标，全国人口覆盖率达到 100％，初中阶段毛入学率超过 100％，青壮年文盲率下降到 1.08％。从此，中国普及义务教育的百年梦想历经坎坷终而梦圆，实现了从

---

① 杜育红. 中国政府—亚洲开发银行"中国义务教育财政研究"项目报告. 北京：北京师范大学出版社，2008.

一个文盲大国、人口大国向教育大国、人力资源大国的历史性跨越，为迈向教育强国、人力资源强国奠定了坚实基础。

自 20 世纪 90 年代以来，中国教育总经费投入规模、财政性教育经费投入规模和预算内教育经费投入规模等指标均呈现逐年递增趋势，并且这一增长趋势仍在继续，这与我国教育事业蓬勃发展的态势相吻合。从表 4-1 中可以看出，1990～2012 年，中国教育经费投入总量由 1990 年的 659.36 亿元攀升到 2012 年的 27695.97 亿元，总的增幅达 42 倍之多，年均增长约 19%。其中，增长速度最快的是 1992～1995 年，全国教育经费投入总量从 867.06 亿元增加到 1877.95 亿元，年均增幅达 29.38%。之后教育经费投入总量增幅有所放缓，2006 年以后又重新进入一个新的快速增长的时期，2007 年增幅为 23.77%。教育总经费的持续增长为全国教育事业快速发展提供了巨大的动力与支持。

表 4-1　全国教育经费投入总量（1990～2012 年）

年份	教育经费		财政性教育经费		预算内教育经费	
	金额/亿元	增长率/%	金额/亿元	增长率/%	金额/亿元	增长率/%
1990	659.36	—	548.65	—	433.86	—
1991	731.50	16.29	617.83	12.61	459.73	5.96
1992	867.05	18.53	728.75	17.95	538.74	17.19
1993	1059.94	22.25	867.76	19.08	644.39	19.61
1994	1488.78	40.46	1174.74	35.38	883.98	37.18
1995	1877.95	26.14	1411.52	20.16	1028.39	16.34
1996	2262.34	20.47	1671.70	18.43	1211.91	17.85
1997	2531.73	11.91	1862.54	11.42	1357.73	12.03
1998	2949.06	16.48	2032.45	9.12	1565.59	15.31
1999	3349.04	13.56	2287.18	12.53	1815.76	15.98
2000	3849.08	14.93	2562.61	12.04	2085.68	14.87
2001	4637.66	20.49	3057.01	19.29	2582.38	23.81
2002	5480.03	18.16	3491.40	14.21	3114.24	20.60
2003	6208.27	13.29	3850.62	10.29	3453.86	10.91
2004	7242.60	16.66	4465.86	15.98	4027.82	16.62
2005	8418.84	16.24	5161.08	15.57	4665.69	15.84
2006	9815.31	16.59	6348.36	23.00	5795.61	24.22
2007	12148.07	23.77	8280.21	30.43	7654.91	32.08
2008	14500.74	19.37	10449.63	26.20	9685.56	26.53
2009	16502.71	13.81	12231.09	17.05	11419.30	17.90
2010	19561.85	18.54	14670.07	19.94	13489.56	18.13
2011	23869.29	22.02	18586.70	26.70	16804.56	24.57
2012	27695.97	16.03	22236.23	19.64	20314.17	20.88

资料来源：根据 1991 年《中国教育经费年度发展报告》、2012 年《中国教育经费统计年鉴》和 2014 年《中国统计年鉴》相关数据整理、计算所得。

国家财政性教育经费指标相当于国际通用的公共教育支出，代表着国家对于教育的投入水平和努力程度，在整个教育经费投入中占有非常重要的位置。由图 4-1 不难发现，全国总体的教育投入水平与国家财政性教育经费水平有着密切的关系，国家财政性教育经费的增长幅度直接影响着全国教育经费的增长幅度。20 世纪 90 年代以来，中国财政性教育经费在全国教育经费总投入中所占比重平均在 70％以上。1990～2012 年，全国财政性教育经费投入逐年增加，从 1990 年的 548.65 亿元增加到 2012 年的 22236.23 亿元，年均增幅约为 18％。近几年，国家明显加大了教育投入的力度，对我国教育事业的发展给予了更大的支持。2006～2008 年，全国财政教育经费投入总量的年均增长率达 26.55％，并且 2008 年首次突破了 1 万亿元。

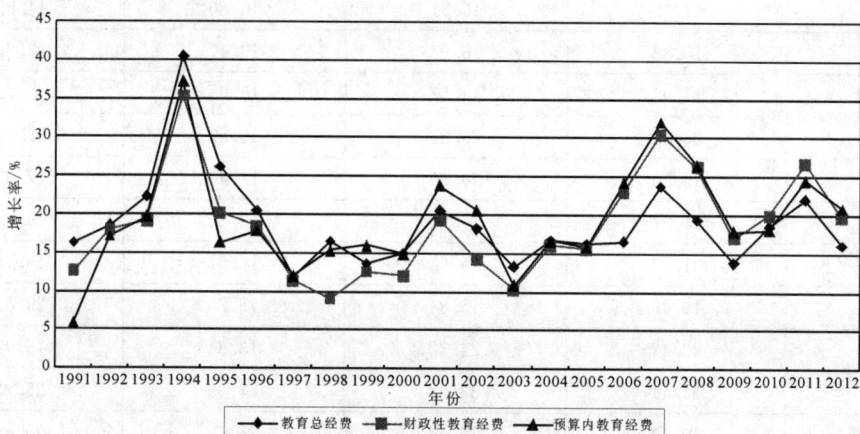

图 4-1　全国教育经费增长变化趋势（1991～2012 年）

预算内教育经费拨款是国家财政性教育经费的最重要的构成，它直接反映了政府在财政支出中用于教育投入的部分，是衡量政府教育投入力度的重要指标。从 1990～2012 年我国财政预算内教育经费总量的变动来看，预算内教育经费的增长速度要快于财政性教育经费和教育总经费的增长速度，说明了政府加大教育投入的决心和努力程度。1990～2012 年，中央和地方各级政府财政预算内教育经费拨款从 1990 年的 433.86 亿元攀升至 2012 年的 20314.17 亿元，经费规模扩大了 47 倍，年均增幅达 19.29％。其中，2006～2008 年期间，财政预算内教育经费拨款的年均增幅更是高达 27.61％，显示快速增长的势头。

单从投入总量的绝对数量上看，我国政府教育投入实现了较大幅度的增长，但这种增长是否与政府在国民收入分配中的地位相匹配，还需要作进一步分析。1995 年颁布的《教育法》第 55 条第二款规定："各级人民政府教育财政拨款的增长应当高于财政经常性收入的增长，并使按在校学生人数平均的教育费用逐步增长，保证教师工资和学生人均公用经费逐步增长。"对照着这"三个增长"的目标，我们可以初步判断政府在财政教育投入方面的努力程度。

如表 4-2 所示，根据"三个增长"的要求，生均教育经费和生均公用经费逐步增长的基本目标得到了保证，但是政府财政拨款的增长应当高于财政经常性收入的增长的目标却并没有被严格落实。由图 4-2 可以看出，从 1995 年起到 2011 年的 17 年间，只有 7

个年份满足了全国教育财政拨款增长高于财政收入增长这一目标，而其余10年均未能实现法定目标。可见，政府教育投入的努力程度还有待进一步增加。

表 4-2　　"三个增长"目标的实现情况　　　　　　　　　　单位：%

增长率 / 年份	财政收入	预算内教育经费	生均教育经费	生均公用经费
1995	19.63	16.34	—	—
1996	18.68	17.85	—	—
1997	16.78	12.03	10.24	15.13
1998	14.16	15.31	10.80	14.95
1999	15.88	15.98	13.47	13.23
2000	17.05	14.87	15.64	15.72
2001	22.33	23.81	19.89	15.18
2002	15.36	20.60	17.40	17.22
2003	14.87	10.91	12.80	16.64
2004	21.56	16.62	16.67	16.13
2005	19.90	15.84	15.70	20.63
2006	22.47	24.22	13.84	15.92
2007	32.41	32.08	23.09	26.73
2008	19.50	26.53	21.70	26.48
2009	11.72	17.90	15.05	11.54
2010	21.28	18.13	14.50	17.35
2011	25.00	24.57	23.74	37.53

资料来源：1996～2012年《中国统计年鉴》和《中国教育经费统计年鉴》相关数据整理、计算所得。

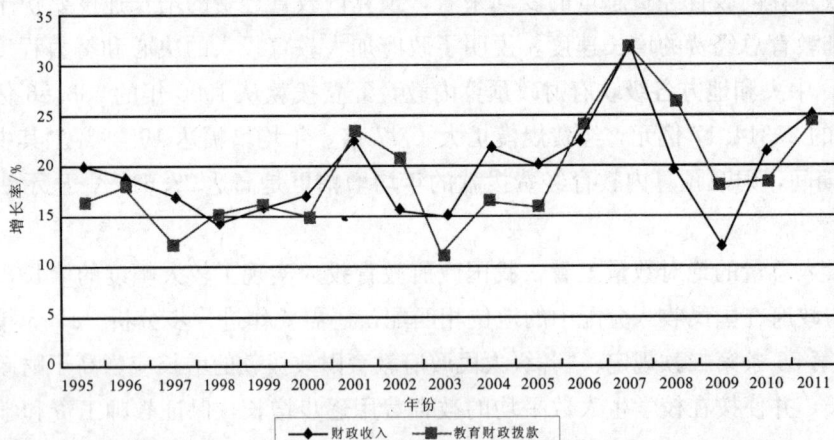

图 4-2　教育财政拨款与财政收入的增长比

2）农村教育投入的总量

随着国家整体教育经费投入总量的不断增加，我国农村教育经费投入总量也在不断增加，特别是2001年以来，随着国家对农村义务教育的重视，投入力度进一步加大，经费增长速度明显加快。由表 4-3 可知，1997 年农村义务教育经费总投入为 784.9 亿元，2001 年首次突破 1000 亿元，提高到 1102.3 亿元，到 2011 年已经增加为 6085.5 亿元。2001 年以前，农村义务教育经费投入增长率不足 7%，远低于国家教育经费总投入的增长幅度，从 2001 年开始农村义务教育经费投入出现大幅度增长，这是由于我国开始实行"以县为主"的管理体制，加大了经费投入力度。2001～2011 年，中国农村义务教育经费年均增长幅度为 19%，平均增长速度与全国教育经费总投入的增长速度基本持平。尤其是 2006 年实行农村义务教育经费保障新机制以后，农村义务教育经费投入有了稳定的制度保障，形成了长效机制，2007 年中央和地方加大投入，实现了农村义务教育全免费，因而农村义务教育经费投入增幅达到了创纪录的 37.2%。

表 4-3 农村义务教育经费投入情况（1997～2011 年）

年份	教育总经费		财政性教育经费		预算内教育经费	
	金额/亿元	增长率/%	金额/亿元	增长率/%	金额/亿元	增长率/%
1997	784.9	7.0	588.8	10.6	430.0	11.5
1998	812.0	3.4	616.9	4.8	468.4	8.9
1999	862.1	6.2	675.7	9.5	533.1	13.8
2000	920.0	6.7	733.4	8.6	604.0	13.3
2001	1102.3	19.8	901.0	22.8	786.2	30.2
2002	1266.0	14.9	1051.5	16.7	989.8	25.9
2003	1365.3	7.8	1142.8	8.7	1094.3	10.6
2004	1644.8	20.5	1393.6	21.9	1325.9	21.2
2005	1938.7	17.9	1654.5	18.7	1567.3	18.2
2006	2177.3	12.3	1977.5	19.5	1880.6	20.0
2007	2987.8	37.2	2839.3	43.6	2707.5	44.0
2008	3726.4	24.7	3580.8	26.1	3420.1	26.3
2009	4420.5	18.6	4273.9	19.4	4094.7	19.7
2010	5017.5	13.5	4884.6	14.3	4668.7	14.0
2011	6085.5	21.3	5955.8	21.9	5582.9	19.6

资料来源：1997～2012 年《中国教育经费统计年鉴》相关数据整理、计算所得。

2011 年，农村义务教育财政性教育经费投入总额 5955.8 亿元，相比 1997 年的 588.8 亿元增加了 5367 亿元，为 1997 年的 10 倍。1997～2011 年农村义务教育财政性教育经费年均增长 17.8%，预算内教育经费年均增长 19.8%；同时，财政性教育经费在农村义务教育经费中所占的比重平均约为 86%，且比重不断增大，2010 年和 2011 年均已超过 97%，显示了国家大力发展农村教育的决心。

通过对农村义务教育财政性教育经费与全国财政性教育经费及 GDP 的增幅的比较（图 4-3）也可以发现，国家将发展的重心逐渐转向了农村教育。2001 年以前农村财政性教育经费投入力度不大，1997～2000 年均低于全国增幅，也低于 GDP 的增长（除 1999 年外）；2001 年以后农村财政性教育经费投入力度有所加强，其增幅超过 GDP 的增幅

（除 2003 年和 2010 年外），同时也在大多数年份中超过全国财政性教育经费的增幅。

农村普通高中教育作为农村基础教育的重要组成部分，对于农村人力资本的最终形成具有重要的意义。虽然目前对于农村普通高中的投入力度还无法与农村义务教育相比，但是从整体上讲，农村普通高中教育投入水平也有了不小的进步。如图 4-4 所示，2011年农村普通高中的教育总经费达到了 335 亿元，比上年增长了近 23％，而财政性教育经费和预算内教育经费分别增长了 32％和 28％，足以说明随着政府对普及普通高中教育认识的加深，对普通高中教育加大了支持力度。

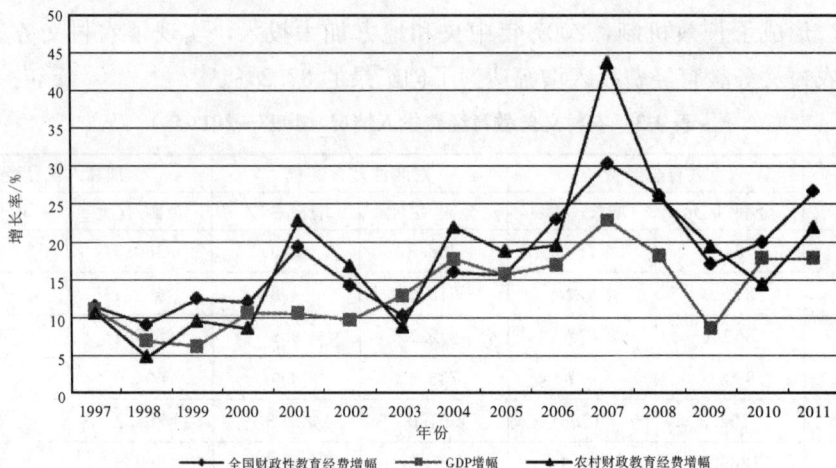

图 4-3　农村与全国财政性义务教育经费、GDP 环比增幅的比较

在农村基础教育投入快速增长的同时，农村中等职业教育投入近年更有着巨大进步。由图 4-5 可知，农村职业高中的教育经费有较大幅度的提高。2011 年农村职业高中的教育总经费达到了 74.5 亿元，比 2007 年提高了 87.3％，而政府投入的增幅更大，财政性教育经费和预算内教育经费分别达 58.2 亿元、47.1 亿元，分别较 2007 年提高了 132％、121％，表明了国家推动农村职业教育快速发展的决心和行动。

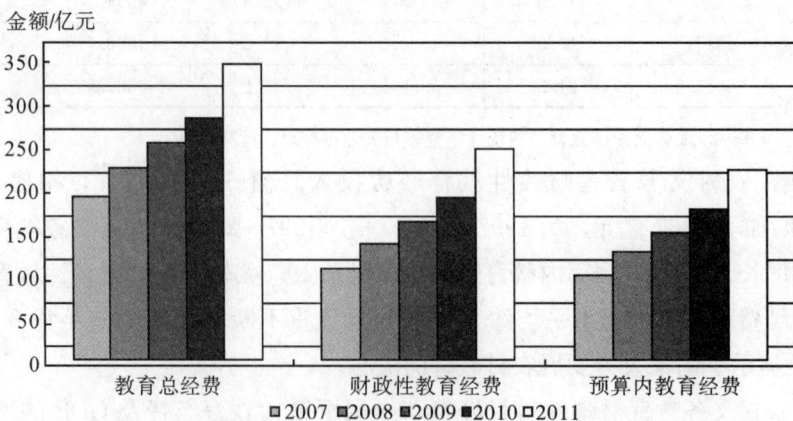

图 4-4　农村普通高中教育经费变动趋势图

金额/亿元

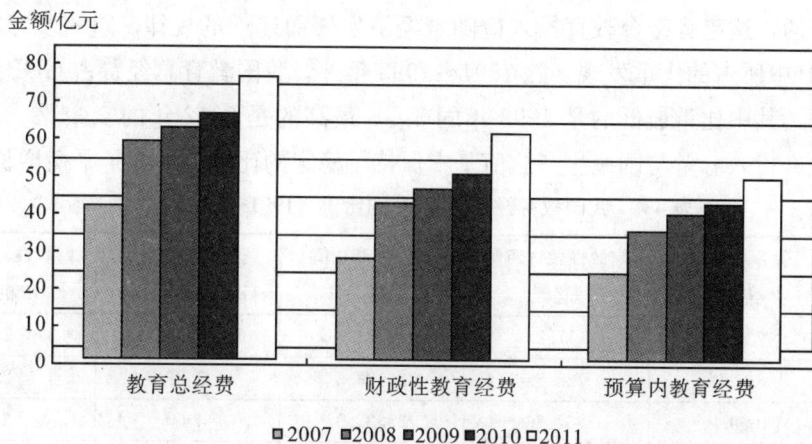

图 4-5　农村职业高中教育经费变动趋势图

与此同时，近几年国家还不断加大对农村职业学校家庭经济困难学生的资助力度。2007 年以来，国家出台了一系列政策建立健全家庭经济困难学生的资助政策体系，逐步实施了农村职业教育免费，给大批农村人口提供了受教育的机会，改善了农村社会的民生环境，为农村学生的个性发展提供了机会。从 2007 年秋季学期起，国家设立中职学校国家助学金，助学金资助对象是一、二年级全日制正式学籍农村学生和城市家庭经济困难学生，助学金标准每人每年 1500 元，由中央财政和地方财政共同分担。每年获得助学金资助的学生约占一、二年级的 90%；从 2009 年秋季学期起，免除公办中职全日制正式学籍一、二、三年级在校生中农村家庭经济困难学生和涉农专业学生学费；从 2012 年秋季学期起，将免学费政策范围扩大到所有农村（含县镇）学生、城市涉农专业学生和家庭经济困难学生。这是继全部免除城乡义务教育阶段学生学杂费之后，促进教育公平的又一件大事，使农村学生接受职业教育的机会显著增长，对于减轻农民负担，增强中等职业教育的吸引力，缩小城乡差别，促进农村教育发展和教育公平具有重要的推动作用。

由以上对农村教育投入的绝对量分析可知，自 20 世纪 90 年代以来，我国农村教育投入规模有了较大幅度的提高，呈现出持续上升的良好势头，为我国农村教育事业的发展提供巨大的支持。

2. 农村教育投入的相对量分析

虽然从教育经费总量的绝对值与增长幅度可以在一定程度上反映出农村教育投入的规模与进步程度，但是仅凭纵向的对比尚难以完全反映出农村教育投入的实际水平以及政府农村教育投入的努力程度，还需要对农村教育投入的相对量指标进行考察。

1）教育总经费的相对量分析

教育经费主要来源于国民收入，是通过国民收入分配和再分配形成的。因此，从全国范围看，教育总经费在国民经济中占有多大的比重，可以代表全社会对教育投入的努力程度。如果比重过小，则会制约教育发展；如果比重过大，则会产生"挤出效应"，影响其他部门的发展。由表 4-4 的数据可以看出，1991～2012 年，教育总经费的绝对数量是逐年增长的，这趋势符合教育投入应随着经济发展而递增的规律。进一步考察教育总经费在 GDP 中所占的比重发现，除 1991～1993 年外，我国教育总经费占 GDP 的比重是逐年递增的，其中比重最低的是 1993 年的 3‰，最高的是 2012 年的 5.34‰。该数据说明，我国教育投入总量与国民生产总值基本保持了稳定的比例，形成了平衡增长的趋势。

表 4-4　我国教育经费占 GDP 的比重（1991～2012 年）

年份	教育总经费/亿元	财政性教育经费/亿元	国内生产总值/亿元	教育总经费占 GDP 的比重/%	财政性教育经费占 GDP 的比重/%
1991	731.5	617.83	21781.5	3.36	2.84
1992	867.0	728.75	26923.5	3.22	2.71
1993	1059.9	867.76	35333.9	3.00	2.46
1994	1488.8	1174.74	48197.9	3.09	2.44
1995	1878.0	1411.52	60793.7	3.09	2.32
1996	2262.3	1671.70	71176.6	3.18	2.35
1997	2531.7	1862.54	78973.0	3.21	2.36
1998	2949.1	2032.45	84402.3	3.49	2.41
1999	3349.0	2287.18	89677.1	3.73	2.55
2000	3849.1	2562.61	99214.6	3.88	2.58
2001	4637.7	3057.01	109655.2	4.23	2.79
2002	5480.0	3491.40	120332.7	4.55	2.90
2003	6208.3	3850.62	135822.8	4.57	2.84
2004	7242.6	4465.86	159878.3	4.53	2.79
2005	8418.8	5161.08	183867.9	4.58	2.81
2006	9815.3	6348.36	210871.0	4.65	3.01
2007	12148.1	8280.21	257305.6	4.72	3.22
2008	14500.7	10449.63	300670.0	4.82	3.48
2009	16502.7	12231.09	340902.8	4.84	3.01
2010	19561.8	14670.07	401512.8	4.87	3.22
2011	23869.3	18586.70	472881.6	5.05	3.48
2012	27696.0	22236.23	518942.1	5.34	4.28

资料来源：2014 年《中国统计年鉴》。

　　我国农村教育经费投入的绝对数量也呈逐年上升的趋势，但是农村义务教育总经费在全国义务教育经费中的比例却呈现出下降的趋势，如表 4-5 所示，直到 2005 年后才逐渐上升。显然，农村义务教育经费保障新机制实施后给农村义务教育投入提供了一定的保证，为农村义务教育发展创造了新的起点。

表 4-5　农村义务教育经费在全国所占的比重（1997～2011 年）　　　　　单位：%

年份	义务教育总经费中农村所占比重	财政性义务教育经费中农村所占比重	预算内义务教育经费中农村所占比重
1997	56.8	56.1	58.9
1998	56.8	57.3	59.4
1999	55.8	57.1	59.3
2000	54.3	56.1	58.6
2001	54.8	57.0	59.7
2002	54.9	58.2	60.3
2003	53.8	57.6	60.2
2004	52.7	58.3	60.9
2005	54.9	60.6	62.4
2006	58.1	63.1	64.4
2007	59.7	64.6	65.7
2008	61.4	65.1	65.8
2009	61.4	63.8	64.8
2010	60.5	62.7	63.7
2011	59.8	61.6	63.1

资料来源：1998～2012 年《中国教育经费统计年鉴》相关数据整理、计算所得。

2）财政性教育经费的相对量分析

从国际上看，一国政府教育投入水平以该国的经济发展水平为基础，国际上一般用公共教育支出（或政府教育支出）占国民生产总值（GNP）或国内生产总值（GDP）的比重度量和评价政府教育支出水平。严格地说，测算和确定公共教育支出水平最直接的方法是经费供求法，但由于这一方法需要准确测算教育经费需求和供给能力，操作难度大，所以国际上通常采用公共教育经费占 GDP 比重的国际比较方法。中国教育经费分为财政性教育经费和非财政性教育经费，公共教育经费与中国的财政性教育经费口径基本一致，故而中国主要用财政性教育经费占 GDP 的比重来衡量政府对教育的投入水平。

我国在 1993 年颁布的《中国教育改革和发展纲要》中曾经明确地提出了到 2000 年要实现财政性教育经费占国民生产总值 4% 的目标，之后又在《教育法》中做出了相应规定，但这一目标一直未能实现。2010 年颁布的《国家中长期教育改革和发展规划纲要》中再一次提出了 4% 的目标。经过不懈努力，2012 年终于实现了这一基本目标，而此时距离首次提出 4% 的时间已经过去了将近 20 年，如表 4-4 所示。

但即便是达到了 4% 的目标，如果将之与其他国家的公共教育投入水平相比，仍存在着较大的差距。根据表 4-6 所列 OECD 国家 2003 年公共教育支出占 GDP 比重的数据可以看出，在 OECD 国家中，除了土耳其公共教育支出占 GDP 的比重低于 4% 以外，其余国家全部高于 4%，平均水平达 5.9%，而且美国、丹麦、韩国等更是超过了 7%。显然，财政性教育经费占国民生产总值 4% 不应成为我国公共教育投入的终极目标，国家依然有必要大力提高公共教育投入水平，才能真正实现从教育大国迈向教育强国的宏伟蓝图。

表 4-6　OECD 国家 2003 年公共教育支出占 GDP 的比重　　　　单位：%

国家和地区	所占比重	国家和地区	所占比重
澳大利亚	5.8	墨西哥	6.8
奥地利	5.5	荷兰	5.0
比利时	6.1	新西兰	6.8
加拿大	5.9	挪威	6.6
捷克	4.7	波兰	6.4
丹麦	7.0	葡萄牙	5.9
芬兰	6.1	韩国	7.5
法国	6.3	斯洛伐克	4.7
德国	5.3	西班牙	4.7
希腊	4.2	瑞典	6.7
匈牙利	6.1	瑞士	6.5
冰岛	8.0	土耳其	3.7
爱尔兰	4.4	英国	6.1
意大利	5.1	美国	7.5
日本	4.8	OECD 国家平均值	5.9

资料来源：中国教育信息网（http://www.cee.edu.cn）相关数据整理所得。

农村财政性教育经费在全国财政性教育经费中占有较大的比重，因而全国财政教育投入的提高对于农村教育尤其是农村义务教育的支持有着举足轻重的作用。由表 4-5 可知，1997 年农村财政性义务教育经费在全国财政性义务教育经费中所占的比重是 56.1%，2005 年以后出现了明显上升的趋势，其后各年均超过 60%，最高时已占到了 65.1%，表明国家不断加大农村义务教育投入的决心和力度。应该说，国家对农村义务教育的投入总额是超过城市的，但是这并不意味着农村教育投入水平高于城镇。由于义务教育阶段学生多数集中在农村，所以可以通过进一步对比农村义务教育阶段学生所占的比例与教育经费比例来衡量农村教育投入的规模是否适度。

由图 4-6 可以看出，2005 年以前，农村财政性义务教育经费在全国所占比例一直是低于农村义务教育阶段学生在全国所占比例的，也就是说国家公共教育经费更多是提供给了城市学校和学生，学生众多的农村却只能获得较少的教育经费，这不仅不利于农村义务教育的普及发展，而且有违公平的原则。这一局面直到 2005 年以后才有所改善，由于政府加大对农村义务教育的投入力度，实施了免费义务教育政策，才使得农村财政性义务教育经费的全国占比高于农村义务教育阶段学生的全国占比。

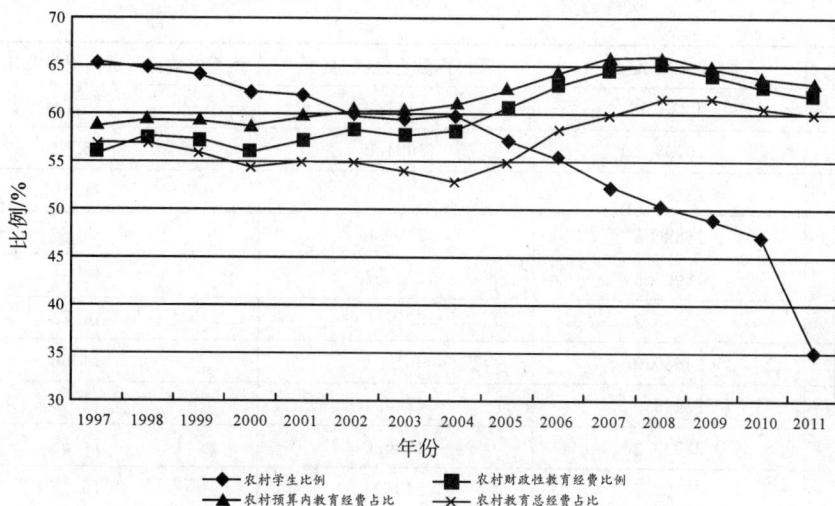

图 4-6　农村教育经费与农村学生占全国的比例

3) 预算内教育经费的相对量分析

预算内教育经费占财政支出的比重也是衡量一国政府教育投入力度的一个重要指标。从中国的国情来看，改革开放以来，政府既要承担公共支出的任务，又要承担经济建设的任务，而发展经济总是放到第一位的，经济支出在财政支出中占有较大的份额。预算内教育经费占财政支出的比重可以在很大程度上反映出政府在发展教育事业方面所作的努力。

表 4-7 列示了 1991～2012 年我国预算内教育经费占财政支出的比重，从绝对量上看，我国财政预算内教育经费在 1991～2012 年共增长了 44 倍，而同期财政支出增加了 37 倍，预算内教育经费的增长高于财政收入的增长。从预算内教育经费占财政支出的比重来看，平均为 15％左右。将这一比例与世界各国的教育财政支出比例相比（表 4-8），我们不难发现，我国预算内教育经费在财政支出中所占的比重与世界平均水平大抵相当，2007 年以后的比重还略高于世界 15.34％的平均水平，并且这一水平还超过了许多发达国家教育财政支出占财政支出的比例。例如，英国、法国、日本等的比重在 11％左右。这说明了从数据层面上来看，目前我国财政教育支出占财政支出的比重的走势是基本合理的。

表 4-7　预算内教育经费占财政支出的比重（1991～2012 年）

年份	财政支出/亿元	预算内教育经费/亿元	预算内教育经费占财政支出的比重/%
1991	3386.6	459.7	13.57
1992	3742.2	564.9	15.10
1993	4642.3	676.6	14.57
1994	5792.6	931.1	16.07
1995	6823.7	1092.9	16.02
1996	7937.6	1288.1	16.23

续表

年份	财政支出/亿元	预算内教育经费/亿元	预算内教育经费占财政支出的比重/%
1997	9233.6	1441.3	15.61
1998	10798.2	1654.0	15.32
1999	13187.7	1911.4	14.49
2000	15886.5	2191.8	13.80
2001	18902.6	2705.7	14.31
2002	22053.2	3254.9	14.76
2003	24650.0	3619.1	14.68
2004	28486.9	4244.4	14.90
2005	33930.3	4946.0	14.58
2006	40422.7	6135.4	15.18
2007	49781.4	8094.3	16.26
2008	62592.7	10213.0	16.32
2009	76299.9	11975.0	15.69
2010	89874.2	14163.9	15.76
2011	109247.8	17821.7	16.31
2012	125952.97	20314.2	16.13

资料来源：1992～2012 年《中国统计年鉴》、《中国教育经费统计年鉴》相关数据整理、计算所得。

表 4-8　有关国家政府财政教育支出占财政支出的比重　　　　单位：%

国家和地区	比重	国家和地区	比重
阿根廷	12.02	韩国	14.98
澳大利亚	13.32	中国澳门	14.03
比利时	11.85	马来西亚	28.02
巴西	10.86	墨西哥	23.82
加拿大	12.46	荷兰	10.78
哥伦比亚	11.06	挪威	15.73
古巴	16.58	巴基斯坦	10.94
丹麦	15.08	菲律宾	17.22
法国	11.03	葡萄牙	12.41
德国	9.72	俄罗斯	12.25
希腊	7.98	南非	17.85
中国香港	22.99	西班牙	11.19
印度	10.74	瑞典	12.83
印度尼西亚	9.03	泰国	27.53
伊朗	22.85	土耳其	13.6
以色列	13.69	英国	11.93
意大利	9.5	美国	15.25

国家和地区	比重	国家和地区	比重
日本	10.68	世界平均水平	15.34

说明：各国数据为 2000～2005 不同年度数据整理而来。

资料来源：由 http://www.nationmaster.com 相关数据整理所得。

从 1997～2011 年农村预算内义务教育经费占全国的比重来看（表 4-5），农村所占的比重均在 58％以上，而且从 2001 年起，该比重已超过 60％，呈现政府对农村义务教育的支持力度更大。

3. 农村教育投入的平均量分析

利用生均教育经费指标可以考察农村学校在校生人均所获得的教育投资量的大小，它能够比较准确地反映教育经费提供的程度，也可以通过它观察教育经费满足教育事业发展需要的程度。

1）农村生均教育经费支出分析

由表 4-9 可以看出，1997 年以后农村生均教育经费的变化分为三个阶段。

第一个阶段是 2001 年前，在"以乡镇为主"的农村教育投入模式下，农村生均教育经费支出水平较低，且增长乏力，初中年均仅增长 0.64％，小学年均增长 8.58％，1998 年农村初中生均经费甚至出现了负增长。

表 4-9　农村生均教育经费支出情况（1997～2011 年）

年份	生均教育经费				生均预算内教育经费			
	农村初中		农村小学		农村初中		农村小学	
	金额/元	增长率/%	金额/元	增长率/%	金额/元	增长率/%	金额/元	增长率/%
1997	885.63	2.62	499.26	7.04	480.12	7.40	281.21	10.92
1998	861.64	−2.71	519.16	3.99	485.82	1.19	310.58	10.44
1999	880.31	2.17	569.98	9.79	515.22	6.05	350.53	12.86
2000	884.41	0.47	647.01	13.51	539.87	4.78	417.44	19.09
2001	1013.65	14.61	797.60	23.27	666.70	23.49	558.36	33.76
2002	1129.21	11.40	953.65	19.56	815.95	22.39	723.36	29.55
2003	1210.75	7.22	1058.25	10.97	889.69	9.04	823.22	13.81
2004	1486.65	22.79	1326.31	25.33	1101.32	23.79	1035.27	25.76
2005	1819.92	22.42	1572.57	18.57	1355.40	23.07	1230.26	18.83
2006	2190.33	20.35	1846.71	17.43	1763.75	30.13	1531.24	24.46
2007	2926.58	33.61	2463.72	33.41	2465.46	39.79	2099.65	37.12
2008	4005.82	36.88	3116.82	26.51	3390.06	37.50	2640.79	25.77
2009	5023.54	25.41	3842.28	23.28	4267.68	25.89	3236.26	22.55
2010	5874.07	16.93	4560.33	18.69	5061.30	18.60	3876.23	19.77
2011	7439.43	26.65	5719.00	25.41	6376.41	25.98	4847.79	25.06

资料来源：1997～2012 年《中国教育经费统计年鉴》相关数据整理、计算所得。

　　第二个阶段是从 2001 年起开始实施"以县为主"的农村教育投入模式之后，使得农村教育投入有了较大幅度的增长，农村生均教育经费支出出现了快速增长的势头，2001 年农村生均教育经费初中突破了 1000 元，为 1013.65 元，增长 14.61%，小学 797.6 元，增长 23.27%，农村预算内教育经费更是大幅增长，初中增长 23.49%，小学增长了 33.76%。但是随着县级政府财政状况的恶化，农村生均教育经费增长速度又大幅下滑，2003 年初中仅增长 7.22%，小学增长 10.97%。直到 2004 年以后中央财政加大了对农村义务教育的转移支付才缓解了下滑的局面。

　　第三个阶段是 2006 年以后，"省级统筹"的农村教育投入模式的实施以及农村义务教育全面纳入公共财政保障范围，使农村生均教育经费水平有了较大幅度的提高，2006～2008 年，农村生均教育经费年均增幅初中为 30.28%，小学为 25.78%，农村生均预算内教育经费年均增幅初中为 35.80%，小学为 29.12%；2007 年农村生均教育经费初中为 2926.58 元，小学为 2463.72 元，分别增长了 33.61% 和 33.41%，农村预算内教育经费增幅更大，初中和小学分别增幅达 39.79% 和 37.12%；2008 年农村生均教育经费初中突破 4000 元，为 4005.82 元，增长 36.88%，小学突破 3000 元，为 3116.82 元，增长 26.51%。

　　从 1997 年以来农村中小学生均教育经费的变化可以看出，农村教育经费投入的规模是与农村教育投入模式相适应的，受政府对农村教育的投入努力程度制约。只有不断加大政府对农村教育的投入力度，并且选择适合农村教育发展的投入模式，才能为农村教育可持续发展提供充足的、稳定的资金支持，促进农村教育的快速发展。

　　进一步比较农村生均教育经费与全国生均教育经费水平（图 4-7）可知，农村生均教育经费平均水平仅有全国水平的八成左右，农村初中生均教育经费水平最低时仅为全国水平的 72.6%。显然，农村教育投入水平低于全国水平，自然更低于城市水平。因此，当前城乡教育投入的差异仍然是中国教育事业发展中的主要矛盾。

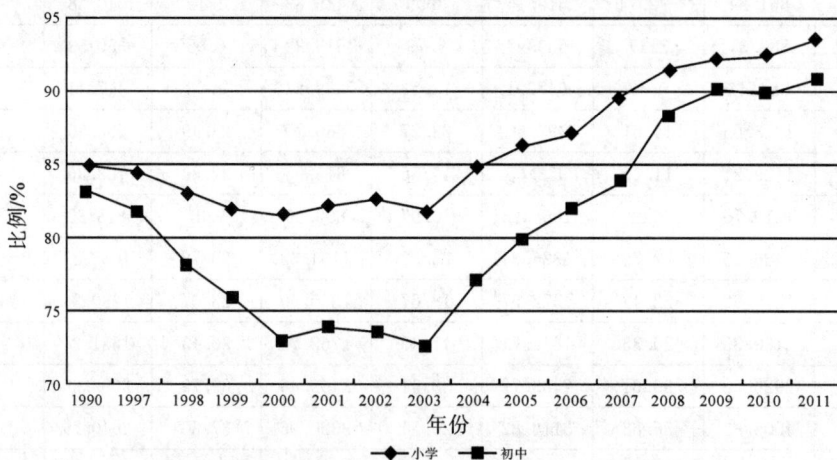

图 4-7　农村生均教育经费与全国生均教育经费的比较

2) 农村生均教育经费指数分析

生均教育经费指数是指生均教育经费占人均 GDP 的比重，是一个把教育经费与国家或地区的富裕程度综合考虑的衡量指标，它可以用来比较在不同经济发展水平下各国或各地区生均教育经费的投入水平，是真正反映在当地的物价水平下教育经费投入相对高低的指标。由表 4-10 可知，2004 年世界平均生均教育经费指数中学为 18.6%，小学为 14.6%，高收入国家可以达到 24.2% 和 19.6%，中等收入国家为 16.9% 和 13.1%，而中国为 15.6% 和 12.7%，低于世界平均水平，略低于中等收入国家的水平。相比而言，中国农村生均教育经费指数的差距明显更大。农村中学生均教育经费指数由 2000 年的 11.3% 上升为 2004 年的 12.1%，不仅与世界平均水平相比低了 1/3，即使与全国水平相比也相差了 3.5%；农村小学生均教育经费指数由 2000 年的 8.2% 上升为 2004 年的 10.8%，同样与世界水平有较大差距，也与全国水平有不小差距。生均教育经费指数的差距说明了中国农村教育投入规模与经济发展水平相比有明显的不足，依照国际经验，经济发展更应加大教育的投入。

表 4-10　农村生均教育经费指数的国际比较　　　　　　　　　单位：%

国家和地区	中学生		小学生	
	2000 年	2004 年	2000 年	2004 年
世界	19.5	18.6	14.6	14.6
高收入国家	23.7	24.2	18.9	19.6
中等收入国家	16.8	16.9	11.8	13.1
中国	15.4	15.6	10.1	12.7
其中：农村	11.3	12.1	8.2	10.8

资料来源：世界银行数据库，以及《中国教育经费统计年鉴》相关年份数据整理、计算所得。

综合对农村教育投入总量的分析可以得出结论，近十几年来，我国农村教育投入水平已经取得了长足的进步，无论在教育经费的绝对数量还是在增长速度上都有较大的提高，总体上呈现出良好的增长态势。但是我们还应当清楚地认识到，农村教育投入水平仍然比较低，目前不仅无法与国际水平相提并论，与全国水平相比也有较大的差距。因此，农村教育事业的发展还需要全社会各界尤其是政府予以更大的关注，不断提高农村教育投入的保障力度。

4.2.2　农村教育投入的结构分析

农村教育投入的结构是否合理是影响农村教育资源来源、分配和使用过程的效率与公平的重要因素，直接影响农村教育投入的绩效。因此，改善农村教育投入结构，有利于最大限度地提高教育资源的利用效率及配置公平。农村教育投入的结构分析主要从以下几个角度进行：一是农村教育投入的来源结构分析；二是农村教育投入的级次结构分析；三是农村教育投入的地区结构分析；四是农村教育投入的城乡结构分析；五是农村教育投入的支出结构分析。

1. 来源结构

1）全国教育经费的来源结构

按照现行的教育经费统计口径，我国教育经费主要来源于两大部分：一是财政性教育经费即公共教育经费；二是非财政性教育经费。国家财政性教育经费包括财政预算内教育经费，各级政府征收用于教育的税费，企业办学教育经费，校办产业、勤工俭学及社会服务收入中用于教育的经费；非财政性教育经费则包括社会团体和国民个人办学经费、社会捐资和集资办学经费、学费和杂费、其他教育经费（如学生交纳的住宿费、借读费等）。

表 4-11 列示了中国自 1991 年以来全国历年教育经费来源的基本构成，从表中数据可以看出以下几点。

表 4-11　全国教育经费总收入（来源）构成（1991～2011 年）　　单位：%

年份	国家财政性教育经费	＃公共预算教育经费	民办学校中举办者投入	社会捐赠经费	事业收入	＃学杂费	其他教育经费
1991	84.46	62.82	—	8.59	—	4.42	2.98
1992	84.05	62.13	—	8.03	—	5.07	3.66
1993	81.87	60.80	0.31	6.62	—	8.22	2.97
1994	78.91	59.38	0.72	6.55	—	9.87	3.94
1995	75.16	54.76	1.08	8.67	—	10.72	4.37
1996	73.89	53.57	1.16	8.33	—	11.54	5.08
1997	73.57	53.63	1.19	6.74	—	11.54	6.96
1998	68.92	53.09	1.63	4.81	20.66	12.54	12.10
1999	68.29	53.22	1.88	3.76	22.39	13.84	13.23
2000	66.58	54.19	2.24	2.96	24.38	15.46	12.76
2001	65.92	58.62	1.17	4.21	24.96	12.63	18.91
2002	63.71	61.87	1.52	3.37	26.66	11.25	17.66
2003	62.02	55.63	4.17	1.68	27.73	18.06	14.07
2004	61.66	55.64	4.80	1.29	27.77	18.59	13.63
2005	61.30	55.42	5.37	1.11	27.79	18.45	13.77
2006	64.68	59.05	5.59	0.92	24.53	15.82	12.99
2007	68.16	63.01	0.67	0.77	26.15	26.15	4.25
2008	72.06	66.79	0.48	0.71	23.22	16.20	10.55
2009	74.12	69.20	0.45	0.76	21.38	15.24	3.29
2010	74.99	68.96	0.54	0.55	20.99	15.42	2.93
2011	77.87	70.40	0.47	0.47	18.54	13.90	2.65

资料来源：2012 年《中国教育经费统计年鉴》。

（1）我国教育经费的来源主要依赖于国家财政性教育经费，其中国家财政预算内教育拨款在教育经费来源的所有渠道中所占的比重最大。财政预算内教育经费的所占比例总体呈两段"U"形趋势。第一段是1991～2002年，1991年财政预算内教育经费的比重为62.82%，之后开始连续多年下降，至1998年达到最低点53.09%，之后又开始小幅回升，到2002年达到61.87%。第二段是2002～2011年，从2002年起开始下降，至2005年降至55.42%，之后又开始逐年回升，到2011年升至最高点70.40%。

（2）社会团体和公民个人办学经费所占比例呈逐渐上升趋势，但在教育经费来源中所占的比例较低。从1993年的0.31%增加到2006年的5.59%，所占比例虽然不高，但增长很快，10多年间增长了18倍，这说明当代中国社会和公民办学的积极性很高，社会资金进入教育具有很大的潜力，但近几年积极性有所下降，从2007年起开始大幅下降，2011年只有0.47%。

（3）社会捐资和集资办学经费在教育经费总量中的比例很不稳定，税费改革前所占比例相对较大，而2001年税费改革后开始逐年下降，到2011年时仅为0.47%。

（4）学费和杂费在非财政性教育经费中占据较大比例，已经成为教育经费的主要来源之一，1991～2011年学杂费所占比例平均为13.57%，其中2007年的比例最高，达26.15%，与1991年相比增长了6倍。

国家财政性教育经费作为教育投入的主要来源，是由中央与地方各级政府共同负担的，但是中央和地方政府所承担的责任是不同的，我们可以通过表4-12对中央与地方的支出情况对比看出。从绝对数来看，无论中央财政性教育经费支出，还是地方财政性教育经费支出，都在逐年增加。1996～2011年，中央政府的财政教育经费支出从1996年的210.4亿元增加到2011年的1563.4亿元，增长了7倍。地方政府的财政教育经费支出从1461.3亿元上升到17023.3亿元，增长近12倍。从相对数来看，地方政府负担了近90%的教育投入责任，中央政府只负担了10%左右。十六年中地方政府负担最少的一年是1998年，地方政府财政性教育经费支出占全国的87.2%。最高之年2008年达到了92.6%。地方政府不仅承担了全国教育经费支出的绝大部分，而且增长速度也快于中央财政教育支出。但是进一步对比中央政府与地方政府的财政收入却发现，地方财政教育支出的比重明显与其在财政收入中的地位是不相称的。地方政府在财政收入中的比例平均不到50%，却需要承担近90%的财政教育投入的责任，而中央政府占据财政收入的比例平均为52.3%，却只承担了10%的财政教育投入责任，显然，中央与地方政府之间的财政与事权是不统一的。由于我国长期实行"地方负责"的教育管理体制，农村教育投入的责任主要在地方政府，地方政府的财力不足必须挤压对农村教育的财政支出，正是这种政府权责不一致的状况成为导致农村教育投入不足的重要原因之一。

表4-12　中央与地方财政收入及财政教育支出情况（1996～2011年）

年份	财政收入				财政教育支出			
	中央		地方		中央		地方	
	金额/亿元	占比/%	金额/亿元	占比/%	金额/亿元	占比/%	金额/亿元	占比/%
1996	3661.1	49.4	3746.9	50.6	210.4	12.6	1461.3	87.4

年份	财政收入				财政教育支出			
	中央		地方		中央		地方	
	金额/亿元	占比/%	金额/亿元	占比/%	金额/亿元	占比/%	金额/亿元	占比/%
1997	4226.9	48.9	4424.2	51.1	232.5	12.5	1630.0	87.5
1998	4892.0	49.5	4984.0	50.5	260.8	12.8	1771.7	87.2
1999	5849.2	51.1	5594.9	48.9	276.6	12.1	2010.6	87.9
2000	6989.2	52.2	6406.1	47.8	279.5	10.9	2283.1	89.1
2001	8582.7	52.4	7803.3	47.6	333.4	10.9	2723.6	89.1
2002	10388.6	55.0	8515.0	45.0	353.2	10.1	3138.2	89.9
2003	11865.3	54.6	9850.0	45.4	390.4	10.1	3460.2	89.9
2004	14503.1	54.9	11893.4	45.1	419.0	9.4	4046.8	90.6
2005	16548.5	52.3	15100.8	47.7	409.6	7.9	4751.5	92.1
2006	20456.6	52.8	18303.6	47.2	692.0	10.9	5656.2	89.1
2007	27749.2	54.1	23572.6	45.9	788.1	9.5	7492.2	90.5
2008	32680.6	53.3	28649.8	46.7	751.0	7.4	9468.0	92.6
2009	35915.7	52.4	32602.6	47.6	1191.8	9.7	11039.3	90.3
2010	42488.5	51.1	40613.0	48.9	1492.1	10.2	13178.0	89.8
2011	51327.3	49.4	52547.1	50.6	1563.4	8.4	17023.3	91.6

资料来源：根据相关各年《中国统计年鉴》、《中国教育经费统计年鉴》计算整理。

2）农村教育经费的来源结构

农村教育经费的来源渠道同样包括财政性教育经费和非财政性教育经费两部分，图4-8显示了农村小学教育经费来源的主要构成以及变化情况。2000年农村小学教育经费来源中，财政性教育经费占据了80.90%，其他非财政性经费中学杂费占10.44%，社会捐资和集资占3.51%；2006年财政性教育经费的比例上升为92.12%，学杂费则减少为3.47%，社会捐资和集资减少为0.83%。由此可见，政府在农村教育投入中主渠道的作用日益加强。

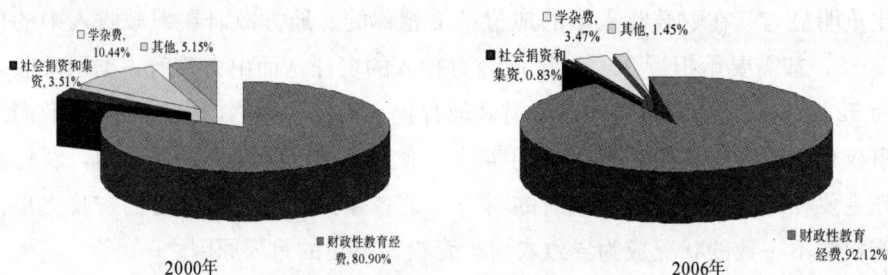

图4-8　农村小学教育经费来源构成

不过，这种主渠道的作用主要是由地方政府承担的。通过表4-13对政府财政预算内教育经费支出的构成可以看出，2008年以前所有年份一直没有数据表示中央对农村义务教育的财政预算内支出，对农村义务教育的预算内经费完全来源于地方政府，就算是中央财政预算内安排了少量的义务教育经费支出，但是也只给了城镇中小学。中央政府通常采用专项转移支付的方式投入农村义务教育，但是专项补助往往金额有限，而且难以形成对农村教育事业持续、有力的支持。

虽然从理论上讲，政府应当在教育投入中承担主要责任，但是由于历史的原因及"人民教育人民办"等一系列不利于农村和农民的政策、思想的影响，长期以来本应由政府承担的农村教育投入责任却更多地落在了农民的身上。农村教育费附加、教育集资、学杂费等极大地加重了农民的负担。

表 4-13　中央与地方财政预算内义务教育经费支出（1996～2011 年）　　　单位：亿元

年份	中央支出			地方支出		
	农村	城镇	合计	农村	城镇	合计
1996	—	0.28	0.28	391.42	272.55	663.97
1997	—	0.01	0.01	435.66	308.17	743.83
1998	—	0.11	0.11	465.18	305.26	770.44
1999	—	0.19	0.19	511.30	334.17	845.47
2000	—	0.24	0.24	574.79	389.52	964.32
2001	—	0.25	0.25	749.22	479.26	1228.48
2002	—	0.36	0.36	941.03	572.65	1513.69
2003	—	0.26	0.26	1035.94	645.01	1680.95
2004	—	0.29	0.29	1254.06	714.66	1968.71
2005	—	0.29	0.29	1477.47	794.98	2272.45
2006	—	0.39	0.39	1771.40	962.67	2734.06
2007	—	1.16	1.16	2487.28	1260.95	3748.23
2008	0.05	2.38	2.43	3085.15	1584.26	4669.40
2009	0.03	2.05	2.07	3655.90	1954.81	5610.71
2010	0.03	2.35	2.38	4192.26	2348.39	6540.65
2011	0.04	18.67	18.71	5029.34	2896.41	7925.76

资料来源：根据历年《中国教育经费统计年鉴》计算整理。

由表 4-14 的分析可以看出，2001 年以前，农村直接负担的农村义务教育经费比例平均为 24%，而政府实际只承担了不到 60% 的责任。以 2000 年为例，当年农村居民家庭人均纯收入仅为 2253.4 元，而农村生均负担的义务教育经费额为 172.9 元，占据了家庭收入约 8%，这对于许多收入低下甚至贫困的农村家庭而言在经济上是难以承受的，显然这是农村学生辍学率居高不下的主要原因之一。2001 年农村税费改革后情况得到了一定程度的改善，2002～2006 年，农村对义务教育经费的直接负担率下降到平均 9.6%。2007 年全国农村实行免费义务教育后，农村直接负担率才降到 1% 以下，逐渐转由政府全面负担起义务教育的投入责任。

表 4-14　农村义务教育经费的负担结构（1996～2011 年）

	总经费/亿元	预算内教育经费/亿元	农村教育费附加/亿元	农村捐资经费/亿元	学杂费/亿元	农村直接负担额/亿元	农民直接负担率/%	政府的负担率/%	农村生均负担额/元
1996	738.9	384.7	117.4	0.0	68.1	185.5	25.1	52.1	150.7
1997	788.7	429.0	129.2	0.0	80.1	209.3	26.5	54.4	167.4
1998	812.0	461.0	122.7	0.0	88.6	211.3	26.0	56.8	168.9
1999	862.1	526.3	118.2	0.0	93.8	212.1	24.6	61.0	171.8
2000	920.0	597.7	106.1	0.0	100.3	206.3	22.4	65.0	172.9
2001	1102.3	775.6	91.4	0.0	112.9	204.3	18.5	70.4	174.2
2002	1266.0	969.0	35.5	0.0	123.8	159.3	12.6	76.5	141.6
2003	1365.3	1076.3	17.3	0.0	134.3	151.5	11.1	78.8	139.7
2004	1644.8	1325.9	21.0	0.0	152.6	173.5	10.6	80.6	164.5
2005	1938.7	1567.3	24.0	0.0	163.3	187.3	9.7	80.8	192.4
2006	2177.3	1880.6	10.6	0.0	83.3	93.9	4.3	86.4	101.6
2007	2987.8	2707.5	—	4.4	19.8	24.2	0.8	90.6	28.5
2008	3726.4	3420.1	—	5.4	22.5	27.9	0.7	91.8	34.9
2009	4420.5	4094.7	—	5.3	30.1	35.4	0.8	92.6	46.7
2010	5017.5	4668.7	—	5.1	31.1	36.3	0.7	93.0	50.8
2011	6085.5	5582.9	—	4.6	39.7	44.3	0.7	91.7	84.8

资料来源：根据历年《中国教育经费统计年鉴》和《中国教育统计年鉴》计算整理。

2. 级次结构

　　教育投入的级次结构，一般是指教育投入在高等教育、中等教育、初等教育间的分配比例，这一比例通常是衡量教育投入结构是否合理的一个重要参考指标。由于各国统计口径有所不同，有的只包括普通教育，有的还包括职业教育、成人教育。本研究在对教育投入级次的分析中主要选用了普通教育作为研究对象，即包括普通高等学校、普通高中、普通初中和普通小学。

　　表 4-15 是 1996～2011 年我国各级教育生均预算内教育经费的情况。从该表可以看出，生均预算内教育经费从小学、初中、高中到高校基本呈现几何级数递增的趋势。1996 年，生均预算内教育经费小学为 310.2 元，初中为 568.8 元，高中为 1168.0 元，高校为 7552.1 元，初中相当于小学的 1.8 倍，高中相当于小学的 3.8 倍，高校相当于小学的 24 倍；到 2011 年，生均预算内教育经费小学为 5063.6 元，初中为 6742.6 元，高中为 6230.9 元，高校为 14442.2 元，初中相当于小学的 1.3 倍，高中相当于小学的 1.2 倍，高校相当于小学的 2.9 倍。从总体上看，绝大多数年份中我国生均预算内教育经费在各级教育之间呈"倒金字塔"分布，只是从 2007 年开始全面实行义务教育免费后，政府加大了义务教育的预算支出，使普通初中教育的生均预算内教育经费超过了普通高中，

目前基本是一种"两级分化"的分布，即高等教育生均预算内教育经费明显高于其他各级教育。

表 4-15 各级教育生均预算内教育经费比较（1996～2011 年）   单位：元

年份	普通高校	普通高中	普通初中	普通小学
1996	7552.1	1168.0	568.8	310.2
1997	8365.3	1248.9	610.7	342.4
1998	8529.1	1314.1	625.5	378.3
1999	8914.9	1336.6	655.4	422.7
2000	8625.7	1409.5	698.3	499.8
2001	7793.4	1557.9	839.4	658.5
2002	7021.1	1707.1	998.4	834.3
2003	6522.5	1734.8	1097.3	952.6
2004	6220.6	1914.4	1296.4	1159.3
2005	5940.8	2114.2	1562.0	1361.2
2006	6395.4	2424.0	1962.9	1671.5
2007	6963.4	2771.3	2731.6	2231.1
2008	8241.6	3338.4	3645.5	2788.6
2009	9035.3	3920.3	4538.9	3425.2
2010	10144.3	4781.8	5415.3	4098.3
2011	14442.2	6230.9	6742.6	5063.6

资料来源：历年《中国教育经费统计年鉴》。

以上分析了全国整体的教育经费在各级教育间的分配结构，下面以 2007～2011 年农村小学、农村初中、农村普通高中和农村职业高中生均预算内公用经费情况为例，进一步分析教育经费在农村各级各类教育间的分配情况。

由表 4-16 可知，农村初中的生均预算内公用经费在几类主要的农村教育类型中是最高的，2011 年农村初中的生均预算内公用经费达到 1956.66 元，比当年农村小学高出 674 元，比农村普通高中高出 813 元，比农村职业高中高出 362 元。这组数据充分说明农村义务教育投入新机制实施以后政府进一步加大了对农村义务教育尤其初中的投入力度。另外，农村职业高中生均预算内公用经费支出的增幅最大，由 2007 年的 395.62 元增加到 2011 年的 1594.29 元，增加了三倍以上，且已经超过了农村小学，仅次于农村初中，这正是由于近些年国家加大对中等职业教育的关注，提高了对农村职业高中的财政支持力度。

表 4-16 农村各级各类教育生均预算内公用经费比较（2007～2011 年）   单位：元

年份	农村小学	农村初中	农村普通高中	农村职业高中
2007	403.76	573.44	316.97	395.62
2008	581.88	892.09	481.16	609.45
2009	690.56	1121.12	543.08	710.73

年份	农村小学	农村初中	农村普通高中	农村职业高中
2010	862.08	1348.43	707.51	911.73
2011	1282.91	1956.66	1143.48	1594.29

资料来源：2008～2012 年《中国教育经费统计年鉴》。

3. 地区结构

我国幅员辽阔，地区差异明显，各地区无论在经济发展、产业结构方面，还是在人口状况、地理环境、文化习俗等方面都存在着较大的不同，而地域的差异也表现在教育发展之上。以下通过对 2005 年全国 30 个省份（西藏数据不全，未加入统计）的农村生均教育经费支出情况的比较与分析，可以发现不同地区在农村教育投入上的不平衡现象非常突出。

由表 4-17 分析可知，2005 年全国各地区中农村生均教育经费最高的是上海，农村初中和小学的生均教育经费支出分别达到了 10217.47 元、8222.59 元；而最低的是河南，农村初中和小学的生均教育经费支出分别为 1065.78 元、880.88 元，二者差距竟高达 9.6 倍和 9.3 倍。地区间农村教育投入的不平衡表现最为突出的是农村小学的生均公用经费，其中北京的农村小学生均公用经费最高为 1858.71 元，而最低的贵州竟只有 148.93 元，前者相当于后者的 12.5 倍。公用教育经费主要用于保证学校的运转、教学、后勤等方面的开支，可想而知，每年生均仅一百多元的公用经费要保证学校的正常运行和教学活动的开展是多么困难的一件事。

表 4-17　各地区农村生均教育经费支出比较（2005 年）　　　　　　　　单位：元

地区	生均教育经费支出		生均教育事业费支出		生均公用经费支出	
	农村初中	农村小学	农村初中	农村小学	农村初中	农村小学
北京	7639.35	6544.80	7531.93	6448.38	2597.67	1858.71
天津	3154.82	3404.76	3152.18	3399.38	714.25	668.66
河北	1608.98	1679.83	1570.57	1645.56	414.40	352.81
山西	1691.41	1539.25	1631.23	1503.30	444.85	316.32
内蒙古	2422.38	2782.95	2291.20	2706.35	594.44	364.75
辽宁	2284.04	2135.67	2278.53	2131.28	697.46	529.06
吉林	2084.50	2476.45	2057.55	2459.87	635.93	480.40
黑龙江	1786.53	2442.57	1725.88	2391.48	412.43	381.74
上海	10217.47	8222.59	9361.84	8222.59	2848.42	1753.22
江苏	2372.71	2436.80	2212.07	2342.66	527.99	362.96
浙江	4981.64	3692.38	4600.17	3447.24	1173.37	759.34
安徽	1179.87	1158.05	1155.55	1145.50	289.74	192.57
福建	1968.74	2088.23	1912.01	2033.34	570.97	420.79
江西	1474.53	1239.39	1407.81	1204.50	353.86	248.44

续表

地区	生均教育经费支出		生均教育事业费支出		生均公用经费支出	
	农村初中	农村小学	农村初中	农村小学	农村初中	农村小学
山东	2167.88	1624.37	2102.88	1591.86	500.17	323.52
河南	1065.78	880.88	1051.01	865.28	282.68	189.76
湖北	1469.62	1130.50	1445.23	1117.53	419.48	260.42
湖南	1776.80	1540.51	1750.84	1524.97	455.70	312.24
广东	2311.56	1669.84	2149.45	1566.01	949.38	573.41
广西	1413.50	1174.66	1335.16	1142.81	397.47	181.76
海南	1796.88	1398.39	1669.70	1329.27	611.04	288.02
重庆	2161.33	1473.82	1956.25	1413.86	773.15	439.83
四川	1507.87	1254.81	1468.20	1230.36	453.32	294.06
贵州	1090.60	913.96	1045.91	901.55	311.01	148.93
云南	1747.71	1592.16	1651.03	1572.47	382.05	269.52
陕西	1271.31	1279.55	1216.91	1248.25	339.74	240.32
甘肃	1418.24	1114.69	1299.22	1088.42	403.14	242.70
青海	2146.37	2062.27	2042.92	1998.40	679.97	509.55
宁夏	1987.57	1378.90	1905.28	1351.97	559.29	263.93
新疆	2282.95	2318.20	2161.28	2286.01	608.66	400.91

资料来源：历年《中国教育经费统计年鉴》。

　　从全国各地区的情况来看，农村生均教育经费较高的多是一些经济发达地区，如北京、上海、天津、浙江等，由于这些地区的地方政府财力充足，能够给农村教育提供更大的支持；而农村生均教育经费较少的多是一些经济欠发达地区，如河南、贵州、安徽等，由于地方政府财力不足，难以充分满足农村教育发展需要。

　　从区域的划分来看，农村生均教育经费支出较高的省份多为东部地区，较低的省份多集中于中、西部地区。从表 4-18 中可以看出，东部地区的生均教育经费、生均事业费和生均公用经费均远高于中部和西部地区，西部的生均教育经费最低，中部则主要表现为生均公用经费的不足。

表 4-18　三大经济地带农村生均教育经费支出比较（2005 年）　　　　　单位：元

区域	生均教育经费支出		生均事业费支出		生均公用经费支出	
	农村初中	农村小学	农村初中	农村小学	农村初中	农村小学
东部	1797.54	1436.86	1724.17	1407.61	508.60	285.23
中部	1098.85	897.21	1063.03	851.10	199.69	128.96
西部	938.51	792.39	899.32	765.81	251.10	159.17

资料来源：根据历年《中国教育经费统计年鉴》计算整理。

　　我们进一步用生均教育经费指数来衡量各地区对农村教育投入的努力程度。如表 4-19 所示，2005 年我国各地区中农村生均教育经费指数最高的是云南，其农村初中和小学的指数分别为 22.31%、20.32%，而 2005 年 OECD 国家的初中和小学生均教育经费指数分别为 24％和 21％，云南的初中和小学的生均教育经费水平均已接近 OECD 国家水平。天津、广东等经济发达地区的生均教育经费指数却排在最后，天津农村初中和小学的生均教育经费指数分别为 8.82％、9.52％，广东农村初中和小学的指数分别为 9.46％、6.83％，差距相当大，说明这些地区在发展经济的同时应当进一步加大对农村教育的重视，提高农村教育投入的力度。

表 4-19　各地区农村生均教育经费指数比较（2005 年）　　　　　单位：%

地区	农村初中	农村小学	地区	农村初中	农村小学
北京	16.81	14.40	河南	9.39	7.76
天津	8.82	9.52	湖北	12.86	9.89
河北	10.88	11.36	湖南	17.04	14.78
山西	13.54	12.32	广东	9.46	6.83
内蒙古	14.83	17.04	广西	16.08	13.37
辽宁	12.03	11.25	海南	16.53	12.86
吉林	15.62	18.55	重庆	19.68	13.42
黑龙江	12.38	16.92	四川	16.64	13.85
上海	19.85	15.97	贵州	21.59	18.09
江苏	9.66	9.92	云南	22.31	20.32
浙江	17.98	13.33	陕西	12.84	12.93
安徽	13.60	13.35	甘肃	18.97	14.91
福建	10.56	11.20	青海	21.37	20.53
江西	15.62	13.13	宁夏	19.41	13.47
山东	10.79	8.08	新疆	17.42	17.69

资料来源：根据历年《中国教育经费统计年鉴》、《中国统计年鉴》计算整理。

说明：生均教育经费指数=生均教育经费支出/人均 GDP。

4. 城乡结构

地区教育投入不均衡的另一表现是城市与农村教育投入的不平衡。从现实来看，许多城市的学校设备设施先进、高级，而相当多的农村学校则连最基本的教学设施都缺乏，拖欠教师工资等事情时有发生。从城乡生均教育经费支出上进行比较，如表 4-20 所示，1996～2011 年，城镇和农村的初中、小学生均教育经费的绝对量都有大幅度的提高，城镇在 16 年间增长了 5.6 倍和 7.6 倍，而农村增长了 7.6 倍和 11.3 倍，农村增长幅度明显高于城镇。从城乡对比来看，20 世纪 90 年代城乡生均教育经费之比呈现逐步上升的趋势，即城乡教育投入差距不断拉大；自 2003 年以后又逐年下降，投入差距逐渐缩小。2011 年的城乡生均教育经费支出差距最小，初中和小学的城乡之比分别为 1.13 倍和 1.12 倍。

表 4-20　城乡生均教育经费支出比较（1996～2011 年）

年份	普通初中			普通小学		
	城镇/元	农村/元	城镇：农村	城镇/元	农村/元	城镇：农村
1996	1267.99	863.02	1.57	742.19	466.43	1.59
1997	1342.27	885.63	1.52	790.15	499.26	1.58
1998	1426.27	861.64	1.66	847.70	519.16	1.63
1999	1531.76	880.31	1.74	949.42	569.98	1.67
2000	1620.50	884.41	1.83	1067.23	647.01	1.65
2001	1710.63	1013.65	1.69	1352.02	797.60	1.70
2002	1895.29	1129.21	1.68	1564.39	953.65	1.64
2003	2087.31	1210.75	1.72	1751.96	1058.25	1.66
2004	2347.54	1486.65	1.58	2011.09	1326.31	1.52
2005	2655.24	1819.92	1.46	2268.23	1572.57	1.44
2006	3033.60	2190.33	1.38	2576.72	1846.71	1.40
2007	3848.14	2926.58	1.31	3170.46	2463.72	1.29
2008	4844.19	4005.82	1.21	3807.87	3116.82	1.22
2009	5866.65	5023.54	1.17	4594.98	3842.28	1.20
2010	6862.77	5874.07	1.17	5366.83	4560.33	1.18
2011	8402.27	7439.43	1.13	6399.50	5719.00	1.12

资料来源：根据历年《中国教育经费统计年鉴》计算整理。

　　进一步分析表 4-21 可以发现，城乡生均教育事业费的比值变化趋势与生均教育经费支出大体相同，但值得关注的是，在教育事业费的支出项目中，人员经费是刚性因素，往往容易挤占公用经费，因而公用经费的多少在一定程度上反映了教育事业费的分配是否合理，也反映了教育经费的充裕程度。从城乡间生均公用经费的比值来看，二者的差距较大。1996 年以后初中生均公用经费的城乡差距开始不断加大，到 2000 年时达到峰值 2.10 倍，从 2003 年后才逐年下降，2011 年差距最小时为 1.18 倍，各年的平均差距为 1.46 倍；小学生均公用经费的城乡差距则更为明显，差距最高时达 2.16 倍，平均差距也有 1.75 倍。

表 4-21　生均教育事业费与生均公用经费城乡之比（1996～2011 年）

年份	普通初中		普通小学	
	生均事业费之比	生均公用经费之比	生均事业费之比	生均公用经费之比
1996	1.53	1.65	1.61	1.80
1997	1.56	1.66	1.61	1.82
1998	1.65	1.78	1.63	1.81
1999	1.70	1.97	1.65	1.92
2000	1.76	2.10	1.62	1.95
2001	1.63	1.98	1.66	2.16

年份	普通初中		普通小学	
	生均事业费之比	生均公用经费之比	生均事业费之比	生均公用经费之比
2002	1.61	2.01	1.62	2.15
2003	1.64	2.06	1.62	2.16
2004	1.53	1.86	1.49	1.93
2005	1.43	1.64	1.43	1.76
2006	1.36	1.53	1.38	1.65
2007	1.30	1.41	1.28	1.51
2008	1.21	1.26	1.21	1.37
2009	1.17	1.19	1.19	1.34
2010	1.16	1.22	1.17	1.34
2011	1.13	1.18	1.12	1.24

资料来源：根据历年《中国教育经费统计年鉴》计算整理。

5. 支出结构

国家财政教育经费一般用于两部分支出：一是用于教育事业费支出，二是用于基本建设支出。其中教育事业费支出是最主要的部分，一般占预算内教育经费支出的 90% 以上。表 4-22 反映了我国农村预算内教育事业费支出和基建支出的基本情况。从表中可以看出，农村教育事业费支出相对较高，基本保持在预算内教育支出的 97% 以上，而教育基本建设支出则一般在 3% 以内，其波动幅度也较大，如图 4-9 所示。

表 4-22　农村预算内教育事业费支出和基建支出构成（1997~2011 年）　　单位：%

年份	农村初中		农村小学	
	事业费	基建支出	事业费	基建支出
1997	98.91	1.09	99.28	0.72
1998	98.44	1.56	98.40	1.60
1999	98.71	1.29	98.64	1.36
2000	98.83	1.17	98.93	1.07
2001	98.42	1.58	98.68	1.32
2002	97.54	2.46	97.93	2.07
2003	97.99	2.01	98.40	1.60
2004	97.49	2.51	97.93	2.07
2005	96.99	3.01	97.94	2.06
2006	97.36	2.64	98.32	1.68
2007	98.67	1.33	99.25	0.75
2008	97.40	2.60	99.10	0.90
2009	95.26	4.74	98.19	1.81
2010	96.68	3.32	98.05	1.95
2011	97.32	2.68	98.26	1.74

资料来源：根据历年《中国教育经费统计年鉴》计算整理。

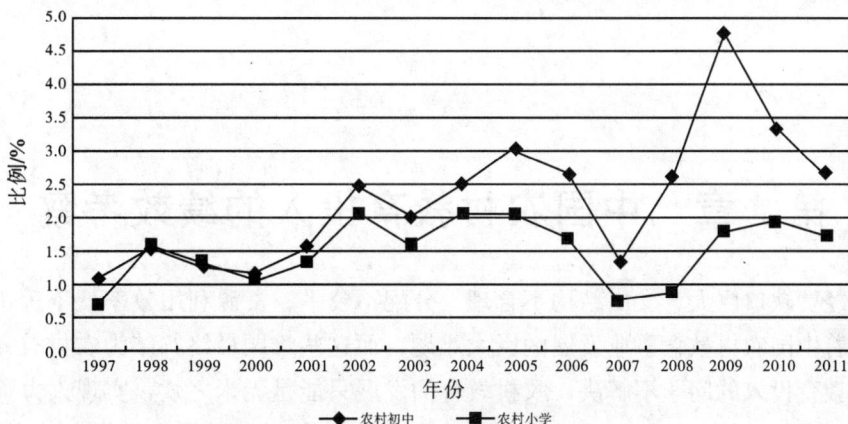

图 4-9　农村预算内基建支出变动趋势

　　教育事业费支出中又包括人员经费和公用经费两个方面，因此我们再用公用经费占预算内教育事业费的比例来衡量教育经费的使用是否合理。一般国际上的认可标准是，小学初等教育的人员经费和公用经费的比例为 70：30；中等教育的人员经费和公用经费的比例为 60：40；高等教育领域的人员经费和公用经费的比例为 54：46。从图 4-10 中可以看出，我国农村财政预算内公用经费占事业费的比重呈明显的"U"形趋势。1997 年我国农村初中和小学公用经费在预算内教育事业费中的比例分别是 12.5%、8.03%，比例明显偏低，而且逐年下降；不过从 2001 年以后，公用经费所占的比重开始逐渐上升，到 2011 年时，农村初中和小学预算内公用经费占预算内教育事业费的比例达 31.56%、27.03%，已逐渐在接近国际标准。

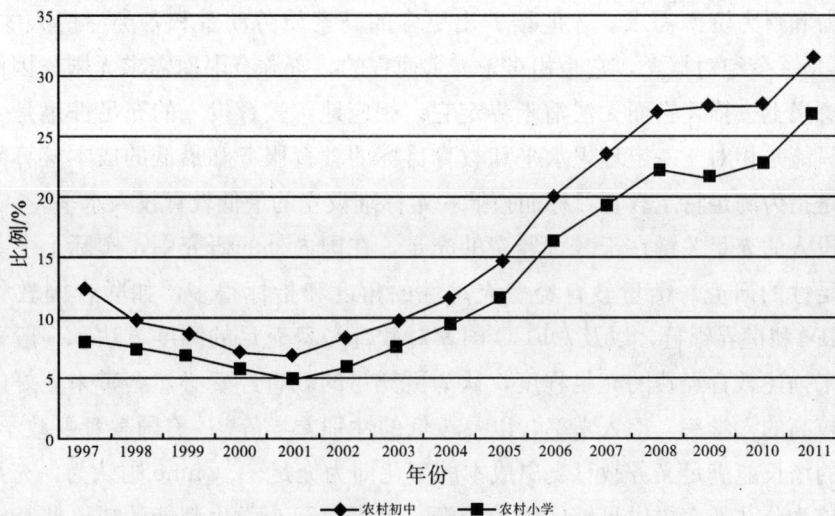

图 4-10　财政预算内公用经费占事业费的比重

第 5 章 中国农村教育投入的绩效考察

教育经费缺口巨大、支出结构不合理、分配不公平、资源利用效率低下等,这是一系列困扰着中国农村教育事业发展的巨大难题,而这些难题最终归结为农村教育投入不足。农村教育投入的问题不解决,农村教育的发展只能是无米之炊,实现人力资源强国的目标也将更加漫长。然而,解决农村教育投入问题并不仅仅是加大投入数量的问题,还必须将投入的资源用好、管好。只有全面提升农村教育投入的绩效,才能解决这些问题。基于这一目的,本章将依据农村教育投入绩效的基本内涵,从充足性、公平性、效率性和效益性四个维度对农村教育投入绩效进行全面考察,以期为农村教育投入问题的解决提供真实、可靠的实证依据。

5.1 农村教育投入的充足性分析

5.1.1 农村教育投入充足性的内涵

充足的教育资源是教育事业发展的经济基础和物质保证,充分满足整个教育过程的人力、物力和财力资源需求,才能培养出更多的高素质劳动者和各类专门人才。然而,"充足"不是一个绝对概念,它是相对于需求而言的,资源有限而需求无限,因而,只能在一定的意义上去描述它而无法清晰界定它。相应地,教育投入的充足性也是一个相对概念,它只能是相对于一定理想水平和教育目标的教育服务和最低的成本核算问题而言的,通常是指为满足特定教育目标而按照一定标准设立的最低教育投入水平。

教育投入的充足关键在于教育经费的充足,在国内外的研究中,实际上主要是对教育经费充足性的研究。衡量教育经费充足性的角度和指标很多,如联合国教科文组织(UNESCO)和世界银行,以及 OECD 国家对教育经费充足的测度方法,一般采用教育成就指标来描述教育经费的充足程度,认为更充足的教育经费必然会带来更好的教育成就,包括较高的入学率、毛入学率,以及较低的性别差异等[1];美国教育财政学家认为,教育经费的增长能满足义务教育支出成本的变化即为充足[2];Clune 则认为,充足是指公共财政应该为公共教育提供足够的财政资源,使得每一个学生都能达成一些特定的教育

---

① 王磊. 公共教育支出分析——基本框架与我国的实证研究. 北京:北京师范大学出版社,2004:101.
② Carnoy M. 教育经济学国际百科全书. 第二版. 闵维方,等译. 北京:高等教育出版社,2000:526.

结果，如政府规定的学生最低的达标成绩[1]。邬志辉将教育投入与教育效果联系起来给出了教育经费充足的标准，即使得每一个普通学生都能够享受到规定标准的教育服务，同时为特殊需要的学生提供额外需要的教育经费，使之能够享受到特殊规定标准的教育服务，同时指出义务教育财政充足是义务教育经费充足的必要条件[2]。

总的来说，人们在判断教育投入是否充足时通常都要与一定的目标相联系，如一定的教育服务或者是一定的教育成果、效益，如果教育资源投入后能够实现既定的目标，则认为教育投入应当是充足的。因此，农村教育投入充足的标准，应该是与农村教育事业发展的特定目标相联系的，能满足相应目标的投入水平即为教育投入充足。显然，明确农村教育事业发展的目标是衡量农村教育投入充足性的前提。诚然，从长期的、宏观的角度来说，农村教育和城市教育、全国教育一样，都要为建设人力资源强国的国家教育战略服务，但是从农村教育发展最迫切的需要来看，其目标应当是缩小城乡差距，实现教育的均衡发展，使农村教育摆脱长期落后的局面，也只有实现了这一目标之后才能更好地为长远目标服务。因此，衡量农村教育投入的充足性，应首先按照缩小差距、教育均衡发展的目标确立相应的最低投入标准，然后将现实的教育投入水平与规定的标准比较，以此作为判断依据。

5.1.2　农村教育投入充足性的研究方法

国内对于教育投入充足性问题的研究十分匮乏，可借鉴的方法也极为有限，从国外的相关研究来看，国外学者通常采用四种方法衡量教育经费的充足性：成本函数法、示范学区法、全校设计法和专业判断法。

1. 成本函数法（cost function approach）

成本函数法是利用对教育成本函数的回归分析实现的。以 Reschovsky 和 Imazeki 的研究为例[3]，该模型如下：

$$S_{it} = g\ (X_{it},\ Z_{it},\ F_{it}) \tag{5-1}$$

$$E_{it} = f\ (X_{it},\ P_{it},\ e_{it}) \tag{5-2}$$

式中，S_{it} 代表学校产出；X_{it} 代表学校教育投入向量；Z_{it} 和 F_{it} 分别代表学生特征和家庭、学区特征向量；E_{it} 表示生均支出；P_{it} 和 e_{it} 分别代表教育投入的价格向量和学区一些无法观察到的特征。

成本函数法的具体方法是先利用逐年变化的学生标准化成绩数据将教育对学生产出的贡献与其他因素（如家庭社会经济背景）的贡献分离，再用成本函数计算出实现特定

① Clune W H. Accelerated education as a remedy for high-poverty schools. University of Michigan Journal of Law Reform, 1995, 28 (3): 481-491.

② 邬志辉. 农村义务教育经费保障机制. 北京：北京大学出版社，2008：27-28.

③ Reschovsky A, Imazeki J. The development of school finance formulas to guarantee the provision of adequate education to low-income students. Developments in School Finance, 1997, 121-148.

的充足产出 S_{it}，需要投入多少的要素 X_{it} 以及多少的生均支出 E_{it}。即在给定的充足水平 S_{it} 下，由式（5-1）可以得到函数 $X_{it}=X$（S_{it}，Z_{it}，F_{it}），将其代入式（5-2）中，得到最终的成本函数为：$E_{it}=f$（S_{it}，P_{it}，Z_{it}，F_{it}，e_{it}，u_{it}），其中 u_{it} 为随机干扰项。

　　成本函数法对统计数据要求较高，不仅需要一个统一的考试系统提供标准化的成绩，还需要获得逐年的标准化成绩以计算出比较精确的"教育增值"量。此外，该方法的统计方法背后隐藏了诸多的模型假设，这使得不同研究的结论相差较大，而难以被政府和教育部门采用，因此这种方法多限于理论研究。

2. 示范学区法（model district approach）

　　示范学区法认为已经达到学生成绩标准的学区的经费至少足以提供充足的教育。因此，示范学区法是以一个已达到学生成绩标准的学校或学区为示范单位，采用"组成成分成本核算法"[①]，提取完成该教育计划所需投入的不同要素，再分别计算这些要素的成本，并以此测算出每一个学校的充足支出标准。示范学区法需要先提取出学校为达成高绩效结果所必须投入的教育生产要素，再分别赋值，最终计算出充足水平。该方法的充足标准主要是依靠研究者和决策者人为的"规范"设计，体现的是一个高绩效的学校应该有怎样的教育产出和支出结构。

3. 全校设计法（whole school design approach）

　　全校设计法的基本理念是学校成功改革的经验可以用来确定充足教育所需的经费。全校设计法是通过参照周围学校执行改革模式的成功经验，根据专家的意见配合学区的特殊环境条件，规划设计一个具备教育充足性理念的学校模式。该方法的好处是既提供充足教育所需的经费标准，又提供一个学区可以采纳的改革模式。该方法的主要问题是学校改革与其效果之间的因果关系通常没有经过严格测试，其结果仍易受到所选样本学区的影响，容易高估或低估实际所需的充足水平。

4. 专业判断法（professional judgment approach）

　　专业判断法是利用教育专家的意见认定充足教育所包含的教育要素，即达成教育充足性预期的教育成就水平以及所需的教育资源，以保证每个孩子都有充足的教育资源来达到所预期的教育目标。该方法通常设置两个相对独立的专家组，一组专家首先根据他们自己的经验设计充足教育的"典型"学校特征和教学内容，提出需要达到充足标准的各项具体投入，如班级大小、工资成本、地区差异调整等，然后由另一组专家去检验第一组专家设计的"典型"学校或学区是否确实达到了预期目标，再根据投入价格和成本指数的不同进行调整，确定其他学区所需的教育经费总额。该方法的主要问题是专家的判断可能会受到自身利益或个人因素的干扰和影响，即使面对相同学生和目标成果，对

---

① Levin H M, McEwan P J. Cost-effectiveness analysis: methods and applications. Sage，2001：46-49.

充足性也可能抱以不同的考量观点，因而难以达成广泛性的推论以及精确度。

从以上四种方法来看，充足性标准的设立主要通过几种途径：第一，"实证"，即以学生实际成绩作为基准来设定充足性标准，然后用统计方法分析教育投入与产出之间的关系，以此推断出满足充足性所需的投入水平。但是这种方法需要一个能对学生成绩进行标准化评估的考试体系来作为评价教育投入绩效的依据，而且这对于数据的要求较高，为了较为精确地分离出教育产出的"增值"，它需要关于学生家庭和社会经济背景等方面的数据，甚至还需要其他一些微观数据。显然，将其用于我国农村教育投入的实践比较困难。一方面由于我国农村教育方面的统计数据极为匮乏，另一方面也没有能够满足学生成绩标准化的考试体系，同时，学生的学业成绩并不反映教育产出的全部，而且过分注重学生成绩又难免出现"应试教育"的偏向。第二，"规范"，即通过立法或者依据专家意见确定充足性的标准，然后通过构建"典型"学校（示范学校）的方法分解出达成充足标准所需的教育要素，逐一定价之后加总，最终测算出充足的生均支出水平。但是这类方法的主观性太强，容易受决策者或专家个人意志的影响，导致确定的标准过高或过低，而且我国农村地域辽阔，各地区经济、社会、文化等各方面差异巨大，"示范学校"很难具有普通的代表性。

故而，本研究认为，国外的研究目前并不适用于我国农村教育投入充足性问题的研究，但是国外教育发展的成就却是我们可以借鉴的。尤其是一些发达国家，义务教育普及程度较高，国民受教育程度也普遍较高，他们的经验自然值得参考。因此，本书将采用横向比较法来衡量农村教育投入的充足性。横向比较法，也称国际比较法，即通过与各国有关数据的横向比较来确定和衡量的农村教育投入的充足性水平。该方法的理论依据是，尽管各国的社会制度、经济发展水平，以及经济结构、教育结构不同，但教育发展离不开充足的教育投入这一规律在任何国家的任何时期都会发生作用，将充足的教育资源用于每一名学生的教育、培训，才能使其最终成为合格的劳动者或者专门人才。所以，本书研究的具体方法是：首先选取发达国家和发展中国家两类不同发展阶段国家的生均公共教育经费指数，然后分别作为农村教育投入充足性的衡量标准，以此测算我国各地区农村教育投入的充足程度。

5.1.3　农村教育投入充足性的实证分析

1. 研究指标与数据选取

本研究选用全国 30 个省份（西藏数据不全未选入）的农村小学生均预算内教育经费支出，以及发达国家生均公共教育支出指数与发展中国家生均公共教育经费指数作为指标，并以发达国家和发展中国家的平均水平作为基准，估算我国农村小学生均预算内教育经费的缺口，以此衡量与评价全国各地区农村教育投入的充足性。选择发达国家和发展中国家的生均公共教育经费指数作为充足性标准，一方面由于农村教育经费主要来源于政府的财政预算支出，尤其农村义务教育目前已由政府公共财政负担，用生均公共教育经费可以判断教育财政是否充足；另一方面生均公共教育经费指数综合了教育与经济的因素，可以真实地衡量不同经济发展水平下各地区的农村教育投入努力程度。

　　本研究的数据主要来源于 2000～2008 年各年的《中国教育经费统计年鉴》和《中国统计年鉴》，以及联合国教科文组织（UNESCO）数据库相关年份的数据，经过计算整理后得到。

2. 实证结果分析

1）充足性标准的确立

　　通过对 1999～2007 年 44 个发达国家[①]和 149 个发展中国家的小学生均公共教育经费指数的平均，得到了发达国家和发展中国家的小学平均生均公共教育经费指数，如表 5-1 所示，并以此基础为我国农村小学设立两类不同发展阶段的教育投入充足性标准。即以发展中国家的平均水平作为我国农村教育投入充足性的初级阶段标准，而发达国家的平均水平作为我国农村教育投入充足性的高级阶段标准。

表 5-1　发达国家及发展中国家小学平均生均公用教育经费指数（1999～2007 年）　单位：%

国家类别	1999	2000	2001	2002	2003	2004	2005	2006	2007
发达国家	18.24	18.28	18.79	19.04	19.17	17.82	19.25	19.91	19.66
发展中国家	15.48	13.69	13.90	13.46	14.11	13.79	13.47	13.98	14.15

资料来源：联合国教科文组织（UNESCO）数据库相关年份数据。

2）我国各地区农村小学生均预算内教育经费指数计算

　　表 5-2 和表 5-3 分别为我国各地区农村小学生均预算内教育经费支出和各地区人均GDP。从表中可以看出，农村小学生均预算内教育经费支出与地区经济发展水平有着密切的关系。例如，人均 GDP 最高的分别是上海、北京和天津，它们的农村小学生均预算内教育经费也是最高的，而人均 GDP 排名最低的是贵州，该省的农村小学生均预算内教育经费也只排名倒数第二位。

表 5-2　各地区农村小学生均预算内教育经费支出（1999～2007 年）　单位：元

地区	1999	2000	2001	2002	2003	2004	2005	2006	2007
北京	1277.96	1733.77	2276.42	3039.17	3589.14	4542.55	5243.69	6369.89	8856.66
天津	773.39	922.06	1096.91	1251.87	1617.47	2093.74	2956.45	3473.43	4382.74
河北	259.22	339.90	454.28	659.32	821.78	1053.69	1428.02	1755.10	2370.45
山西	348.70	427.53	598.73	726.60	808.73	979.92	1312.40	1602.85	2241.38
内蒙古	493.66	554.76	837.13	1171.85	1401.57	1860.46	2267.32	2916.64	3805.72
辽宁	448.95	489.59	595.41	774.76	995.60	1404.65	1649.16	2145.24	2803.17
吉林	398.39	485.23	726.22	956.34	1208.45	1418.33	1816.96	2287.76	3352.57
黑龙江	571.88	782.62	1140.50	1536.89	1614.88	1945.91	2335.35	3011.58	3904.22

---

① 联合国开发计划署（UNDP）. 2010 年人文发展报告. 2010-11-4.

地区	1999	2000	2001	2002	2003	2004	2005	2006	2007
上海	2207.08	2606.27	3170.93	3851.33	4453.52	5924.84	7293.14	8583.02	11250.87
江苏	443.91	519.23	726.11	898.78	1071.49	1470.16	1894.17	2338.35	3718.63
浙江	579.48	682.59	1000.64	1327.46	1710.34	2212.26	2452.67	2954.78	3806.25
安徽	296.45	343.73	453.33	600.80	642.79	811.51	952.13	1232.59	1609.20
福建	561.06	639.04	744.18	932.97	1068.95	1268.38	1544.92	1997.41	2640.65
江西	313.30	376.58	517.51	663.34	749.73	881.84	1032.86	1215.73	1721.80
山东	328.69	435.54	574.94	765.94	899.61	1113.58	1334.45	1581.35	2323.39
河南	190.77	227.20	319.43	431.10	477.57	619.97	713.30	909.64	1366.09
湖北	196.35	227.90	313.59	464.13	574.56	769.10	907.46	1126.14	1813.06
湖南	252.08	315.36	433.31	678.26	809.43	1040.66	1268.38	1447.71	1847.25
广东	447.94	499.93	606.89	839.29	958.76	1065.72	1088.59	1245.62	1671.62
广西	314.02	384.31	543.44	629.76	707.18	835.79	992.50	1343.00	1766.91
海南	438.95	463.90	579.54	736.98	763.03	1010.32	1323.43	1760.93	2323.01
重庆	312.22	316.90	421.85	538.05	569.57	708.53	875.77	1225.69	1730.95
四川	275.42	338.60	478.11	593.34	646.87	737.12	822.33	1126.11	1672.17
贵州	263.26	303.11	409.13	506.44	539.62	670.08	817.01	1001.94	1426.07
云南	551.51	637.09	795.37	939.45	1020.65	1207.05	1277.13	1523.64	1799.98
陕西	240.30	300.73	443.65	564.47	670.79	830.35	1114.71	1593.33	2232.77
甘肃	363.00	407.29	515.05	643.69	706.67	830.10	971.68	1344.78	1714.43
青海	685.73	708.78	989.85	1231.27	1294.35	1543.68	1972.58	2376.20	2922.14
宁夏	541.89	593.74	782.11	1069.06	826.43	944.99	1186.20	1399.02	2042.21
新疆	559.33	671.29	955.80	1116.25	1221.45	1483.56	1744.84	2153.11	2634.78

资料来源：历年《中国教育经费统计年鉴》。

表 5-3　各地区人均 GDP（1999～2007 年）　　　　　　　　单位：元

地区	1999	2000	2001	2002	2003	2004	2005	2006	2007
北京	19846	22460	25523	28449	32061	37058	45444	50467	58204
天津	15976	17993	20154	22380	26532	31550	35783	41163	46122
河北	6932	7663	8362	9115	10513	12918	14782	16962	19877
山西	4727	5137	5460	6146	7435	9150	12495	14123	16945
内蒙古	5350	5872	6463	7241	8975	11305	16331	20053	25393
辽宁	10086	11226	12041	12986	14258	16297	18983	21788	25729
吉林	6341	6847	7640	8334	9338	10932	13348	15720	19383
黑龙江	7660	8562	9349	10184	11615	13897	14434	16195	18478
上海	30805	34547	37382	40646	46718	55307	51474	57695	66367
江苏	10665	11773	12922	14391	16809	20705	24560	28814	33928
浙江	12037	13461	14655	16838	20147	23942	27703	31874	37411

地区	1999	2000	2001	2002	2003	2004	2005	2006	2007
安徽	4707	4867	5221	5817	6455	7768	8675	10055	12045
福建	10797	11601	12362	13497	14979	17218	18646	21471	25908
江西	4661	4851	5221	5829	6678	8189	9440	10798	12633
山东	8673	9555	10465	11645	13661	16925	20096	23794	27807
河南	4894	5444	5924	6436	7570	9470	11346	13313	16012
湖北	6514	7188	7813	8319	9011	10500	11431	13296	16206
湖南	5105	5639	6054	6565	7554	9117	10426	11950	14492
广东	11728	12885	13730	15030	17213	19707	24435	28332	33151
广西	4148	4319	4668	5099	5969	7196	8788	10296	12555
海南	6383	6894	7135	7803	8316	9450	10871	12654	14555
重庆	4826	5157	5654	6347	7209	9608	10982	12457	14660
四川	4452	4784	5250	5766	6418	8113	9060	10546	12893
贵州	2475	2662	2895	3153	3603	4215	5052	5787	6915
云南	4452	4637	4866	5179	5662	6733	7835	8970	10540
西藏	4262	4559	5307	6093	6871	7779	9114	10430	12109
陕西	4101	4549	5024	5523	6480	7757	9899	12138	14607
甘肃	3668	3838	4163	4493	5022	5970	7477	8757	10346
青海	4662	5087	5735	6426	7277	8606	10045	11762	14257
宁夏	4473	4839	5340	5804	6691	7880	10239	11847	14649
新疆	6470	7470	7913	8382	9700	11199	13108	15000	16999

资料来源：历年《中国统计年鉴》。

　　显然，经济越发达的地区，地方政府财政实力越强，对农村教育的投入就可以越大。但是，有的地区的经济发展程度却与农村教育投入的力度并不匹配，最典型的是广东和河南两省。广东的人均 GDP 达 11728 元，排名全国第六位，可是其农村小学生均预算内教育经费支出却仅有 448 元，排在全国倒数第四位；河南的人均 GDP 为 4894 元，而其农村小学生均预算内教育经费却只有 191 元，排全国最后一位。这一现象只能说明这些地区政府对于农村教育投入的努力程度明显不足。

　　当然，各地区在农村教育投入上是否充足还不能仅从生均预算内教育经费和经济发展水平上进行判断，因此，我们进一步通过生均预算内教育经费支出和人均 GDP 计算各地区农村小学的生均预算内教育经费指数。利用公式：

　　　生均预算内教育经费指数＝生均预算内教育经费支出÷人均 GDP×100％　　（5-3）

　　计算得到我国各地区农村小学的生均预算内教育经费指数，如表 5-4 所示。

表 5-4　各地区农村小学生均预算内教育经费指数（1999～2007 年）　　　单位：%

地区	1999	2000	2001	2002	2003	2004	2005	2006	2007
北京	6.44	7.72	8.92	10.68	11.19	12.26	11.54	12.62	15.22
天津	4.84	5.12	5.44	5.59	6.10	6.64	8.26	8.44	9.50
河北	3.74	4.44	5.43	7.23	7.82	8.16	9.66	10.35	11.93
山西	7.38	8.32	10.97	11.82	10.88	10.71	10.50	11.35	13.23
内蒙古	9.23	9.45	12.95	16.18	15.62	16.46	13.88	14.54	14.99
辽宁	4.45	4.36	4.94	5.97	6.98	8.62	8.69	9.85	10.89
吉林	6.28	7.09	9.51	11.48	12.94	12.97	13.61	14.55	17.30
黑龙江	7.47	9.14	12.20	15.09	13.90	14.00	16.18	18.60	21.13
上海	7.16	7.54	8.48	9.48	9.53	10.71	14.17	14.88	16.95
江苏	4.16	4.41	5.62	6.25	6.37	7.10	7.71	8.12	10.96
浙江	4.81	5.07	6.83	7.88	8.49	9.24	8.85	9.27	10.17
安徽	6.30	7.06	8.68	10.33	9.96	10.45	10.98	12.26	13.36
福建	5.20	5.51	6.02	6.91	7.14	7.37	8.29	9.30	10.19
江西	6.72	7.76	9.91	11.23	11.23	10.77	10.94	11.26	13.63
山东	3.79	4.56	5.49	6.58	6.59	6.58	6.64	6.65	8.36
河南	3.90	4.17	5.39	6.70	6.31	6.55	6.29	6.83	8.53
湖北	3.01	3.17	4.01	5.58	6.38	7.32	7.94	8.47	11.19
湖南	4.94	5.59	7.16	10.33	10.72	11.41	12.17	12.11	12.75
广东	3.82	3.88	4.42	5.58	5.57	5.41	4.46	4.40	5.04
广西	7.57	8.90	11.64	12.35	11.85	11.61	11.29	13.04	14.07
海南	6.88	6.73	8.12	9.44	9.18	10.69	12.17	13.92	15.96
重庆	6.47	6.14	7.46	8.48	7.90	7.37	7.97	9.84	11.81
四川	6.19	7.08	9.11	10.29	10.08	9.09	9.08	10.68	12.97
贵州	10.64	11.39	14.13	16.06	14.98	15.90	16.17	17.31	20.62
云南	12.39	13.74	16.35	18.14	18.03	17.93	16.30	16.99	17.08
陕西	5.86	6.61	8.83	10.22	10.35	10.70	11.26	13.13	15.29
甘肃	9.90	10.61	12.37	14.33	14.07	13.90	13.00	15.36	16.57
青海	14.71	13.93	17.26	19.16	17.79	17.94	19.64	20.20	20.50
宁夏	12.12	12.27	14.65	18.42	12.35	11.99	11.59	11.81	13.94
新疆	8.65	8.99	12.08	13.32	12.59	13.25	13.31	14.35	15.50
平均值	6.83	7.36	9.15	10.71	10.43	10.77	11.08	12.02	13.65

资料来源：根据表 5-2 和表 5-3 计算得到。

从各地区的整体情况来看，1999～2007 年全国多数省份的农村小学生均预算内教育经费指数都有了不同程度的提高，呈现出整体逐年上升的趋势，全国的平均指数由 1999 年的 6.83% 增加到 2007 年的 13.65%。其中，增幅最大的是黑龙江，由 1999 年的 7.47% 增长到 2007 年的 21.13%，增幅达 13.66%，并且 2007 年农村小学生均预算内教育经费指数排名全国第一位。这说明大多数地区的地方政府在大力发展经济的同时，也提高了对农村教育的关注程度，加大了农村教育的投入力度。同时，也有些省市明显对农村教育投入的努力程度不够，如广东。广东的农村小学生均预算内教育经费指数1999年为3.82%，到2002年时上升为5.58%，但之后却逐年下降，2006年时为4.40%，八年时间仅增加了0.58%，而且广东自2001年以后便一直排名全国最后一位。有的省市虽然生均预算内教育经费支出的绝对值较高，但与其地区经济实力相比却表现出该地区在农村教育投入力度上的欠缺。例如，天津的生均预算内教育经费支出排名全国第三位，而其教育经费指数2007年仅为9.50%，排名全国倒数第四位。

为了进一步衡量和评价农村教育投入的充足性，我们分别以发展中国家和发达国家小学生均公共教育经费指数为标准来计算我国农村小学生均预算内教育经费与国际水平的差距，以此判断农村教育投入的充足性，并在此基础上测算出历年各地区的生均预算内教育经费缺口。

3）农村小学生均预算内教育经费的差距及缺口测算

首先以发展中国家小学生均公用教育经费指数的平均水平作为标准，计算1999～2007年我国各地区农村小学生均预算内教育经费指数与发展中国家的差距，并测算出生均预算内教育经费支出的缺口。计算结果如表5-5和表5-6所示。

表5-5　生均预算内教育经费指数与发展中国家的差距（1999～2007年）　　单位：%

地区	1999	2000	2001	2002	2003	2004	2005	2006	2007
北京	−9.04	−5.97	−4.98	−2.77	−2.92	−1.53	−1.93	−1.36	1.07
天津	−10.64	−8.56	−8.46	−7.86	−8.01	−7.16	−5.21	−5.54	−4.65
河北	−11.74	−9.25	−8.47	−6.22	−6.29	−5.63	−3.81	−3.63	−2.23
山西	−8.11	−5.37	−2.93	−1.63	−3.23	−3.08	−2.96	−2.63	−0.92
内蒙古	−6.26	−4.24	−0.95	2.73	1.51	2.67	0.42	0.57	0.84
辽宁	−11.03	−9.33	−8.95	−7.49	−7.13	−5.17	−4.78	−4.13	−3.26
吉林	−9.20	−6.60	−4.39	−1.98	−1.17	−0.82	0.14	0.58	3.15
黑龙江	−8.02	−4.55	−1.70	1.63	−0.21	0.21	2.71	4.62	6.98
上海	−8.32	−6.15	−5.42	−3.98	−4.58	−3.08	0.70	0.90	2.80
江苏	−11.32	−9.28	−8.28	−7.21	−7.74	−6.69	−5.76	−5.86	−3.19
浙江	−10.67	−8.62	−7.07	−5.57	−5.62	−4.55	−4.61	−4.71	−3.98
安徽	−9.19	−6.63	−5.22	−3.13	−4.15	−3.34	−2.49	−1.72	−0.79
福建	−10.29	−8.18	−7.88	−6.54	−6.97	−6.42	−5.18	−4.67	−3.96
江西	−8.76	−5.93	−3.99	−2.08	−2.88	−3.02	−2.53	−2.72	−0.52
山东	−11.69	−9.13	−8.41	−6.88	−7.52	−7.21	−6.83	−7.33	−5.80
河南	−11.59	−9.52	−8.51	−6.76	−7.80	−7.24	−7.18	−7.14	−5.62
湖北	−12.47	−10.52	−9.89	−7.88	−7.73	−6.47	−5.53	−5.51	−2.96
湖南	−10.55	−8.10	−6.74	−3.13	−3.39	−2.38	−1.30	−1.86	−1.40
广东	−11.66	−9.81	−9.48	−7.87	−8.54	−8.38	−9.01	−9.58	−9.11

地区	1999	2000	2001	2002	2003	2004	2005	2006	2007
广西	−7.91	−4.79	−2.26	−1.11	−2.26	−2.18	−2.17	−0.93	−0.08
海南	−8.61	−6.96	−5.78	−4.01	−4.93	−3.10	−1.29	−0.06	1.81
重庆	−9.01	−7.54	−6.44	−4.98	−6.21	−6.42	−5.49	−4.14	−2.34
四川	−9.30	−6.61	−4.79	−3.17	−4.03	−4.71	−4.39	−3.30	−1.18
贵州	−4.85	−2.30	0.23	2.61	0.87	2.11	2.70	3.34	6.47
云南	−3.10	0.05	2.45	4.68	3.92	4.14	2.83	3.01	2.93
陕西	−9.62	−7.08	−5.07	−3.24	−3.76	−3.09	−2.21	−0.85	1.13
甘肃	−5.59	−3.08	−1.53	0.87	−0.04	0.11	−0.47	1.38	2.42
青海	−0.78	0.24	3.36	5.70	3.68	4.15	6.17	6.22	6.35
宁夏	−3.37	−1.42	0.75	4.96	−1.76	−1.80	−1.88	−2.17	−0.21
新疆	−6.84	−4.70	−1.82	−0.14	−1.52	−0.54	−0.16	0.38	1.35

资料来源：根据表 5-1 和表 5-4 计算得到。

表 5-6　农村小学生均预算内教育经费缺口（发展中国家标准）　　　单位：元

地区	1999	2000	2001	2002	2003	2004	2005	2006	2007
北京	1795	1341	1271	789	935	568	877	684	−620
天津	1700	1541	1704	1760	2126	2257	1863	2280	2144
河北	814	709	708	567	662	728	563	616	442
山西	383	276	160	100	240	282	370	371	156
内蒙古	335	249	61	−197	−135	−301	−68	−114	−212
辽宁	1113	1047	1078	973	1016	843	907	900	838
吉林	583	452	336	165	109	89	−19	−90	−610
黑龙江	614	389	159	−166	24	−29	−391	−748	−1289
上海	2563	2123	2025	1618	2138	1703	−361	−519	−1859
江苏	1207	1092	1070	1038	1300	1385	1414	1689	1083
浙江	1284	1160	1036	938	1132	1090	1278	1500	1488
安徽	432	323	272	182	268	260	216	173	95
福建	1111	949	974	883	1045	1106	966	1004	1026
江西	408	288	208	121	193	248	239	294	66
山东	1014	872	880	801	1028	1221	1372	1744	1612
河南	567	518	504	435	591	686	815	951	900
湖北	812	756	772	655	697	679	632	732	480
湖南	538	457	408	205	256	217	136	223	204
广东	1368	1264	1302	1183	1470	1652	2202	2714	3020
广西	328	207	105	56	135	157	191	96	10
海南	549	480	412	313	410	293	141	8	−263
重庆	435	389	364	316	448	617	603	515	344

续表

地区	1999	2000	2001	2002	2003	2004	2005	2006	2007
四川	414	316	252	183	259	382	398	348	152
贵州	120	61	−7	−82	−31	−89	−137	−193	−448
云南	138	−2	−119	−243	−222	−278	−222	−270	−308
陕西	395	322	255	179	244	239	219	103	−166
甘肃	205	118	64	−39	2	−7	35	−121	−250
青海	36	−12	−193	−367	−268	−357	−620	−732	−905
宁夏	151	69	−40	−288	118	142	193	257	31
新疆	442	351	144	12	147	61	21	−56	−229

资料来源：根据联合国教科文组织 UNESCO 数据库，历年《中国教育经费统计年鉴》数据计算整理。

　　表 5-5 中所列的是我国农村小学生均预算内教育经费指数与发展中国家的差距。如果将发展中国家的小学生均公用教育经费指数作为充足性标准，那么我们可以看到，经过 1999～2007 年的 9 年时间，应该说全国整体的农村教育投入的充足性程度有了很大的提高。1999 年，我国所有省市的农村小学生均预算内教育经费指数都不能达到发展中国家的水平，其中湖北的差距最大，达到 12.47%；差距最小的是青海，其值为 0.78%。从 2000 年起情况便有所改观，2000 年，全国有青海和云南两省实现了突破，达到了发展中国家的平均水平，同时其他各省的差距也都在缩小，2002 年时超过发展中国家水平的已达 7 个省市，其中，青海已超过发展中国家水平 5.70%。但是 2003 年情况又出现了反复，全国能达标的只有 4 个省市，而且几乎所有省市差距比上年都有所增加。究其原因，应该是受到了农村税费改革的影响。2003 年农村税费改革全面推进后，一方面减轻了农民负担，促进了农村经济的发展，但另一方面却使各地方政府的财力大为下降，明显降低了对农村教育的投入力度。从 2005 年起各地区与发展中国家水平的差距又逐年缩小，在 2007 年已经有 12 个省市的生均预算内教育经费指数超过了发展中国家的平均水平，全国平均只有 0.50% 的差距。

　　再从生均经费缺口来看（表 5-6），1999 年所有省份中与发展中国家水平差距最大的是上海，缺口已经达到 2563 元，但是 2007 年上海的农村小学生均预算内教育经费支出已经超出发展中国家水平 1859 元，取得了巨大的进步。进步最大的是青海，从 1999 年到 2007 年缺口缩小了 25 倍，并且超出了发展中国家平均水平 905 元。然而，作为经济大省的广东，生均教育投入的缺口从 1999 年的 1368 元扩大到 3020 元，扩大了 2.2 倍。

　　上述分析是以发展中国家的平均水平作为充足性的标准进行的，应该说这是一个比较低的水平线。目前我国经济发展水平已经接近中等发达国家的水平，有的省市经济指标甚至超过了许多发达国家，可是从整体上看，农村教育却仍然未能摆脱落后的局面，城乡差距、地区差距依然明显。因此，要保证农村教育更快的发展，有必要为农村教育投入设立一个更高的充足性标准，并集合社会各方面力量为之努力，否则仍将是低水平投入下的低水平发展。

　　以下再以发达国家小学生均公用教育经费指数的平均水平作为充足性标准，计算

1999～2007 年我国各地区农村小学生均预算内教育经费指数与发达国家的差距，并测算出生均预算内教育经费支出的缺口。计算结果如表 5-7 和表 5-8 所示。

表 5-7　生均预算内教育经费指数与发达国家的差距　　　　　单位：%

地区	1999	2000	2001	2002	2003	2004	2005	2006	2007
北京	−11.80	−10.57	−9.87	−8.35	−7.97	−5.56	−7.71	−7.29	−4.45
天津	−13.39	−13.16	−13.35	−13.44	−13.07	−11.18	−10.99	−11.47	−10.16
河北	−14.50	−13.85	−13.36	−11.80	−11.35	−9.66	−9.59	−9.56	−7.74
山西	−10.86	−9.96	−7.83	−7.21	−8.29	−7.11	−8.74	−8.56	−6.43
内蒙古	−9.01	−8.84	−5.84	−2.85	−3.55	−1.36	−5.36	−5.36	−4.67
辽宁	−13.78	−13.92	−13.85	−13.07	−12.18	−9.20	−10.56	−10.06	−8.77
吉林	−11.95	−11.20	−9.29	−7.56	−6.23	−4.85	−5.64	−5.35	−2.37
黑龙江	−10.77	−9.14	−6.59	−3.94	−5.26	−3.82	−3.07	−1.31	1.47
上海	−11.07	−10.74	−10.31	−9.56	−9.63	−7.11	−5.08	−5.03	−2.71
江苏	−14.07	−13.87	−13.17	−12.79	−12.79	−10.72	−11.54	−11.79	−8.70
浙江	−13.42	−13.21	−11.96	−11.15	−10.68	−8.58	−10.39	−10.64	−9.49
安徽	−11.94	−11.22	−10.11	−8.71	−9.21	−7.37	−8.27	−7.65	−6.30
福建	−13.04	−12.78	−12.77	−12.12	−12.03	−10.45	−10.96	−10.60	−9.47
江西	−11.51	−10.52	−8.88	−7.66	−7.94	−7.05	−8.31	−8.65	−6.03
山东	−14.45	−13.73	−13.30	−12.46	−12.58	−11.24	−12.61	−13.26	−11.31
河南	−14.34	−14.11	−13.40	−12.34	−12.86	−11.27	−12.96	−13.07	−11.13
湖北	−15.22	−15.11	−14.78	−13.46	−12.79	−10.50	−11.31	−11.44	−8.47
湖南	−13.30	−12.69	−11.63	−8.70	−8.45	−6.41	−7.08	−7.79	−6.92
广东	−14.42	−14.41	−14.37	−13.45	−13.60	−12.41	−14.79	−15.51	−14.62
广西	−10.67	−9.39	−7.15	−6.68	−7.32	−6.21	−7.95	−6.86	−5.59
海南	−11.36	−11.56	−10.67	−9.59	−9.99	−7.13	−7.07	−5.99	−3.70
重庆	−11.77	−12.14	−11.33	−10.56	−11.27	−10.45	−11.27	−10.07	−7.85
四川	−12.05	−11.21	−9.68	−8.75	−9.09	−8.74	−10.17	−9.23	−6.69
贵州	−7.60	−6.90	−4.66	−2.97	−4.19	−1.92	−3.08	−2.59	0.96
云南	−5.85	−4.54	−2.45	−0.90	−1.14	0.11	−2.95	−2.92	−2.58
陕西	−12.38	−11.67	−9.96	−8.82	−8.82	−7.12	−7.99	−6.78	−4.38
甘肃	−8.34	−7.67	−6.42	−4.71	−5.10	−3.92	−6.25	−4.55	−3.09
青海	−3.53	−4.35	−1.53	0.13	−1.38	0.12	0.39	0.30	0.83
宁夏	−6.12	−6.02	−4.14	−0.62	−6.82	−5.83	−7.66	−8.10	−5.72
新疆	−9.59	−9.30	−6.71	−5.72	−6.57	−4.57	−5.94	−5.55	−4.16

资料来源：根据表 5-1 和表 5-4 计算得到。

表 5-8　农村小学生均预算内教育经费缺口（发达国家标准）　　　　单位：元

地区	1999	2000	2001	2002	2003	2004	2005	2006	2007
北京	2341	2373	2520	2376	2556	2062	3503	3677	2587
天津	2140	2368	2690	3008	3468	3529	3931	4721	4686
河北	1005	1061	1117	1076	1193	1248	1417	1622	1538
山西	513	512	427	443	616	651	1093	1209	1090
内蒙古	482	519	377	207	319	154	876	1075	1187
辽宁	1390	1563	1667	1697	1737	1500	2005	2192	2256
吉林	758	767	709	630	581	530	752	842	458
黑龙江	825	783	616	402	611	531	443	212	−271
上海	3410	3711	3854	3886	4501	3931	2615	2902	1798
江苏	1501	1633	1702	1841	2150	2220	2833	3398	2952
浙江	1615	1779	1753	1878	2151	2054	2880	3390	3549
安徽	562	546	528	507	594	573	718	769	759
福建	1408	1482	1579	1636	1802	1800	2044	2277	2453
江西	537	510	464	446	530	578	784	934	762
山东	1253	1312	1392	1451	1719	1903	2534	3155	3144
河南	702	768	794	794	973	1068	1471	1741	1782
湖北	992	1086	1155	1119	1153	1102	1293	1521	1373
湖南	679	716	704	571	638	584	738	931	1002
广东	1691	1856	1973	2022	2340	2446	3615	4394	4846
广西	442	405	334	341	437	447	699	707	702
海南	725	797	761	748	831	674	769	758	539
重庆	568	626	641	670	812	1004	1238	1254	1151
四川	536	536	508	504	583	709	922	973	863
贵州	188	184	135	94	151	81	155	150	−66
云南	260	211	119	46	65	−7	231	262	272
陕西	508	531	500	487	571	552	791	823	639
甘肃	306	295	267	212	256	234	467	398	320
青海	164	221	88	−8	100	−10	−39	−35	−119
宁夏	274	291	221	36	456	459	785	959	838
新疆	620	695	531	479	638	512	778	833	708

资料来源：根据联合国教科文组织 UNESCO 数据库，历年《中国教育经费统计年鉴》数据计算整理。

　　从表 5-7 计算结果可以看出，我国农村教育投入的充足性水平距离发达国家还有较大的差距，虽然平均差距有所减小，但是到 2007 年全国平均水平与发达国家的差距仍有 6.01%，而且只有黑龙江、贵州和青海三个省份能够达到发达国家水平。1999～2007 年平均差距超过 10% 的共有 12 个省市，其中广东的平均差距达 14.18%。全国只有青海能够有五年都达到发达国家水平，其余也只有三个省能够有一年达到该标准。显然，如果农村教育要实现更大更快的发展，必须努力缩小教育投入方面与发达国家的差距。

　　表 5-8 中进一步测算了农村小学生均预算内教育经费的缺口。按发达国家标准来看，我国各地区的农村教育投入的缺口还很大，而且呈现出上升的趋势，平均缺口从 1999 年的 917 元上升为 2007 年的 1373 元，扩大了 1.5 倍。这种趋势的出现是由于这些年发达国家的生均公共教育经费指数也有较大的提高，导致充足性标准也随之大大提高，所以表现为我国农村教育投入的缺口增大。

　　综上所述，虽然我国各地区农村教育的投入水平已经有了较大的提高，但是从总体上来说，我国农村教育投入仍存在着严重的不足，目前不仅无法与发达国家水平相提并论，还不及发展中国家的平均水平，教育投入不足必将制约农村教育的发展。与此同时，农村各地区之间教育投入充足性的差异非常明显，有的地区已经接近发达国家水平，而有的地区则比发展中国家水平还要低很多，教育投入的严重不平衡又将加剧农村教育发展的不均衡。政府作为农村教育投入的主体，政府对农村教育投入的努力程度直接影响着农村教育投入的充足性。因此，进一步明确各级政府在农村教育投入中的主体地位与责任，不断加大农村教育的投入力度是满足农村教育对投入充足性的需求，实现教育均衡发展目标的关键。

5.2　农村教育投入的公平性分析

5.2.1　农村教育投入公平性的内涵

　　公平是人类永恒追求的一大目标，教育公平则是现代教育所追求的一个核心目标，也是整个社会的公平价值在教育领域的体现与延伸。在教育领域，教育公平也是衡量一个现代教育系统完善与发达程度的重要尺度。只有受到平等的教育，人们才可能具备基本的生产、生活技能，才能在现代社会有效地行使其公民职责，维护个人权益和尊严。一个人的受教育程度在很大程度上决定着其未来的预期收入及社会地位，受教育程度越高，掌握的知识、技能越多，意味着有更多的机会获得收入、社会地位以及精神上的满足。

　　从本质上说，教育公平是与教育资源的享受联系在一起的。教育公平包括教育权利平等和教育机会平等，强调的是人们在接受教育方面的同等权利和一样的机会，以及人们在获得各种教育方面具有同等的条件。教育权利平等与教育机会平等最终是体现在享受教育资源的平等权利和分配教育资源的平等机会。

　　因此，农村教育投入的公平性衡量的是农村教育资源能否平等的分配，使每一个受教育者都平等地享受教育资源。但是事实上，教育公平是相对的、动态的，只是一种理想状态。教育资源与其他种种资源一样也是稀缺的，有人享受了这部分资源，有人则没有；有人享受了较多的资源，有人则享受得较少，这就出现了教育资源分配上的不公平。虽然从公平的一般含义出发，教育资源的分配或者说个人享受教育资源的多少应以个人对社会的贡献或预期贡献为基础来衡量，对社会贡献大或预期贡献大的人应享受较多的教育资源，贡献较小者应享受较少的教育资源。但是，由于每个人个体的才能不同、自然禀赋不同，个人接受教育后对社会的贡献或预期贡献具有很大的不确定性，从这个意义上来说，教育资源分配或个人享受教育资源的公平是很难衡量的。

　　在实践中，人们通常利用不同个体间的差异来衡量公平与否。因而，农村教育投入的公平性可以通过农村教育投入的地区分布差异和城乡分布差异来衡量。一般认为，地区差异和城乡差异越小，教育投入越公平，越均衡，反之亦然。

5.2.2　农村教育投入公平性的研究方法

　　有关教育公平的研究方法大多是从发展经济学对收入分配的差异分析方法中引入过来的。差异分析的指标一般分为两类：绝对差异指标和相对差异指标。绝对差异指标是指变量值偏离参照值的绝对量，而相对差异则是某变量值偏离参照值的相对量。本书根据研究的需要主要选择了以下几个指标来分析城乡之间和地区之间教育投入的差异，用于衡量我国农村教育投入的公平性。

　　(1) 相对比率：用于直观地反映各年份城乡之间农村教育投入的相对差异，其计算公式为

$$R = Y_u / Y_r \tag{5-4}$$

式中，R 为相对比率；Y_u 为城镇教育投入指标；Y_r 为农村教育投入指标。

　　(2) 偏离度：用于反映农村教育投入水平与城镇教育投入水平的偏离程度，当偏离度等于 0 时，是绝对公平，偏离度越大，就越不公平。

$$A = |Y_u - Y_r| / Y_r \tag{5-5}$$

式中，A 为偏离度；Y_u 为城镇教育投入指标；Y_r 为农村教育投入指标。

　　(3) 极差：用于反映各地区农村教育投入指标的最大值与最小值之间的绝对差异，反映的是绝对差异的极端情况，其计算公式为

$$R = Y_{\max} - Y_{\min} \tag{5-6}$$

式中，R 为极差；$Y_{\max}$ 为农村教育投入指标的最大值；$Y_{\min}$ 为农村教育投入指标的最小值。

　　(4) 极差率：用于反映相对差异，与极差相结合，可以全面反映各地区农村教育投入差异的极端情况，当极差率等于 1 时，是绝对公平，极差率越大，就越不公平。其计算公式为

$$I = Y_{\max} / Y_{\min} \tag{5-7}$$

式中，I 为极差率；$Y_{\max}$ 为农村教育投入指标的最大值；$Y_{\min}$ 为农村教育投入指标的最小值。

　　(5) 变异系数：用于反映各地区农村教育投入的校对差异，其计算公式为

$$V = \sqrt{\dfrac{\dfrac{\sum_j (Y_j - \bar{Y})^2}{N}}{\bar{Y}}} \quad (j = 1, 2, \cdots, N) \tag{5-8}$$

式中，V 是变异系数；Y_j 为某一地区农村教育投入指标；$\bar{Y}$ 为各地区农村教育投入的平均值；N 为地区个数。

（6）麦克伦指数：用于反映农村教育投入水平处于中位数以下地区的农村教育投入总量和与其全部达到中位数水平时教育投入量的比值。麦克伦指数主要分析中位数以下 50％ 地区农村教育资源分配的公平状况，比值越大表明越公平，比值越小则越不公平，其计算公式为

$$\text{Mcloone}=\sum_{i=1}^{m}X_i p_i / X_{MP}\sum_{i=1}^{m}p_i \tag{5-9}$$

其中，X_{MP} 是中位数；p_i 为权重；当 n 为偶数时，$m=n/2$；当 n 为奇数时，$m=(n+1)/2$。

（7）洛伦兹曲线：用于直观地反映各地区农村教育投入指标的集中或离散程度。一般来说，洛伦兹曲线的弯曲程度可以反映出农村教育投入的不平等程度，弯曲程度越大，就越不公平。洛伦兹曲线横轴表示按农村教育投入指标值由小到大排列的区域个数累计百分率，纵轴表示与地区排列相对应的各地区农村教育投入指标值的累计百分率。

（8）泰尔指数：或称泰尔熵标准，最早是由荷兰著名经济学家 H. Theil 于 1967 年利用信息理论中的熵概念来计算收入的不平等性。泰尔指数用于衡量不平等性的一个最大优点就是它可以衡量组内差距和组间差距对总差异的贡献，即可以用于反映农村各地区之间以及各地区城乡之间农村教育投入的差异程度。该数值越小，说明不公平程度越小。泰尔指数的分解公式为

$$
\begin{aligned}
T_r &= \sum_i \left(\frac{N_i}{N_r}\right)\ln\left(\frac{N_i/N_r}{Y_i/Y_r}\right)\\
T_u &= \sum_i \left(\frac{N_i}{N_u}\right)\ln\left(\frac{N_i/N_u}{Y_i/Y_u}\right)\\
T_1 &= N_r \times \ln\,(N_r/Y_r) + N_u \times \ln\,(N_u/Y_u)\\
T_2 &= N_r \times T_r + N_u \times T_u\\
T &= T_1 + T_2
\end{aligned}
\tag{5-10}
$$

式中，T 为总体差异；T_1 为城乡间差异；T_2 为地区间差异；N_i 为第 i 省普通小学在校生人数占全国普通小学在校生总人数的比例；N_r、N_u 分别代表农村和城镇普通小学在校生人数占全国普通小学在校生总人数的比例；Y_i 为第 i 省普通小学生均教育经费支出占全国总和的比例；Y_r、Y_u 分别代表农村、城镇小学生均教育经费和占全国总和的比例。

（9）基尼系数：意大利经济学家基尼提出的基尼系数已成为国际公认的衡量收入分配公平程度的指标，并被引入到对教育资源分配和均衡发展的评价中。基尼系数可在 0～1 取任何值，收入分配越是趋向平等，基尼系数也越小，反之，收入分配越是趋向不平等，基尼系数也越大。基尼系数用公式表示为

$$G=1-\sum_{i=1}^{n}2B_i=1-\sum_{i=1}^{n}p_i\,(2Q_i-w_i) \tag{5-11}$$

式中，$Q_i=\sum_{k=1}^{i}w_k$；n 为地区个数；设 w_i、p_i 分别代表 i 组的生均教育经费支出份额、学

生人数的频数（$i=1$，2，$\cdots$，n）；Q_i 为从 $1\sim i$ 的累积收入比重；B_i 为洛伦兹曲线右下方的面积。

5.2.3　农村教育投入公平性的实证分析

1. 研究指标与数据选取

本研究在对农村教育投入进行公平性分析时，主要选择城镇普通小学、普通初中以及农村普通小学、普通初中的生均教育经费支出和生均预算内教育经费支出作为研究指标。通过对城镇与农村之间、地区之间的生均教育经费的比较分析，可以获得城乡之间、地区之间的教育投入差异程度，用于评价农村教育投入的公平性。

研究选用了 1997～2011 年全国 30 个省份（除西藏外）的生均教育经费支出和生均预算内教育经费支出的数据，其中，城市、县镇、农村的普通小学、普通初中的数据来源于 1998～2012 年各年的《中国教育经费统计年鉴》，而研究中使用的城镇普通小学、城镇普通初中的生均教育经费支出和生均预算内教育经费支出数据则通过城市与县镇的相关数据计算得出。

2. 实证结果分析

1）相对比率法和偏离系数法

首先运用相对比率法、偏离系数法对 1997～2011 年全国城镇与农村生均教育经费支出之间的差异进行比较，以直观地反映全国城乡间教育投入公平性的基本状况。计算结果如表 5-9 所示。

表 5-9　城乡生均教育经费支出差异比较（1997～2011 年）

年份	初中				小学			
	城镇/元	农村/元	相对比率	偏离度	城镇/元	农村/元	相对比率	偏离度
1997	1342.27	885.63	1.52	0.52	790.15	499.26	1.58	0.58
1998	1426.27	861.64	1.66	0.66	847.70	519.16	1.63	0.63
1999	1531.76	880.31	1.74	0.74	949.42	569.98	1.67	0.67
2000	1620.50	884.41	1.83	0.83	1067.23	647.01	1.65	0.65
2001	1710.63	1013.65	1.69	0.69	1352.02	797.60	1.70	0.70
2002	1895.29	1129.21	1.68	0.68	1564.39	953.65	1.64	0.64
2003	2087.31	1210.75	1.72	0.72	1751.96	1058.25	1.66	0.66
2004	2347.54	1486.65	1.58	0.58	2011.09	1326.31	1.52	0.52
2005	2655.24	1819.92	1.46	0.46	2268.23	1572.57	1.44	0.44
2006	3033.60	2190.33	1.38	0.38	2576.72	1846.71	1.40	0.40
2007	3848.14	2926.58	1.31	0.31	3170.46	2463.72	1.29	0.29
2008	4844.19	4005.82	1.21	0.21	3807.87	3116.82	1.22	0.22
2009	5866.65	5023.54	1.17	0.17	4594.98	3842.28	1.20	0.20

续表

年份	初中				小学			
	城镇/元	农村/元	相对比率	偏离度	城镇/元	农村/元	相对比率	偏离度
2010	6862.77	5874.07	1.17	0.17	5366.83	4560.33	1.18	0.18
2011	8402.27	7439.43	1.13	0.13	6399.50	5719.00	1.12	0.12
均值	3298.29	2508.80	1.48	0.48	2567.90	1966.18	1.46	0.46

资料来源：根据各年《中国教育经费统计年鉴》相关数据整理、计算所得。

从表 5-9 可以看出，1997～2011 年，城乡生均教育经费差距明显，但是从整体看，差距在不断减小。城镇与农村的相对比率小学平均为 1.46，最高为 1.70；初中平均为1.48，最高为 1.83。初中生均教育经费的城乡相对比率从 2000 年的峰值开始逐年下降，2011 年已降到 1.13；而小学的相对比率也从 2001 年以后呈逐年递减趋势，2011 年的1.12 较之 2001 年的 1.70 下降了 34%。相比之下，偏离度指标更能反映历年城乡间生均教育经费的差距大小。15 年来的初中和小学的平均偏离度为 0.48 和 0.46，其中，初中差距最大是 2000 年的 0.83，小学差距最大是在 2001 年的 0.70，2011 年城乡间生均教育经费的差距最小，分别为 0.13 和 0.12。

2）极差、极差率、变异系数和麦克伦指数法

以下分别运用极差、极差率、变异系数和麦克伦指数法对 1997～2011 年全国 30 个省份的农村普通初中和普通小学生均教育经费支出进行了分析，计算结果如表 5-10所示。

表 5-10　各地区农村生均教育经费支出差异比较（1997～2011 年）

年份	初中				小学			
	极差	极差率	变异系数	麦克伦指数	极差	极差率	变异系数	麦克伦指数
1997	2084.2	6.27	0.3851	0.8240	1737.3	8.61	0.5233	0.7569
1998	2747.4	8.04	0.4887	0.8272	1882.0	8.23	0.5499	0.7265
1999	3089.9	8.42	0.5491	0.8191	2251.7	7.96	0.5936	0.7311
2000	3801.6	9.07	0.6792	0.8071	2671.5	8.10	0.6372	0.7643
2001	3443.3	6.70	0.5952	0.8056	3133.2	7.64	0.6252	0.7490
2002	4106.1	6.88	0.5887	0.7904	3804.0	7.97	0.6400	0.7533
2003	5217.3	7.87	0.6842	0.8053	4468.9	8.48	0.6871	0.8009
2004	6461.3	8.42	0.7354	0.7791	5932.2	8.98	0.7325	0.8044
2005	9151.7	9.59	0.7920	0.7896	7341.7	9.33	0.7280	0.7905
2006	11364.3	10.02	0.8580	0.7870	8492.6	8.95	0.7101	0.8227
2007	16489.2	10.67	0.8754	0.8160	10593.6	8.11	0.6960	0.8260
2008	19300.8	8.86	0.7316	0.8002	12888.6	8.02	0.6695	0.8005
2009	22931.5	9.04	0.6685	0.7945	15390.2	8.02	0.6238	0.7736
2010	31772.2	10.45	0.7295	0.7633	20316.1	9.24	0.6373	0.7615
2011	43007.8	10.87	0.7495	0.7727	24091.2	8.60	0.6022	0.7144

资料来源：根据历年《中国教育经费统计年鉴》相关数据整理、计算所得。

　　从表 5-10 可以看出，1997～2011 年各地区农村教育投入的差异基本呈扩大的趋势。首先从极差来看，无论农村初中还是小学的生均教育经费支出的差距明显增大，1997 年农村初中和小学生均教育经费最多的省份和最少的省份之间分别相差 2084.2 元、1737.3元，而到了 2011 年时这一差距已经高达 43007.8 元和 24091.2 元，可见农村地区之间生均经费的差距非常明显。例如，北京 2011 年农村初中生均教育经费支出 47365 元，而贵州仅有 4357 元，二者的差距超过了 10 倍以上，这一点从极差率指标上能够更直观地反映出来。1997～2011 年农村各地区初中和小学的极差率平均值分别是 8.74 和 8.42，最高时如 2011 年农村初中的极差率达到了 10.87，农村小学极差率略小些，但 2005 年时也达到了 9.33 倍。显然，单从生均教育经费支出的两个极端来看，农村地区间的差距相当大。

　　农村初中和小学生均教育经费支出的变异系数和麦克伦指数可以通过图 5-1 反映出来。从变异系数的变化来看，农村初中的差异不断扩大，直到 2007 年以后才有所下降，但 2010 年和 2011 年又再次上升；农村小学 2004 年以前呈现出差异扩大的趋势，其后则逐年下降。由麦克伦指数反映出来的差异状况则相对比较平稳，农村初中和小学生均教育经费支出的差异基本保持在 0.8 左右。

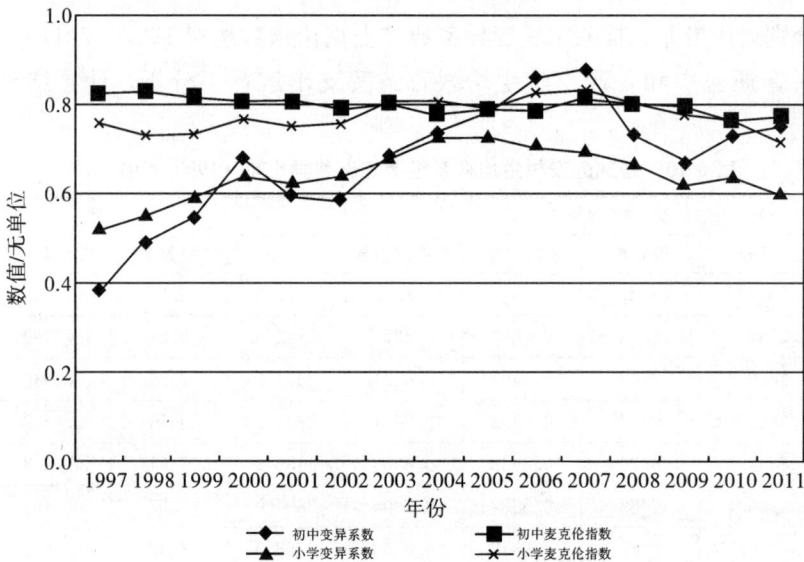

图 5-1　农村各地区生均教育经费的变异系数与麦克伦指数

　　综合上述四个指标的分析表明，从 1997～2011 年，我国各地区农村教育投入的不公平状况基本没有得到改善，甚至还有扩大的趋势。

　　3）泰尔指数法

　　为了更加准确地考察城乡之间、地区之间教育投入的不公平程度，以下使用泰尔指数来衡量生均教育经费支出的差异。首先把小学分成城镇和农村两个组，利用 1997～2011 年小学生均教育经费支出指标计算泰尔指数并进行分解，其中组间差异反映的就是城乡差异，组内差异反映的就是地区间的差异，如表 5-11 和表 5-12 所示。

从表 5-11 中可以看出，1997～2011 年小学教育经费投入的总体差异是明显的，税费改革前总的差异不断增大，由 1997 年的 0.6340 增加到 2000 年的 0.8767；税费改革后总的差异开始逐年下降，到 2008 年降至 0.6599，但之后差异再度扩大。其中，农村内部差异要明显高于城镇内部差异，农村平均差异 0.7340，城镇平均差异 0.4221，但二者同样呈现出不断扩大的势头，这说明不论在农村还是在城镇，校际间差异在不断扩大。

表 5-11　普通小学生均教育经费支出泰尔指数（1997～2011 年）

年份	农村	城镇	城乡间	地区间	总泰尔系数
1997	0.5588	0.3482	0.1419	0.4920	0.6340
1998	0.5980	0.3743	0.1402	0.5256	0.6658
1999	0.6348	0.3972	0.1333	0.5563	0.6897
2000	0.7861	0.4408	0.2102	0.6665	0.8767
2001	0.6882	0.3670	0.1502	0.5874	0.7375
2002	0.7280	0.3819	0.1192	0.6137	0.7329
2003	0.7469	0.4002	0.1054	0.6283	0.7337
2004	0.7334	0.4328	0.0933	0.6300	0.7234
2005	0.7444	0.4269	0.0696	0.6299	0.6995
2006	0.7616	0.4325	0.0502	0.6376	0.6878
2007	0.7604	0.4528	0.0260	0.6348	0.6608
2008	0.7789	0.4661	0.0144	0.6455	0.6599
2009	0.7962	0.4633	0.0123	0.6502	0.6625
2010	0.8395	0.4724	0.0034	0.6700	0.6734
2011	0.8546	0.4750	0.0008	0.6715	0.6723
均值	0.7340	0.4221	0.0847	0.6160	0.7007

资料来源：根据历年《中国教育经费统计年鉴》相关数据整理、计算所得。

表 5-12　城乡差异及地区差异对总体差异的贡献率（1997～2011 年）　　　　单位：%

年份	农村贡献率	城镇贡献率	城乡差异贡献率	地区差异贡献率
1997	60.21	17.40	22.39	77.61
1998	60.76	18.18	21.06	78.94
1999	61.65	19.02	19.33	80.67
2000	58.60	17.42	23.98	76.02
2001	64.01	15.62	20.36	79.64
2002	66.53	17.21	16.27	83.73
2003	66.96	18.67	14.37	85.63
2004	66.52	20.58	12.90	87.10
2005	68.05	22.00	9.95	90.05
2006	69.01	23.69	7.30	92.70
2007	68.08	27.98	3.94	96.06

年份	农村贡献率	城镇贡献率	城乡差异贡献率	地区差异贡献率
2008	67.69	30.12	2.19	97.81
2009	67.49	30.66	1.85	98.15
2010	67.09	32.40	0.51	99.49
2011	65.81	34.08	0.11	99.89
均值	65.23	23.00	11.77	88.23

资料来源：根据历年《中国教育经费统计年鉴》相关数据整理、计算所得。

由表 5-12 中可以看出，组内（地区）和组间（城乡）差异对整体不均衡的贡献程度。小学生均教育经费的整体差异主要来源于组内（地区）的差异，1997～2008 年组间（城乡）的差异贡献度平均不足 14.5%，而组内（地区）的差异贡献度平均达到了85.5%，地区间教育的非均衡发展是毋庸置疑的。城乡差异对整体不均衡的贡献程度呈现明显下降趋势，由 1997 年的 22.39% 逐渐降至 2008 年的 2.19%，而地区差异则不断加大，由 1997 年的 77.61% 上升至 2008 年的 97.81%。

4）洛伦兹曲线和基尼系数法

通过以上的分析可见，中国教育发展的不均衡不仅有城乡差异的原因，教育投入的地区间差异已经成为影响教育公平的更大障碍。为进一步分析地区差异对教育公平的影响，我们又引入洛伦兹曲线和基尼系数法。

首先，绘制了 2005 年各地区农村初中和小学生均教育经费支出的洛伦兹曲线，如图5-2 所示。从洛伦兹曲线可以看出，相对于绝对平等线，曲线均明显弯曲，这说明 2005年农村初中和农村小学生均教育经费支出都存在明显的地区差异。相比之下，农村小学的曲线比农村初中的曲线离绝对平等线的距离更远，弯曲程度也更大，这说明我国农村小学生均教育经费支出的地区差异更大于农村初中。

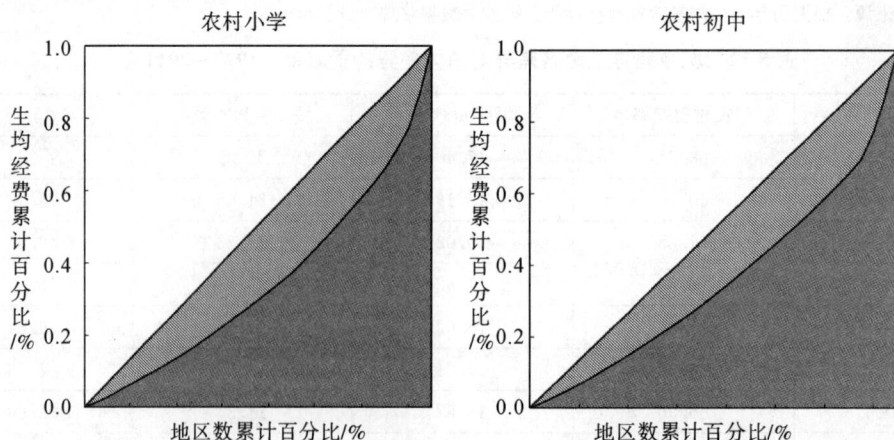

图 5-2　农村小学与农村初中生均教育经费的洛伦兹曲线（2005 年）

洛伦兹曲线可以直观形象化地说明问题，但它不可能用一个确切的数字来表示教育投入差异的总体水平，国际上比较通用的是基尼系数。基尼系数是从洛伦兹曲线推导出来的，可以测定洛伦兹曲线背离完全均等状况的程度。以下利用全国 30 个省、直辖市和自治区的生均教育经费支出和生均预算内教育经费支出以及各地区中小学在校学生人数，计算了 1997~2011 年全国各地区初中和小学生均教育经费支出与生均预算内教育经费支出的基尼系数，以此来反映地区间教育总投入和政府教育投入的公平程度。计算结果如表 5-13 和表 5-14 所示。

表 5-13　生均教育经费支出基尼系数（1997~2011 年）

年份	普通小学		普通初中	
	农村	城镇	农村	城镇
1997	0.4489	0.2743	0.3417	0.2435
1998	0.4680	0.2995	0.3939	0.2506
1999	0.5127	0.3095	0.4488	0.2984
2000	0.5198	0.3269	0.4757	0.3056
2001	0.5365	0.3183	0.4565	0.3844
2002	0.5596	0.3280	0.4906	0.3835
2003	0.5596	0.3305	0.5008	0.3909
2004	0.5630	0.3335	0.5126	0.4035
2005	0.5717	0.3154	0.5345	0.3784
2006	0.5892	0.3247	0.5373	0.4081
2007	0.5983	0.3549	0.5364	0.3889
2008	0.6094	0.3817	0.5469	0.4219
2009	0.6189	0.3921	0.5433	0.4293
2010	0.6241	0.1959	0.5773	0.4541
2011	0.6437	0.4168	0.7178	0.4742
均值	0.5616	0.3268	0.5076	0.3743

资料来源：1997~2012 年《中国教育经费统计年鉴》相关数据整理、计算所得。

从生均教育经费基尼系数的变化来看，农村小学和初中的基尼系数整体处于持续上升的趋势，1997 年农村小学为 0.4489，农村初中为 0.3417，到 2011 年分别上升为 0.6437 和 0.7178，农村内部差异在不断扩大，并高于城镇的内部差异，这与我们之前得到的结论相符。

联合国有关组织对基尼系数的含义作了规定：基尼系数若低于 0.2，表示收入绝对平均；基尼系数在 0.2~0.3，表示收入比较平均；基尼系数在 0.3~0.4，表示收入相对合理；基尼系数在 0.4~0.5，表示收入差距较大；基尼系数在 0.6 以上，表示收入差距悬殊[①]。依据联合国的相关规定，我国农村小学和农村初中的基尼系数均超过了 0.6，我们可以判断，农村地区的教育投入差距已经属于较悬殊的范畴。城镇小学和初中的基尼系数在十五年间不断波动，但总体仍然是上升的，小学和初中的基尼系数分别由 1997 年

---

① 祝梅娟. 我国省际间教育投入公平状况的实证研究. 经济问题探索，2003，(2)：121-124.

的 0.2743 和 0.2435 上升到 2011 年的 0.4168 和 0.4742，由比较平均跨入了差距较大的范畴。

从生均预算内教育经费基尼系数的变化来看，农村与城镇的小学和初中均没有较大的变化，只是波动较频繁。但是农村内部差异明显大于城镇内部差异，农村初中平均 0.5453，属于差距较大的范畴，农村小学平均为 0.6046，属于差距悬殊的范畴；城镇小学和初中则平均分别为 0.3921 和 0.4076，城镇初中已经属于差距较大的范畴了。

表 5-14　生均预算内教育经费支出基尼系数（1997～2011 年）

年份	普通小学		普通初中	
	农村	城镇	农村	城镇
1997	0.5857	0.4196	0.5057	0.3722
1998	0.6000	0.4116	0.5217	0.3400
1999	0.6068	0.4090	0.5338	0.3616
2000	0.5965	0.4269	0.5379	0.3576
2001	0.5909	0.3775	0.5249	0.4173
2002	0.5910	0.3679	0.5342	0.3983
2003	0.5854	0.3597	0.5340	0.4006
2004	0.5853	0.3579	0.5535	0.3816
2005	0.6111	0.3601	0.5836	0.4076
2006	0.6059	0.3605	0.5621	0.4005
2007	0.6074	0.3942	0.5252	0.4389
2008	0.6142	0.4140	0.5365	0.4194
2009	0.6210	0.4180	0.5426	0.4685
2010	0.6281	0.3882	0.5646	0.4771
2011	0.6403	0.4164	0.6192	0.4723
均值	0.6046	0.3921	0.5453	0.4076

资料来源：1997～2012 年《中国教育经费统计年鉴》相关数据整理、计算所得。

综合以上分析，可以认为，农村教育资源配置是不公平的，这种不公平不仅表现为城乡间教育经费配置的不均衡，更主要表现为农村地区间教育经费配置的不均衡。因此，在加大农村教育投入力度的同时，更应关注教育资源配置的公平性，尤其是地区间的公平。

5.3　农村教育投入的效率性分析

5.3.1　农村教育投入效率性的内涵

效率是实现经济活动的根本准则。在市场经济活动中，效率的标准是帕累托最优状态，也称帕累托效率，它是一种理想的资源配置状态，本质上是指在社会总资源存量一定时，对于所有人的效用水平，产出达到最大。简单地说，其基本的含义就是指产出与投入之比达到最大。教育投入效率，也可称为教育投资效率、教育资源利用效率、教育投资内部效益等[①]，是指教育投入与产出的比率。从经济学角度来看，教育过程也和生产过程一样包括资源的投入、使用和产出。教育过程中所消耗的人力、物力、财力来源于教育投入的各种资源，而教育投入的产出则体现为教育过程所培养的一定数量和质量的学生，即教育过程的直接成果。因此，教育投入的效率性，可以用教育投入的人力、物力、财力资源和教育过程的直接产出之比来反映。一定的教育投入，产出量越大，效率就越高，或是一定量的产出，投入越少，效率也就越高，反之效率越低。当投入不变时，效率高低和产出量大小成正比；在产出量不变时，效率高低和投入量成反比。

教育资源具有稀缺性，从而决定了提高教育资源利用效率的必要性。当前我国农村教育发展的最大制约因素便是教育投入不足、教育资源短缺，增加教育资源的供给是发展农村教育的迫切需要。但是单纯依靠增加教育投入的这一"外延型"的手段，而不是采用提高教育资源利用效率的"内涵型"方式，不仅无法解决农村教育投入不足的问题，反而可能加剧农村教育投入的短缺。因此，在教育资源与供给相对有限的条件下，充分有效地使用现有教育资源，大力提高农村教育投入效率性绩效是满足农村教育对资源需求的重要保证之一。

5.3.2　农村教育投入效率性的研究方法

农村教育投入效率性的研究是通过对农村教育的投入与产出的对比关系来衡量其效率的高低。农村教育投入即是对农村教育过程的资源投入与资源耗费，涉及人力、物力和财力多种资源；而农村教育的产出不仅表现为成果数量的增加，还表现为成果质量的提高，涉及的成果形式也很多。因而，农村教育投入效率性问题是一个多投入多产出的问题，即效率性分析与评价需要用多种指标来反映投入与产出。

目前在相对效率问题上的研究方法主要有综合评分法、层次分析法、TOPSIS 法、主成分分析法、因子分析法、灰色关联分析法及数据包络分析法等。近年来，数据包络分析（DEA）在相对效率评价方面的应用已经引起众多研究者的关注，已有的研究表明，DEA 方法尤其适合对多投入、多产出的效率评价。DEA 方法不需要选择生产函数，也不需要进行参数估计，对于非有效单元，不仅能指出指标的调整方法，还能给出具体的调整量[②]。

因此，本研究将运用 DEA 方法对我国农村教育投入的效率性进行分析和评价，并结合因子分析法和 Tobit 模型对影响农村教育投入效率的因素进行进一步分析。

1. DEA 方法与 C^2R、BC^2 模型

数据包络分析（data envelopment analysis，DEA）由运筹学家 Charnes，Cooper 和

---

① 王善迈. 教育投入与产出研究. 石家庄：河北教育出版社，2004.
② 李一峰，张利华，刘玉兰. 国家 863 计划成果产业化基地投入产出效率分析. 科研管理，2004，(4)：11-15.

Rhodes 等首先提出来一种效率评价方法，目前已广泛应用于管理学的各个领域，并且在处理多指标投入和多指标产出方面，具有得天独厚的优势。DEA 方法是以相对效率概念为基础发展起来的，它根据多项投入指标和多项产出指标，借助于线性规划的方法，将决策单元（decision making unit，DMU）投影到 DEA 前沿面上，通过比较 DMU 偏离 DEA 前沿面的程度来综合评价 DMU 的相对有效性，同时又可获得许多有用的管理信息。

DEA 方法的基本思路是：通过对样本投入、产出数据的综合分析，确定有效生产前沿面，并根据各 DMU 与有效生产前沿面的距离，得出每个 DMU 综合效率的数量指标，确定各 DMU 是否为 DEA 有效。基于 DEA 的基本原理，可以建立起农村教育投入效率评价的 DEA 模型。

假设我们将对 n 个地区进行农村教育投入效率的评价，每个地区都有 m 种投入变量和 s 种产出变量，X_{ij} 表示第 j 个地区的第 i 种投入的总量，Y_{rj} 表示第 j 个地区的第 r 种产出的总量。这样，第 j 个地区的投入可表示为 $X_j = (x_{1j}, x_{2j}, \cdots, x_{mj})^T$，产出可表示为 $Y_j = (y_{1j}, y_{2j}, \cdots, y_{sj})^T$，令 V 为投入向量 X 的权系数向量，U 为产出向量 Y 的权系数向量，以第 j 个地区的效率评价为目标函数，以全部单元的效率指数为约束，得到最优化 C^2R 模型：

$$
\begin{cases}
\text{Max } \dfrac{U^T Y_0}{V^T Y_0} = h_0 \\[2mm]
\text{S. t. } \dfrac{U^T Y_j}{V^T Y_j} \leqslant 1 \\[2mm]
u \geqslant 0,\ v \geqslant 0,\ j = 1, 2, \cdots, n
\end{cases}
\tag{5-12}
$$

利用 Charnes-Cooper 变换，将上述非线性变换为与之等价的线性规划模型：

$$
\begin{cases}
\text{Min } [\theta - \varepsilon\ (e^T s^{-0} + e^T s^{+0})] \\[2mm]
\text{S. t. } \sum\limits_{j=1}^{n} \lambda_j x_{ij} + s^- = \theta x_0 \\[2mm]
\sum\limits_{j=1}^{n} \lambda_j y_{rj} - s^+ = y_0 \\[2mm]
\theta,\ \lambda_j,\ s^-,\ s^+ \geqslant 0,\ j = 1, 2, \cdots, n
\end{cases}
\tag{5-13}
$$

令 λ^*，s^{+*}，s^{-*}，θ^* 为给定问题的最优解，若 $\theta^* = 1$，且 $s^{-*} = 0$ 或 $s^{+*} = 0$，则称第 j 个地区为 DEA 有效；若 $\theta^* = 1$，且 $s^{-*} \neq 0$ 或 $s^{+*} \neq 0$，则称第 j 地区为 DEA 弱有效；若 $\theta^* < 1$，则称第 j 地区为 DEA 无效。

通过线性规划模型计算出来的 θ 值是 DMU 总体有效性的绩效值，隐含着 DMU 规模报酬是固定的假设，但这一假设相当严格，有许多因素都可能导致某个 DMU 不能在这种假设下运行。因此，在固定规模报酬（CRS）的基础上，Banker 等提出了 C^2R 模型的改进方案，即 BC^2 模型。改进方案中考虑了可变规模报酬（VRS）的情况，通过在 C^2R 模型中增加一个凸性假设 $\sum\limits_{j=1}^{n} \lambda_j = 1$，即可得到 VRS 模式下的 BC^2 模型：

$$\begin{cases} \text{Min } [\theta - \varepsilon \ (e_1{}^{\text{T}}s^{-0} + e_2{}^{\text{T}}s^{+0})] \\ \text{S. t. } \sum_{j=1}^{n}\lambda_j x_{ij} + s^- = \theta x_0 \\ \sum_{j=1}^{n}\lambda_j y_{rj} - s^+ = y_0 \\ \sum_{j=1}^{n}\lambda_j = 1 \\ \theta, \ \lambda_j, \ s^-, \ s^+ \geqslant 0, \ j = 1, \ 2, \ \cdots, \ n \end{cases} \tag{5-14}$$

该模型计算得到的效率是纯技术效率（简称 PTE）。

利用 C^2R 和 BC^2 模型可以分别计算出各地区的技术效率（TE）和纯技术效率（PTE），两者相除即可得出各地区的规模效率（SE），即 SE＝TE/PTE。根据这些指标，我们就可以对各地区农村投入效率进行总体评价。

2. "两阶段法"与 Tobit 模型

通过 DEA 模型得到的效率评价值，除了由所选的投入、产出指标决定外，还要受到其他"环境"因素的影响。为了进一步分析测试影响农村教育投入效率的主要因素，本书采用"两阶段法"（two-stage method），即第一步采用 DEA 方法进行分析，评估出全国各地区农村教育投入的效率值；第二步进行效率值与环境因素的回归分析，即以上一步所得的效率值作为因变量，以环境因素作为自变量建立回归模型。由于 DEA 模型计算出的效率指数介于 0～1，所以数据被截断，如果用普通最小二乘法直接对模型进行回归，则会给参数估计带来严重的有偏且不一致。为此，在第二步中采用 Tobit 模型进行回归分析，以判断环境因素对效率的影响程度。

标准的 Tobit 模型如下：

$$\begin{cases} y_i{}^* = \beta' x_i + \varepsilon_i \\ y_i = y_i{}^*, \ y_i{}^* > 0 \\ y_i = 0, \ y_i{}^* \leqslant 0 \end{cases} \tag{5-15}$$

式中，$y_i{}^*$ 为潜变量；y_i 为观察到的因变量；x_i 为自变量；β' 为相关系数向量；ε_i 为独立的且 $\varepsilon_i \sim N \ (0, \ \sigma)$。

5.3.3　农村教育投入效率性的实证分析

1. 研究指标及数据选取

1）DEA 分析的指标及数据选取

采用 DEA 方法评价农村教育投入的效率性时，合理选取投入与产出指标是正确利用 DEA 方法进行评价的关键。对教育投入效率性考察的核心与目标是在一定投入规模下，最大化实现其教育产出的程度。基于以上考虑，同时兼顾样本数据的可比性、可得性及科学性，本研究构建了农村教育投入效率评价的指标体系，如表 5-15 所示。

表 5-15 农村教育投入效率评价的指标体系

类别		指标
投入指标	财力投入指标	农村义务教育经费总额/万元
	人力投入指标	专任教师/万人
	物力投入指标	校舍面积/万平方米、固定资产/万元
产出指标	直接产出指标	农村小学毕业生/万人、农村初中毕业生/万人
	产出效果指标	文盲率/%

（1）投入指标。基本的教育投入应包括人、财、物三个方面，因此分别选取教育经费总额（X1）、专任教师数量（X2）、校舍面积（X3）与固定资产（X4）作为投入指标。其中，四项指标均为各地区农村普通小学与农村普通初中的合计数。

（2）产出指标。普及义务教育，最大限度减少新生文盲，提高全民族素质，促进社会文明进步的重要途径。因此研究选取农村小学合格毕业生（Y1）、农村初中合格毕业生（Y2）和文盲率（Y3）作为产出指标。其中，文盲率用农村 15 岁及以上人口中文盲半文盲人口比例反映，因其为反向指标，采用 1 减去其实际数值的方法进行正向化处理后再参与计算。

本研究以 2001～2011 年中国 30 个省、自治区和直辖市（西藏的数据不全，故不进入分析）的农村义务教育为研究对象，计算数据来源于《中国教育经费统计年鉴》（2002～2012 年)、《中国教育统计年鉴》（2001～2011 年）和《中国人口年鉴》（2002～2012年）。

另外，在区域农村教育投入效率分析时，仍然按传统划分方法分为东部、中部和西部三大地区，其中东部包括 11 个省份，中部包括 8 个省份，西部包括 11 个省份。

2）Tobit 模型的指标及数据选取

应用 Tobit 模型时，以 DEA 模型计算出来的各地区农村教育投入的技术效率（TE）为因变量，而地区经济实力（F1）、教育投入规模（F2）、生均经费水平（F3）、经费配置结构（F4）、受教育水平（F5）为自变量。

地区经济实力（F1）采用各地区人均 GDP、人均财政收入和农民人均纯收入反映，为了克服多重共线性，运用因子分析法将三个指标合并成为一个综合指标表示；教育投入规模（F2）用各地区农村预算内义务教育经费投入总额的自然对数值表示；生均经费水平（F3）用各地区农村义务教育生均教育经费支出与人均 GDP 的比例表示，它反映了当地物价水平下农村教育经费投入水平；经费配置结构（F4）用各地区农村义务教育公用经费占教育事业费的比例表示；受教育水平（F5）用各地区人均受教育年限来表示。

Tobit 模型各自变量的数值来源于 2002～2012 年《中国统计年鉴》、《中国教育经费统计年鉴》和《中国人口统计年鉴》有关数据的计算整理。

2. 实证结果分析

1）农村教育投入效率评价

运用 DEAP2.1 软件，将表 5-15 各投入产出指标的相关数据代入求解，得到 2001～2011 年各地区农村教育投入的效率评价结果，其中，固定规模报酬（CRS）模式下的技术效率值及可变规模报酬（VRS）模式下的纯技术效率值与规模效率值分别如表 5-16～表 5-18 所示。

表 5-16　农村教育投入的技术效率（2001～2011 年）

地区	2001	2002	2003	2004	2005	2006	2007	2008	2009	2010	2011	均值
北京	0.876	0.872	0.861	0.770	0.840	0.642	0.659	0.720	0.724	0.704	0.758	0.766
天津	1.000	1.000	1.000	1.000	1.000	1.000	1.000	1.000	1.000	1.000	1.000	1.000
河北	0.996	0.996	1.000	0.941	0.971	0.918	0.858	0.718	0.719	0.673	0.579	0.852
山西	0.800	0.777	0.657	0.744	0.780	0.799	0.803	0.775	0.823	0.840	0.716	0.774
内蒙古	0.761	0.703	0.681	0.649	0.662	0.670	0.612	0.578	0.619	0.567	0.609	0.646
辽宁	0.801	0.897	1.000	0.925	0.916	0.884	0.855	0.804	0.930	0.977	0.843	0.894
吉林	0.810	0.791	0.794	0.740	0.687	0.790	0.780	0.789	0.748	0.845	0.891	0.788
黑龙江	1.000	1.000	1.000	1.000	1.000	0.918	0.893	0.855	0.934	0.948	1.000	0.959
上海	1.000	1.000	1.000	1.000	1.000	1.000	1.000	1.000	1.000	1.000	1.000	1.000
江苏	0.921	1.000	1.000	1.000	1.000	1.000	1.000	0.920	0.902	0.946	0.692	0.944
浙江	0.970	1.000	0.956	0.736	0.795	0.893	0.830	0.770	0.756	0.750	0.786	0.840
安徽	1.000	1.000	1.000	1.000	1.000	1.000	1.000	1.000	1.000	1.000	1.000	1.000
福建	0.861	0.804	0.804	0.830	0.734	0.738	0.816	0.734	0.717	0.771	0.810	0.784
江西	0.952	0.902	1.000	1.000	0.923	0.902	0.787	0.804	0.878	0.949	0.949	0.913
山东	0.953	0.839	0.822	0.743	0.679	0.694	0.748	0.643	0.695	0.726	0.773	0.756
河南	1.000	1.000	1.000	1.000	1.000	1.000	1.000	1.000	1.000	1.000	1.000	1.000
湖北	0.965	1.000	1.000	1.000	1.000	1.000	1.000	1.000	1.000	1.000	0.987	0.996
湖南	0.879	0.925	0.968	1.000	1.000	0.888	0.765	0.645	0.631	0.748	0.817	0.842
广东	0.889	0.881	0.880	0.882	0.969	1.000	1.000	1.000	1.000	1.000	1.000	0.955
广西	1.000	1.000	1.000	1.000	1.000	1.000	1.000	0.984	0.902	0.889	0.851	0.966
海南	1.000	1.000	1.000	1.000	0.999	1.000	1.000	0.906	0.870	0.804	0.797	0.943
重庆	0.944	0.995	0.866	0.871	0.832	0.992	0.953	0.967	0.892	0.842	0.824	0.907
四川	0.822	0.853	0.846	0.841	0.801	0.897	0.940	0.943	0.881	0.936	1.000	0.887
贵州	1.000	1.000	1.000	1.000	1.000	1.000	1.000	1.000	1.000	1.000	1.000	1.000
云南	0.757	0.751	0.750	0.746	0.747	0.789	0.811	0.833	0.788	0.803	0.872	0.786
陕西	0.950	0.990	1.000	1.000	1.000	1.000	1.000	1.000	1.000	1.000	0.804	0.977
甘肃	0.876	0.880	0.900	0.924	0.952	0.915	0.967	1.000	0.941	0.996	1.000	0.941
青海	1.000	1.000	1.000	1.000	1.000	1.000	1.000	1.000	1.000	1.000	1.000	1.000

续表

地区		2001	2002	2003	2004	2005	2006	2007	2008	2009	2010	2011	均值
宁夏		1.000	1.000	1.000	0.935	0.943	1.000	1.000	1.000	1.000	1.000	1.000	0.989
新疆		1.000	1.000	1.000	1.000	1.000	1.000	1.000	1.000	1.000	1.000	1.000	1.000
均值		0.926	0.929	0.926	0.909	0.908	0.911	0.903	0.880	0.878	0.890	0.879	0.903
相对离差		8.86	9.94	11.33	12.36	12.91	12.38	12.87	15.21	14.25	14.03	14.60	10.81
有效省数		11	14	17	15	13	14	14	12	11	11	12	13
东部	效率值	0.933	0.935	0.938	0.893	0.900	0.888	0.888	0.838	0.847	0.850	0.822	0.885
	有效比	27.3%	45.5%	54.5%	36.4%	27.3%	45.5%	45.5%	27.3%	27.3%	27.3%	27.3%	35.5%
中部	效率值	0.926	0.924	0.927	0.936	0.924	0.912	0.879	0.859	0.877	0.916	0.920	0.909
	有效比	37.5%	50.0%	62.5%	75.0%	62.5%	37.5%	37.5%	37.5%	37.5%	37.5%	37.5%	46.6%
西部	效率值	0.919	0.925	0.913	0.906	0.903	0.933	0.935	0.937	0.911	0.912	0.905	0.918
	有效比	45.5%	45.5%	54.5%	45.5%	45.5%	54.5%	54.5%	54.5%	45.5%	45.5%	54.5%	49.6%

表 5-17　农村教育投入的纯技术效率（2001～2011 年）

地区	2001	2002	2003	2004	2005	2006	2007	2008	2009	2010	2011	均值
北京	0.986	0.973	1.000	1.000	0.984	0.960	0.987	0.977	0.987	1.000	1.000	0.987
天津	1.000	1.000	1.000	1.000	1.000	1.000	1.000	1.000	1.000	1.000	1.000	1.000
河北	1.000	1.000	1.000	0.996	0.995	1.000	0.993	1.000	0.988	1.000	0.997	0.997
山西	0.992	0.990	0.989	0.992	1.000	1.000	1.000	1.000	0.996	0.999	0.996	0.996
内蒙古	0.884	0.926	0.865	0.909	0.993	0.925	0.935	0.931	0.938	0.963	0.974	0.931
辽宁	0.991	1.000	1.000	1.000	1.000	1.000	0.996	0.995	1.000	1.000	1.000	0.998
吉林	1.000	1.000	1.000	1.000	0.943	0.985	0.989	0.990	1.000	1.000	1.000	0.992
黑龙江	1.000	1.000	1.000	1.000	1.000	1.000	1.000	0.995	0.999	1.000	1.000	0.999
上海	1.000	1.000	1.000	1.000	1.000	1.000	1.000	1.000	1.000	1.000	1.000	1.000
江苏	0.954	1.000	1.000	1.000	1.000	1.000	0.981	0.982	0.988	0.960		0.988
浙江	0.997	1.000	0.957	0.904	0.891	0.923	0.918	0.920	0.928	0.938	0.946	0.938
安徽	1.000	1.000	1.000	1.000	1.000	1.000	1.000	1.000	1.000	1.000	1.000	1.000
福建	0.913	0.949	0.884	0.880	0.912	0.917	0.917	0.910	0.935	0.997	0.972	0.926
江西	0.982	0.977	1.000	1.000	0.965	0.953	0.969	0.975	0.997	1.000	1.000	0.983
山东	0.976	0.967	0.903	0.898	0.917	0.958	0.962	0.951	0.953	0.961	0.982	0.948
河南	1.000	1.000	1.000	1.000	1.000	1.000	1.000	1.000	1.000	1.000	1.000	1.000
湖北	0.966	1.000	1.000	1.000	1.000	1.000	1.000	1.000	1.000	1.000	1.000	0.997
湖南	0.982	0.990	1.000	1.000	1.000	0.990	0.976	0.978	0.994	0.989		0.991
广东	0.983	1.000	0.992	0.989	1.000	1.000	1.000	1.000	1.000	1.000	1.000	0.997
广西	1.000	1.000	1.000	1.000	1.000	1.000	1.000	1.000	1.000	1.000	0.999	1.000
海南	1.000	1.000	1.000	1.000	1.000	1.000	1.000	1.000	1.000	1.000	0.996	1.000
重庆	0.944	1.000	0.980	0.919	0.832	0.992	0.982	0.995	0.984	0.969	0.964	0.960
四川	0.897	0.935	0.942	0.931	0.860	0.960	0.991	0.980	0.950	0.959	1.000	0.946

续表

地区		2001	2002	2003	2004	2005	2006	2007	2008	2009	2010	2011	均值
贵州		1.000	1.000	1.000	1.000	1.000	1.000	1.000	1.000	1.000	1.000	1.000	1.000
云南		0.829	0.880	0.836	0.874	0.824	0.871	0.887	0.928	0.897	0.947	0.942	0.883
陕西		0.967	0.991	1.000	1.000	1.000	1.000	1.000	1.000	1.000	1.000	0.968	0.993
甘肃		0.877	0.886	0.905	0.924	0.958	0.918	0.972	1.000	0.941	0.999	1.000	0.944
青海		1.000	1.000	1.000	1.000	1.000	1.000	1.000	1.000	1.000	1.000	1.000	1.000
宁夏		1.000	1.000	1.000	0.959	1.000	1.000	1.000	1.000	1.000	1.000	1.000	0.996
新疆		1.000	1.000	1.000	1.000	1.000	1.000	1.000	1.000	1.000	1.000	1.000	1.000
均值		0.971	0.982	0.975	0.973	0.969	0.979	0.983	0.983	0.982	0.990	0.990	0.980
相对离差		4.67	3.42	4.83	4.46	5.53	3.58	3.04	2.76	2.90	1.84	1.76	3.09
有效省数		13	19	20	18	18	19	16	16	15	19	17	17
东部	效率值	0.982	0.990	0.976	0.970	0.973	0.978	0.979	0.976	0.979	0.989	0.987	0.980
	有效比	36.4%	72.7%	63.6%	54.5%	54.5%	63.6%	45.5%	45.5%	45.5%	63.6%	45.5%	53.7%
中部	效率值	0.990	0.995	0.999	0.999	0.989	0.992	0.994	0.992	0.996	0.999	0.998	0.995
	有效比	50.0%	62.5%	87.5%	87.5%	75.0%	75.0%	62.5%	50.0%	50.0%	75.0%	75.0%	68.2%
西部	效率值	0.945	0.965	0.957	0.956	0.952	0.970	0.979	0.985	0.974	0.985	0.986	0.968
	有效比	45.5%	54.5%	54.5%	45.5%	54.5%	54.5%	54.5%	63.6%	54.5%	54.5%	54.5%	53.7%

表 5-18　农村教育投入的规模效率（2001～2011 年）

地区	2001	2002	2003	2004	2005	2006	2007	2008	2009	2010	2011	均值
北京	0.888	0.896	0.861	0.770	0.854	0.669	0.667	0.736	0.733	0.704	0.758	0.776
天津	1.000	1.000	1.000	1.000	1.000	1.000	1.000	1.000	1.000	1.000	1.000	1.000
河北	0.996	0.996	0.944	0.975	0.918	0.864	0.718	0.728	0.673	0.580	0.854
山西	0.806	0.785	0.664	0.750	0.780	0.799	0.803	0.775	0.827	0.841	0.719	0.777
内蒙古	0.861	0.759	0.787	0.714	0.667	0.724	0.655	0.621	0.660	0.588	0.625	0.696
辽宁	0.809	0.897	1.000	0.925	0.916	0.884	0.858	0.808	0.930	0.977	0.843	0.895
吉林	0.810	0.791	0.794	0.740	0.729	0.802	0.789	0.797	0.748	0.845	0.891	0.794
黑龙江	1.000	1.000	1.000	1.000	1.000	0.918	0.893	0.859	0.935	0.948	1.000	0.959
上海	1.000	1.000	1.000	1.000	1.000	1.000	1.000	1.000	1.000	1.000	1.000	1.000
江苏	0.965	1.000	1.000	1.000	1.000	1.000	1.000	0.938	0.918	0.957	0.721	0.954
浙江	0.973	1.000	0.999	0.814	0.892	0.967	0.904	0.837	0.815	0.800	0.831	0.894
安徽	1.000	1.000	1.000	1.000	1.000	1.000	1.000	1.000	1.000	1.000	1.000	1.000
福建	0.943	0.847	0.909	0.943	1.000	0.805	0.890	0.807	0.767	0.774	0.833	0.848
江西	0.969	0.924	1.000	1.000	0.957	0.947	0.811	0.825	0.881	0.949	0.949	0.928
山东	0.976	0.867	0.910	0.828	0.741	0.725	0.778	0.677	0.730	0.756	0.787	0.798
河南	1.000	1.000	1.000	1.000	1.000	1.000	1.000	1.000	1.000	1.000	1.000	1.000
湖北	0.999	1.000	1.000	1.000	1.000	1.000	1.000	1.000	1.000	1.000	0.987	0.999
湖南	0.895	0.934	0.968	1.000	1.000	0.888	0.773	0.661	0.646	0.753	0.826	0.849

地区	2001	2002	2003	2004	2005	2006	2007	2008	2009	2010	2011	均值
广东	0.904	0.881	0.887	0.891	0.969	1.000	1.000	1.000	1.000	1.000	1.000	0.957
广西	1.000	1.000	1.000	1.000	1.000	1.000	1.000	0.984	0.902	0.889	0.852	0.966
海南	1.000	1.000	1.000	1.000	0.999	1.000	1.000	0.906	0.870	0.804	0.800	0.944
重庆	1.000	0.995	0.884	0.947	1.000	0.999	0.971	0.971	0.907	0.869	0.854	0.945
四川	0.916	0.912	0.898	0.903	0.931	0.935	0.949	0.962	0.928	0.976	0.937	0.937
贵州	1.000	1.000	1.000	1.000	1.000	1.000	1.000	1.000	1.000	1.000	1.000	1.000
云南	0.914	0.853	0.897	0.854	0.907	0.907	0.914	0.898	0.878	0.848	0.925	0.890
陕西	0.982	0.999	1.000	1.000	1.000	0.994	0.996	0.995	1.000	1.000	0.830	0.983
甘肃	0.999	0.993	0.995	1.000	0.994	0.996	0.995	1.000	1.000	0.997	1.000	0.997
青海	1.000	1.000	1.000	1.000	1.000	1.000	1.000	1.000	1.000	1.000	1.000	1.000
宁夏	1.000	1.000	1.000	0.974	0.943	1.000	1.000	1.000	1.000	1.000	1.000	0.992
新疆	1.000	1.000	1.000	1.000	1.000	1.000	1.000	1.000	1.000	1.000	1.000	1.000
均值	0.954	0.944	0.948	0.933	0.935	0.929	0.917	0.893	0.893	0.898	0.887	0.921
相对离差	6.72	8.14	8.86	10.02	10.36	10.68	11.56	13.72	12.91	13.30	13.87	9.29
有效省数	12	14	17	16	14	14	14	12	12	11	12	13
东部 效率值	0.950	0.944	0.961	0.920	0.923	0.906	0.906	0.857	0.863	0.859	0.832	0.902
东部 有效比	27.3%	45.5%	54.5%	36.4%	27.3%	45.5%	45.5%	27.3%	27.3%	27.3%	27.3%	35.5%
中部 效率值	0.935	0.929	0.928	0.936	0.933	0.919	0.884	0.865	0.880	0.917	0.922	0.913
中部 有效比	37.5%	50.0%	62.5%	75.0%	62.5%	37.5%	37.5%	37.5%	37.5%	37.5%	37.5%	46.6%
西部 效率值	0.970	0.956	0.951	0.945	0.949	0.960	0.953	0.949	0.934	0.924	0.917	0.946
西部 有效比	54.5%	45.5%	54.5%	54.5%	54.5%	54.5%	54.5%	54.5%	54.5%	45.5%	54.5%	52.9%

（1）技术效率。由固定规模报酬下 C^2R 模型计算的技术效率实为技术与规模的综合效率，表示为在最大产出下，最小要素投入的成本，可以由此衡量在投入导向下，农村教育是否有投入要素的浪费。由表 5-16 可以看出，2001～2011 年我国农村义务教育的投入总体效率呈逐年下降趋势，2001 年全国平均技术效率值为 0.926，到 2011 年已降至 0.879，降幅达 5%，并且处于技术效率前沿面的省份平均不足五成（仅 2003 年超过半数以上），而这 11 年间均能同时实现技术和规模有效的省份仅天津、上海、安徽、河南、贵州、青海、新疆等 7 个省市。同时，各省（市、区）农村义务教育投入的技术效率存在一定差异，且差异也有不断扩大的趋势，2011 年已上升至 14.6%。

从三大区域来看，2001～2011 年东、中、西部的技术效率均有不同程度的波动。其中，东部地区平均技术效率下降趋势较为明显，由 2001 年的 0.933 已逐渐下降到 2011 年的 0.822；而中部和西部地区效率值的波动较大。三个区域相比，西部地区在这 11 年间的平均综合技术效率最高，中部次之，而东部则最低。

（2）纯技术效率。由可变规模报酬下 BC^2 模型计算纯粹技术效率表示在同一规模的最大产出下，最小的要素投入成本，可以衡量在投入导向下，技术无效率到底有多少是由纯粹技术无效率所造成的，该指标侧重于反映相关制度运行的效率和管理水平。由表

5-17 可以看出，2001～2011 年中国农村教育投入的纯技术效率总体呈现出上升的趋势，且各省份相对离差逐渐在缩小，与总体技术效率呈现反向变化趋势，说明各地区在农村教育投入方面的制度建设及管理水平有所提高。每年（除 2001 年外）能够实现纯技术效率有效的省份均在半数以上，不过五年内均能保持有效的天津、上海、安徽、河南等 9 个省，仅占总体的 30%，说明各省（市、区）纯技术效率并不稳定，存在一定起伏。

2001～2011 年中部地区的纯技术效率表现出了较高的水平，平均效率达到了 0.995，在三个地区中是最高的；而西部地区纯技术效率的平均值则最低，仅为 0.968，这充分说明制度运行效率和管理水平的不足正是困扰西部地区农村教育投入效率提升及发展的一大障碍。

（3）规模效率。规模效率表示在最大产出下，技术效率的生产边界的投入量与最优规模下的投入量的比值，可以由此衡量在投入导向下，农村教育投入是否处于最优规模。由表 5-18 可知，各省（市、区）农村义务教育投入的规模效率总体呈现出明显的下降趋势，由 2001 年的平均 0.954 下降到 2011 年平均 0.887，降幅达到了 7%，并且除 2003 年外，其余各年能够处于规模效率前沿面的省份平均不足五成。同时，各省份之间的相对离差也在不断扩大，2011 年已经达到了 13.87。显然，我国农村教育投入效率提升主要是受制于规模效率。

整体而言，2001～2011 年中国农村义务教育投入效率总体呈现下降态势，各地区之间存在着一定差异。东部地区农村教育投入的综合效率和规模效率均低于中部和西部地区，说明东部地区受规模效率制约较为明显，其规模和投入、产出不相匹配，影响了整体效率的提高。因此，经济相对发达、财力较雄厚的东部地区应该更加重视农村教育投入的规模效益，不断优化教育资源配置，避免教育投入的重复、浪费等无效率的情况，才能真正有效提升农村教育投入效率。西部地区农村教育投入的综合效率最高，但其技术效率却是三个地区中最低的，因此西部地区在加大农村教育投入的同时，还应该不断完善相关制度建设，加强管理与监督，规范各级主体农村教育投入行为，充分提高资金的使用效率。虽然中部地区的纯技术效率平均值相比东部和西部是最高的，而其综合效率及规模效率也只是略高于东部，因此中部地区同样需要进一步优化教育资源配置，提高规模效益。

2）农村教育投入效率的影响因素分析

为了进一步了解影响农村教育投入效率的因素，采用 Tobit 回归模型进行分析。将数据代入 Tobit 模型处理后，回归分析结果如表 5-19 所示。

表 5-19　农村教育投入技术效率的影响因素分析

	相关系数	标准差	Z 统计量	P 值
常数项	0.929771	0.24342999	3.82	0.0000***
地区经济实力	-1.66×10^{-6}	9.32×10^{-7}	-1.78	0.075
教育投入规模	-0.0242091	0.0170389	-1.42	0.155
生均经费水平	-0.0047477	0.0023342	-2.03	0.042**

	相关系数	标准差	Z统计量	P值
经费配置结构	0.0009701	0.0015325	0.63	0.527
受教育水平	0.0566479	0.024896	2.28	0.023**

注："***"、"**"分别表示在1%、5%的显著水平下通过检验。

　　模型检验结果表明，生均经费水平和受教育水平对农村义务教育投入的技术效率存在显著影响，而地区经济实力、教育投入规模及经费配置结构对农村义务教育投入效率没有显著影响。其中，2001~2011年各地区的受教育水平对农村教育投入效率产生了明显的正面影响，而值得关注的是，生均教育水平对农村义务教育投入效率产生的是负面影响，表明教育经费投入水平的提高并没有带动投入效率的提升。以2005年为例，全国农村财政性义务教育经费投入最少的青海省，技术效率为1，即实现了有效；而教育经费投入量最大的山东省，技术效率却仅为0.679，名列全国最后一位。因此，在加大农村教育投入的同时，更应加倍重视教育投入效率的提高，否则将是对有限的教育资源的极大浪费。此外，地区经济实力和教育投入规模也对农村教育投入效率产生了负面作用，但这种作用比较微弱；而经费配置结构对农村教育投入效率施加了一定的正面促进作用，但作用力有限。

　　本研究的启示是，从农村教育发展的角度看，加大教育投入是必要和紧迫的，但是，对农村教育的投入绝不是简单地增加教育经费的过程，忽视投入效率的提高只会进一步加剧农村教育经费的短缺。因此，在加大农村教育投入的同时，必须全面提高农村教育投入效率，使有限的投入得到最大限度利用。

5.4　农村教育投入的效益性分析

　　由于教育投入的效益是对教育投入活动过程的一种最终反映，不仅体现了教育投入在分配、管理和运用过程中的效率和成绩，同时还表示了教育投入所产生的具体效果或结果。因而，无论在理论上还是在实践中，农村教育投入的效益性都成为全面考核和评价农村教育投入活动的一个最具有综合性的重要指标。

5.4.1　农村教育投入效益性的内涵

　　教育投入效益也可以称为教育投资效益或教育投资收益，是教育投入经过一定的分配、管理和运用，然后通过教育过程提高劳动者的素质和能力，最后将会以各类专门人才的形式形成其特有的"投入−产出"，而各类专门人才在整个社会经济活动中的具体参与和运用，则会与其他生产要素一起发挥出其应有的"生产"功能与作用，并产生出相应的社会及经济效益。

　　所谓教育投入的效益性分析，从实质上讲，就是对上述教育投入与产出过程的一种说明与评价，若用公式表示即为：一定的教育投入与所取得（或产生）的教育投入效果之比。也就是说，仅从量上看，教育投资的效益主要取决于一定的教育投入所可能产生的效果，投入效益的大小与投入本身成反比，与投入的成果成正比。

具体而言，教育投入效益可以包括个人收益与社会收益。个人收益是指个人接受教育后所产生的物质和精神收获，如就业机会增加、工资待遇提高、社会地位提高、文化素养提高等；社会收益则表现为社会生产率的提高、国民经济的增长、国民素质的提高、社会文明程度的提升等。本书是对我国农村教育投入所做的宏观绩效研究，因而只侧重分析农村教育投入的社会收益。

此外，教育投入效益又表现为经济效益与非经济效益。经济效益是指一般能以货币衡量的经济收益，如收入提高、产量增加、国民收入增长等；非经济效益则是指在政治、文化、社会等方面所产生的难以货币衡量的效益，如国民素质提高、文明程度提升等。本研究对农村教育投入效益性的考核，将主要集中在农村教育投入的经济效益上。只对教育投入的经济效益这一类投入效益指标进行计算和考核，主要是出于以下两点考虑：一是教育投入的经济效益在整个教育投入效益中具有十分突出的地位与影响；二是教育投入的非经济效益涉及文化、道德、修养等精神层面的影响，目前还难以具体量化与计算。

有鉴于此，本研究将农村教育投入效益性的研究范围设定为考察农村教育投入的宏观经济效益。

5.4.2　农村教育投入效益性的研究方法

教育投入的经济效益一直受到国内外学者的关注，自 20 世纪 50 年代末，以美国经济学家舒尔茨、丹尼森和苏联经济学家斯特鲁米林等为代表，在教育投资收益率计量方面进行了卓有成效的研究和探索，其后众多的学者纷纷尝试运用教育收益率法、因素分析法、劳动简化法、计量统计法等各种方法测算教育投入对经济增长的贡献率，并取得了大量的研究成果。国内的研究起步较晚，自 20 世纪 80 年代后期，以曲桢森、韩宗礼等为代表，在学习和借鉴国外研究经验的基础上，开始进行教育对经济增长贡献的定量研究。例如，曲桢森、靳希斌[1]、王玉昆[2]分别运用劳动简化法、劳动生产法等方法估算了 1952～1978 年我国教育对经济增长额的贡献率。蔡增正利用 194 个国家和地区的数据，运用菲德模型论证了教育对于经济增长的巨大外溢作用[3]。崔玉平运用因素分析法计算了中国 1982～1990 年教育对经济增长率的贡献率，并与西方六国进行了对比[4]。周英章和孙崎岖运用时间序列经济计量方法对 1952～1998 年的我国教育投入在实际经济增长

---

[1]　靳希斌. 人力资本理论阐释——兼论教育的人力资本价值. 广西师范大学学报（哲学社会科学版），2003，(3)：71-74.

[2]　王玉昆. 教育生产成本函数管理方法与技术. 中小学管理，1998，(6)：13-15.

[3]　蔡增正. 教育对经济增长贡献的计量分析. 经济研究，1999，(2)：41-50.

[4]　崔玉平. 中国高等教育对经济增长率的贡献. 教育与经济，2001，(1)：1-5.

中的作用进行实证分析[①]。孙彩虹则应用聚类分析、主成分分析以及灰色系统方法的灰色关联度来对不同教育水平的教育与经济的相互关系进行分析[②]。覃思乾利用协整分析、误差修正模型和格兰杰因果关系检验对 1952～2003 年中国教育投入与 GDP 之间的年度数据进行了实证研究[③]。吴学品运用非参数回归模型实证分析了我国教育投入和经济增长的动态关系[④]。

　　综上所述，对教育投入的经济效益测算可谓各有千秋，由于研究方法不同、选择指标不同、样本期间不同，得出的结论也大不相同。同时，大多数研究采用的是时间序列数据，或是从总量的角度来分析全国教育投入与经济增长之间的关系，而我国幅员辽阔，各地区及各地区农村之间经济发展、教育水平等都存在着巨大的差异，因而不应把各个地区的农村教育投入视为一个同质的整体进行研究，另外单纯运用时间序列数据往往很难解释它们之间的内在联系。

　　为了更好地反映出由于时间和地区因素所带来的农村教育投入对农村经济的影响，为各地区绩效评价与比较提供依据，依照本研究对农村教育投入效益性的界定，本研究将运用面板数据的分析方法对农村教育投入与农村经济增长的关系进行实证分析，以便能够量化反映农村教育投入的经济效益。

　　面板数据分析方法已经成为近年来计量经济学研究方法的重要发展之一，应用面板数据分析，能够提供更多的信息、更大的变异，从而克服时间序列分析受多重共线性的困扰，得到更可靠的参数估计值。为了增加面板数据模型的稳健性，本研究首先运用面板数据的平稳性检验与协整检验来考察农村教育投入与经济增长之间的长期关系，然后设定面板数据模型来量化它们之间的联系，最后通过模型参数估计得出农村教育投入对经济增长的弹性系数，以此衡量农村教育投入的效益性。

1. 面板数据的平稳性检验

　　大多数经济变量的时间序列为非平稳序列，在进行时间序列分析时，需要通过单位根检验对数据平稳性进行判断，否则很可能出现"虚假回归"或"伪回归"。由于面板数据是由时间序列和横截面数据组合而成的，同时具有了双重性质，所以以面板数据模型在回归前也应该进行数据的平稳性检验，而检验数据平稳性最常用的办法就是单位根检验。

　　面板数据的单位根检验是基于面板数据的 AR 过程：

$$y_{it} = \rho_i y_{i,t-1} + X\delta_i + \varepsilon_{it} \tag{5-16}$$

式中，i 表示 N 个不同的个体（横截面）；t 表示已知的 T 个时点；X 为外生变量；ρ_i 为估计参数；ε_{it} 为扰动项。若 $|\rho_i| < 1$，则序列 y_{it} 是（弱）平稳过程；若 $|\rho_i| = 1$，则 y_{it} 是不平稳过程，包括单位根。

① 周英章，孙崎岖. 我国教育投入对实际经济增长的贡献实证分析. 中国软科学，2002，(7)：39-41.
② 孙彩虹. 区域教育与经济协调发展的实证分析. 重庆工商大学学报，2003，(10)：42, 83.
③ 覃思乾. 中国教育投入与经济增长. 统计与决策，2006，(8)：96-98.
④ 吴学品. 我国教育投入对经济增长影响的动态关系研究. 统计与决策，2007，(21)：118-120.

根据自回归参数 ρ_i 是否作同质性假设，可以将面板数据的单位根检验方法分为两类：一类假设面板中所有个体的自回归参数都是相同的，即 $\rho_i = \rho_j = \rho$，该类检验包括 LLC 检验、Breitung 检验、Hadri 检验等方法；另一类则允许参数 ρ_i 跨截面变化，各截面序列具有不同的单位根过程，该类检验包括 IPS 检验、Fisher-ADF 检验和 Fisher-PP 检验等方法。

本书将同时采用 LLC 检验、IPS 检验、Fisher-ADF 检验和 Fisher-PP 检验四种方法对各变量进行平稳性检验，以提高检验结果的准确性。

2. 面板数据的协整检验

协整检验是考察变量间长期均衡关系的方法，面板协整检验实际上是将传统的协整检验方法推广到面板数据上。在进行了各变量的单位根检验后，如果各变量间都是同阶单整，那么可以进行协整检验了。

目前面板协整检验的方法主要是将 Engle-Granger 两步法和建立在向量自回归基础上的 Johanson 检验推广到面板数据，常用的检验方法如下。

（1）Kao 协整检验，它是基于残差的 DF 和 ADF 检验方法，利用静态面板回归的残差来构建统计量，这种方法零假设是没有协整关系。

（2）Pedroni 协整检验，该方法利用动态多元面板回归构建七种基于残差的统计量，与 Kao 的方法不同的是，Pedroni 检验方法可以允许截距及时间趋势，可适用于非平衡面板数据。

（3）Larsson Lyhagen 和 Löthgren 发展了基于 Johansen 向量自回归的似然检验的面板协整检验方法，该方法是检验变量存在共同的协整的秩。

本研究主要采用 Kao 协整检验、Pedroni 协整检验方法。如果面板数据通过了协整检验，那么说明变量之间存在着长期稳定的均衡关系，其方程回归残差是平稳的，这样才能在此基础上直接对原方程进行回归，此时的回归结果是较精确的。

3. 面板数据模型的设定

1）面板数据模型的形式

单方程面板数据模型的一般形式为

$$Y_{it} = \alpha_i + X_{it}\beta_i + \mu_{it} \tag{5-17}$$

式中，$i = 1, 2, \cdots, N$，表示面板数据中含有的 N 个个体（即截面数据个数）；$t = 1, \cdots, T$，表示已知的 T 个时点。若固定 t 不变，则 Y_{it} 是横截面上的 N 个随机变量；若固定 i 不变，则 Y_{it} 是纵向的一个时间序列。X_{it} 为 $1 \times k$ 维向量，β_i 为 $k \times 1$ 维向量，k 为解释变量的个数。μ_{it} 为随机误差项，满足相互独立、零均值、同方差为 σ_{it}^2 的假设。

面板数据模型有三种常用的情形。

（1）无个体影响的不变系数模型：$\alpha_i = \alpha_j$，$\beta_i = \beta_j$。

$$y_{it} = \alpha + x_{it}\beta + u_{it} \tag{5-18}$$

对于该情形，模型在横截面上无个体影响、无结构变化，可简单视为横截面数据堆积的模型。这种模型与一般的回归模型无本质区别，只要随机扰动项服从经典基本假设条件，就可以用普通最小二乘法估计给出 α 和 β 的一致有效估计。该模型也称混合模型。

（2）变截距模型：$\alpha_i \neq \alpha_j$，$\beta_j = \beta_j$。

$$y_{it} = \alpha_i + x_{it}\beta + u_{it} \tag{5-19}$$

对于该情形，模型在横截面上个体影响不同，不存在结构性的变化，即解释变量的结构参数在不同横截面上是相同的，不同的只是截距项。该模型又分为固定影响和随机影响两种情况。

（3）变系数模型：$\alpha_j \neq \alpha_j$，$\beta_j \neq \beta_j$。

$$y_{it} = \alpha_i + x_{it}\beta_i + u_{it} \tag{5-20}$$

对于该情形，模型除了在横截面存在个体影响，还存在结构变化，因而结构参数在不同横截面上是不同的，即在允许个体影响由变化的截距项 α_i（$i=1，2，\cdots，N$）来说明的同时还允许系数向量 β_i（$i=1，2，\cdots，N$）依个体成员的不同而变化，用于说明个体成员之间的结构变化。该模型也存在固定效应模型和随机效应模型两类。

2）面板数据模型形式的设定检验

在对面板数据模型进行估计时，使用的样本数据包括了个体、指标、时间三个方向上的信息。如果模型形式设定不正确，则估计结果将会与所要模拟的经济现实偏离甚远。因此，建立农村教育投入对农村经济增长贡献的面板数据模型首先要检验被解释变量 y_{it} 的参数 α_i 和 β_i 是否对所有个体样本点和时间都是常数，即检验样本数据究竟属于上述 3 种情况的哪一种面板数据模型形式，从而避免模型设定的偏差，改进参数估计的有效性。面板数据模型形式检验方法广泛使用的检验是协方差分析检验，主要检验如下两个假设。

假设 1：斜率在不同的横截面样本点上和时间上都不相同，但截距不相同，即

$$H_1：\beta_1 = \beta_2 = \cdots = \beta_N \tag{5-21}$$

假设 2：截距和斜率在不同的横截面样本点和时间上都相同，即

$$H_2：\alpha_1 = \alpha_2 = \cdots = \alpha_N$$

$$\beta_1 = \beta_2 = \cdots = \beta_N \tag{5-22}$$

检验假设 H_2 的 F 统计量为

$$F_2 = \frac{(S_1 - S_3) \, / \, [\,(N-1)\,(k+1)\,]}{\dfrac{S_3}{(NT - N\,(k+1))}} \sim F\,[\,(N-1)\,(k+1)，N\,(T-k-1)\,] \tag{5-23}$$

式中，S_1 和 S_3 分别为模型（5-18）和模型（5-19）的残差平方和。如果接受假设 H_2，则可以认为样本数据符合不变截距、不变参数模型，采用模型（5-18），检验结束。如果拒绝假设 H_2，则还需要检验假设 H_1。

检验假设 H_1 的 F 统计量为

$$F_1 = \frac{(S_2 - S_3) \, / \, [\,(N-1)\,k\,]}{\dfrac{S_3}{(NT - N\,(k+1))}} \sim F\,[\,(N-1)\,k，N\,(T-k-1)\,] \tag{5-24}$$

式中，S_2 为模型（5-19）的残差平方和。如果接受 H_1，则认为样本数据符合变截距、不变系数模型，采用模型（5-19）；如果拒绝 H_1，则认为样本数据符合变系数模型，应采用模型（5-20）。

模型（5-19）和模型（5-20）中截距项 α_i 为随机变量，视其分布与回归变量 x_{it} 是否有关，又可以分为固定影响和随机影响两种情况，因此，不论采用模型（5-19），还是模型（5-20），都不可避免地要确定影响形式，这一过程可以通过 Hausman 检验来完成。

假设 3：个体影响与回归变量无关，即 H_3：应该建立随机效应模型。

检验假设 H_3 的统计量为

$$\chi = \frac{(\hat{\beta}_w - \bar{\beta}_{RE})^2}{S_{\hat{\beta}_w}^2 - S_{\hat{\beta}_{RE}}^2} \sim \chi^3(K) \tag{5-25}$$

式中，$\hat{\beta}_w$ 表示个体固定效应模型参数的估计量，是离差 OLS 的估计量；$\bar{\beta}_{RE}$ 表示个体随机效应模型参数的估计量，是可行的 GLS 估计量。若 χ 值小于临界值，则接受假设 H_3，说明 $\hat{\beta}_w$ 与 $\bar{\beta}_{RE}$ 是一致估计量，两者的差异较小，应该建立个体随机效应模型；若 χ 值大于临界值，则拒绝假设 H_3，说明 $\hat{\beta}_w$ 是一致估计量，而 $\bar{\beta}_{RE}$ 是非一致估计量，两者的差异较大，应该建立个体固定效应模型。

5.4.3　农村教育投入效益性的实证分析

1. 研究指标与数据选取

在研究教育与经济增长关系的文献中，经济增长水平的衡量通常使用 GDP（国民生产总值）作为指标，在本研究中使用农村 GDP 来代表农村经济增长水平。由于我国目前并没有关于农村 GDP 的官方统计指标与资料，所以本研究考虑结合中国农村经济的实际情况以及国内相关研究的普遍做法[①]，使用各地区的第一产业总产值与乡镇企业增加值之和估算出农村经济的总产值，即农村 GDP，用 RGDP 表示。农村教育投入水平则采用各地区农村义务教育经费总收入指标予以反映。虽然农村教育包括基础教育、职业教育、成人教育等多种形式，但是一方面考虑到当前农村普通小学和农村初级中学在我国农村地区的学校中占绝对多数，义务教育是农村教育的主体，另一方面由于农村统计资料的欠缺，所以，选用义务教育阶段的农村教育总经费来衡量农村教育投入水平，用 REDU 表示。

本研究采用 1998～2010 年全国 30 个省（自治区、直辖市）（西藏数据不全，故不包括在内）的农村 GDP 和农村义务教育经费的数据构建面板数据集。研究数据主要来源于历年的《中国农村年鉴》和《中国教育经费统计年鉴》。

为了消除变量间可能存在的异方差（如图 5-3，图 5-4 所示），本书先对 RGDP 和

[①]　参考中国社会科院农村发展研究所和国家统计局农村社会经济调查总队《中国农村经济形势分析与预测（农村经济绿皮书）》中对于城乡 GDP 的分解，宋宏谋《中国农村金融发展问题研究》中的农村 GDP 指标，等等.

REDU 进行自然对数变换，记为 LnRGDP，LnREDU，其描述统计量如表 5-20 所示。

表 5-20　数据描述统计量

变量	观测数	横截面	均值	最大值	最小值	标准差
RGDP	390	30	3000.079	23130.2	73.4	3279.621
REDU	390	30	72.09282	365.7	2.9	67.71403
LnRGDP	390	30	7.489513	10.04889	4.295924	1.100223
LnREDU	390	30	3.84209	5.901813	1.064711	0.999384

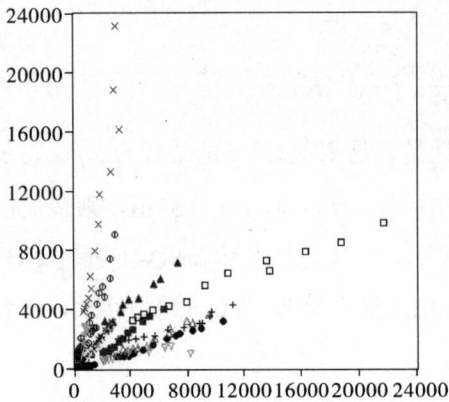

图 5-3 农村教育经费与农村 GDP 的面板
数据散点图

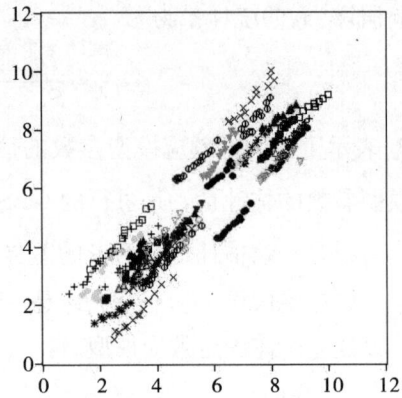

图 5-4　对数的农村教育经费与
农村 GDP 的面板数据散点图

2. 实证结果分析

1）面板数据单位根检验

在进行实证研究前，首先对变量 LnRGDP 和 LnREDU 进行单位根检验，以避免模型出现"伪回归"。为了增加检验结果的稳健性，本研究采用 LLC 检验、IPS 检验、Fisher-ADF 检验和 Fisher-PP 检验四种方法来进行面板数据的单位根检验，经 eviews 软件的检验后结果如表 5-21 所示。

表 5-21　面板数据单位根检验结果

	LNRGDP		LNREDU	
	水平值	一阶差分值	水平值	一阶差分值
LLC 检验	6.84673	−11.987***	7.68984	−11.3869***
IPS 检验	11.8444	−8.83686***	13.2455	−6.4436***
ADF 检验	4.86224	180.338***	1.32973	147.623***
PP 检验	5.25972	197.806***	0.60756	178.703***

注："***"表示在 1% 水平显著。

由表 5-21 中的检验结果可以看出，变量 LnRGDP 和 LnREDU 的面板数据水平值都不平稳，而经过一阶差分后，两个变量在四种检验方法下均通过了 1% 的显著性水平检验，说明 LnRGDP 和 LnREDU 这两个变量均为一阶差分平稳变量，从而满足了面板数据协整检验的前提条件。

2）面板数据协整检验

由于面板数据的一阶差分都是平稳的，所以有必要进一步验证农村教育投入和农村GDP 的对数值之间是否存在协整关系。本研究选择了 Pedroni 协整检验和 Kao 协整检验，检验结果如表 5-22 所示。

表 5-22　面板数据协整检验结果

检验方法	统计量名	统计量值（P 值）
Pedroni 检验	Panelv-Statistic	3.920616（0.0000）***
	Panelrho-Statistic	−1.530517（0.0629）*
	PanelPP-Statistic	−3.320217（0.0004）***
	PanelADF-Statistic	−4.501713（0.0000）***
	Group-rho-Statistic	0.983631（0.8374）
	GroupPP-Statistic	−3.555731（0.0002）***
	GroupADF-Statistic	−4.744391（0.0000）***
Kao 检验	ADF	−4.355467（0.0000）***

注："***"、"**"、"*" 分别表示在 1%、5%、10% 水平下显著。

由表 5-22 的面板协整检验结果可知，Pedroni 协整检验中只有一个统计量没有通过10% 显著性水平的检验，有一个统计量只通过了 10% 显著性水平的检验，其余五个统计量全部通过了 1% 和 5% 的显著性水平检验。Kao 协整检验的 ADF 统计量通过了 1% 的显著性水平检验。因此可以判断，LnRGDP 和 LnREDU 之间存在显著的协整关系，可以直接进行回归分析，不存在 "伪回归" 的可能。

3）面板数据模型设定

根据前述的分析框架建立如下的面板数据模型：

$$LnRGDP_{it} = \alpha_i + \beta_i LnREDU_{it} + \mu_{it} \tag{5-26}$$

式中，i 代表不同的地区，$i = 1, 2, \cdots, 30$；t 表示不同的年份，$t = 1998, 1999, \cdots, 2010$；$LnRGDP_{it}$ 代表第 i 个地区 t 年的农村经济增长水平；$LnREDU_{it}$ 代表第 i 个地区 t 年的农村教育投入；β_i 代表农村教育投入的产出弹性；μ_{it} 为随机误差项，满足相互独立、零均值、同方差为 σ_u^2 的假设。

利用面板数据模型设定的检验方法，首先计算 F 统计量以确定模型形式。

（1）分别计算 3 种形式的模型：不变参数模型、变截距模型和变参数模型，在每个模型的回归统计量里可以得到相应的残差平方和 $S_1 = 3.926851$、$S_2 = 7.831649$ 和 $S_3 = 122.712$。

（2）按式（5-22）和式（5-23）计算 F 统计量，检验结果如表 5-23 所示。

表 5-23　F 检验结果

F 统计量	统计量值	临界值（5%）	检验结果
F_2	11.315405	1.501981	拒绝 H_2
F_1	172.10904	1.364728	拒绝 H_1

由表 5-23 的 F 检验表明，在给定 5% 的显著性水平下，F_2 的统计值大于临界值 1.501981，所以拒绝 H_2；又由于 F_1 的统计值大于临界值 1.364728，所以也拒绝 H_1。因此，模型应采用变系数形式。

然后进行随机影响的 Hausman 检验，检验结果如表 5-24 所示。

表 5-24　Hausman 检验结果

检验方法	统计量值	P 值	检验结果
Hausman 检验	30.364437	0.0000	拒绝随机影响

由表 5-24 的检验表明，P 值在 1% 的显著性水平下拒绝原假设，因此，可以认为固定效应模型是更好的选择。

综合 F 检验和 Hausman 检验的结果，最终将模型形式确定为变系数的个体固定效应模型。

4）模型的估计

根据以上的分析，建立变系数的个体固定效应模型进行估计，运用 eviews8 对模型参数估计的结果如表 5-25 所示。模型估计的结果显示，模型的拟合优度达到 0.99，而且系统模型的 F 统计量的值为 665.1071，能够在 1% 的显著性水平下通过检验，说明该面板模型拟合效果较好，能够较准确地反映出各地区农村教育投入对农村经济增长的贡献。

表 5-25　面板数据模型参数估计结果

地区	常数项	回归系数	t 值	地区	常数项	回归系数	t 值
北京	-0.071052	0.453365	10.36135	河南	0.712647	0.596554	11.41363
天津	0.357483	0.515407	13.53331	湖北	-0.035825	0.747396	12.61933
河北	0.431928	0.695336	12.63680	湖南	0.605758	0.586772	10.16363
山西	-1.045450	0.840011	16.22266	广东	-0.009586	0.719592	10.12705
内蒙古	0.706541	0.495349	9.61195	广西	-0.319416	0.667286	12.48854
辽宁	0.692016	0.661893	13.46790	海南	-0.067339	0.467055	10.93759
吉林	0.413591	0.534885	9.97446	重庆	-0.013645	0.584659	17.37685
黑龙江	-0.560289	0.775725	13.58644	四川	0.143001	0.645702	14.81929
上海	-0.878116	0.984380	17.44529	贵州	0.082298	0.428382	10.46808
江苏	-0.531918	0.956861	19.44096	云南	-0.392884	0.607896	11.80485
浙江	1.900954	0.416356	13.42384	陕西	0.465424	0.447388	11.70136
安徽	0.914509	0.430531	8.50602	甘肃	-0.350085	0.530561	12.36262
福建	0.970438	0.517423	11.01510	青海	-1.314340	0.493962	12.19236
江西	-0.088747	0.669888	14.49350	宁夏	-1.407333	0.723407	15.36065

地区	常数项	回归系数	t 值	地区	常数项	回归系数	t 值
山东	−0.915560	1.010738	17.24451	新疆	−0.395002	0.568565	13.23102
$A-R^2$		0.99017		F 统计值		665.1071	

注：所有回归系数均通过 1% 的显著性水平检验。

从表 5-25 中可以看出，模型的回归系数全部通过了 1% 的显著性水平检验，表明全国 30 个省（自治区、直辖市）的农村教育投入对农村经济增长都具有明显的正向推动作用。从全国范围来看，山东农村教育投入对农村经济增长的贡献最大，农村教育投入每增加 1 个百分点，农村 GDP 增加幅度超过了 1 个百分点，因而农村教育投入所产生的经济效益最为明显；上海和江苏农村教育投入产生的经济效益也较大，弹性系数超过了 0.9。相比之下，浙江、贵州、安徽、陕西等八个省份的农村教育投入所产生的经济效益相对较小，其弹性系数均在 0.5 以下。例如，排名最末的浙江，农村教育投入每增加 1 个百分点，农村 GDP 只相应增加了 0.416 个百分点。从全国平均水平来看，农村教育投入对农村经济增长的平均弹性系数为 0.626，充分说明了农村教育投入的巨大经济效益。总体而言，农村教育投入对农村经济增长的弹性作用在农村经济较发达的地区相对较大，在农村经济总量较低的地区弹性作用则相对较小。例如，山东的农村 GDP 居全国之首，其农村教育投入的弹性作用也居全国之首；而北京的农村 GDP 总量为全国倒数第四，其农村教育投入的弹性作用也仅排名倒数第五位。因此，加大农村教育投入，提高农村教育水平，是促进农村经济发展的重要手段。

第6章 中国农村教育投入的综合绩效评价

第5章分别从充足性、公平性、效率性和效益性四个方面对中国农村教育投入的绩效进行了分析与评价，但是以上研究主要是针对农村教育投入绩效形成的不同阶段而进行的，对中国农村教育投入的总体绩效尚未做出比较全面的、综合的评价。本章将在第5章研究的基础上，把教育投入、教育过程、教育产出和教育效益等各个环节全面纳入评价范畴，对中国农村教育投入进行综合绩效评价，以此揭示出中国农村教育投入的总体绩效状况，并通过绩效评价结果对发现的问题进行分析、讨论。

6.1 农村教育投入综合绩效评价的方法选择

在比较、借鉴众多绩效评价方法的基础上，本书尝试采用粗糙集与信息熵相结合的综合评价方法对农村教育投入绩效进行评价。与其他方法相比，该方法具有评价过程简化、评价结果更客观的优点。

粗糙集（rough set，RS）理论是在20世纪80年代初由波兰学者Pawlak首先提出的，由于当初关于粗糙集的研究大多是用波兰文发表的，所以当时并未引起国际学术界的重视，研究地域仅局限在东欧各国。80年代末，由于粗糙集理论在人工智能领域得到了成功的应用，特别是1991年Pawlak教授的第一本关于粗糙集的专著和1992年Słowiński主编的关于粗糙集应用与相关方法比较研究的论文集的出版，粗糙集理论逐渐引起了世界各国学者的关注。近几年来，由于它在机器学习与知识发现、数据挖掘以及决策支持与分析等方面的应用，逐渐成为人工智能领域中一个新兴的学术热点。我国对粗糙集的研究虽然起步较晚，但发展迅速，并出版了一些专著，引起了越来越多的科研人员的关注。

粗糙集是一种处理不精确、不确定和不完全数据的新的数学工具，它能有效地处理各种数据以及数据的不精确性和模棱两可的情况，还可以从大量的数据中挖掘潜在的、有利用价值的知识，揭示潜在的规律。粗糙集理论的主要思想是将知识理解为一种对事物的分类能力，知识直接与真实或抽象世界的不同分类模式联系在一起，利用已知的知识库，可以把不确定或不完备的知识用已知的知识库中的知识来（近似）刻画。

粗糙集理论的功能和特性使它越来越多地用于综合评价当中，主要有以下优势。

（1）它仅利用数据本身所提供的信息，无须提供所需处理的数据集合之外的任何先验信息就可以得出决策和分类的规则，因此只需要根据评价对象指标数据，就可以推理得出评价结果和评价对象的分类，与其他不确定推理理论相比更具客观性，也简化了评价过程。

（2）它具备从大量数据中求取最小不变集合（称为核）与求解最小规则集（称为约简）的能力，这一特性有助于简化冗余属性和属性值，提取有用的特征信息。较之常用的统计方法筛选指标，粗糙集方法除了能处理定量指标外，还可以有效处理具有不确定性和需要主观评判的定性指标。

（3）利用其属性重要性原理，可以通过去掉某指标后对评价结果的影响度大小来反映各个指标对于整个指标体系的重要性，从而得到指标的权重，较之常用的赋权方法，原理科学且更具有一定的客观性。

信息熵是信息论中用于度量信息量的一个概念。信息论之父 Shannon 在 1948 年发表的论文"通信的数学理论"中，Shannon 指出，任何信息都存在冗余，冗余大小与信息中每个符号（数字、字母或单词）的出现概率或者说不确定性有关。Shannon 借鉴了热力学的概念，把信息中排除了冗余后的平均信息量称为"信息熵"，并给出了计算信息熵的数学表达式：

$$H(P) = -\sum_{i=1}^{n} p(X_i) \, \log_2 p(X_i) \tag{6-1}$$

"熵"最初是一物理学概念，用来表示分子不规则运动的程度。Shannon 在信息论中把熵作为平均信息量的量度，引出信息熵的概念。信息熵的概念比较抽象，它是一个随机事件的不确定性或信息量的度量，可以理解为某种特定信息的出现概率。从信息传播的角度来看，一种信息出现的概率越高，表明它被传播得越广泛，而传播得越广、流传时间越长的信息越有价值。因此，信息熵可以表示信息的价值，作为一个衡量信息价值高低的标准，可以做出关于知识流通问题的更多推论。

粗糙集理论与信息论的结合是近年智能信息处理的一个研究热点，有的学者利用信息论的熵原理构造所谓的"粗熵"，用来度量知识的粒度或评价属性的重要性。在信息表示下不仅知识比较容易理解，而且粗糙集分析比较容易实现高效的约简算法。信息熵可以量化地对信息量进行分析，知识是从信息中提取出来的，因此它是一种特殊的信息，由此从熵理论研究粗糙集具有理论上的可行性。

信息熵作为一种衡量信息量的重要工具，是事件不确定程度的度量尺度，它能够从确切的数值度量出发去描述知识。通过建立粗糙集理论与信息熵的关系，能够给出知识粗糙性的度量性解释。通过研究发现，对于属性约简，信息熵表示形式与代数表示形式是等价的[1]，对于一般信息表，可以从信息熵的角度来研究属性简约问题。将其引入粗糙集作为衡量属性重要性的标志，考虑该属性对于论域中不确定分类子集的影响，使属性重要性这一概念更加完善。

在进行目标价值指标体系的初选时，为评价的全面性和准确性，往往会设立尽可能多的指标和收集尽可能多的数据，但在这些信息中可能有冗余信息，在不损失信息的情

---

① 苗夺谦，李道国. 粗糙集理论、算法与应用. 北京：清华大学出版社，2008.

况下，应充分利用各种方法对初选的指标进行筛选，形成更为科学合理的指标体系，采用粗糙集方法进行指标筛选，指标筛选的过程实际就是属性的约简过程，同时采用信息熵的概念计算属性重要性，并由此进行属性约简。

6.2 农村教育投入综合绩效评价的模型设计

6.2.1 模型设计的理论基础

1. 粗糙集理论

粗糙集理论是经典集合论的一个推广，已经发展成为表示不确定知识的重要数学工具之一。粗糙集的研究主要基于分类。分类和概念同义，一种类别对应于一个概念（类别一般表示为外延即集合，而概念常以内涵的形式表示，如规则描述）。知识由概念组成，如果某知识中含有不精确概念，则该知识不精确。粗糙集对不精确概念的描述方法是：通过上近似概念和下近似概念这两个精确概念来表示。

1）信息系统和决策系统

四元组 $S=(U, A, V, f)$ 是一个知识表达系统，其中 U 表示对象的非空有限集合，称为论域；A 表示所有属性的非空有限集合；$V=\bigcup_{a \in A} V_a$；V_a 是属性 a 的值域；f 表示 $U \times A \rightarrow V$ 的一个信息函数，它为每个对象的属性赋予一个信息值。

如果在知识表达系统中，令 $A=C \cup D$ $(C \cap D=\varphi)$，其中 C 称为条件属性集，D 称为决策属性集。若 $D=\varphi$，则知识表达系统就是一个信息系统（信息表）；若 $D \neq \varphi$，则称知识表达系统是一个决策系统（决策表）。

2）等价关系

一个知识库可用 $K=(U, R)$ 表示，其中 C 为对象集合，R 是 U 上的一族等价关系。若 $P \subseteq R$，且 $P \neq \varphi$，则 $\bigcap P$ 也是一等价关系，并且称为 P 上的一个不可分辨的关系，记为 ind (P)。$U/\text{ind}(P)$ 表示等价关系族 P 相关的知识，称为 K 中关于 P 的 P 基本知识。

3）近似与粗糙集

对于粗糙集可近似地使用两个精确集定义，即粗糙集的上近似 $\overline{R}(X)=\{x \in U \mid [x]_R \cap X \neq \varphi\}$ 和下近似 $\overline{R}(X)=\{x \in U \mid [x]_R \subseteq X\}$ 来描述。下近似 $\overline{R}(X)$ 又可称为 X 的 P 正域，记为 $\text{pos}_R(X)$。$\overline{R}(X)$ 表示了 U 中由知识 R 精确划分属于等价类 X 的元素集合；$\overline{R}(X)$ 表示了 U 中可能由知识 R 划分属于等价类 X 的元素的集合。

4）知识约简与核

决策表中并非所有的条件属性都是必要的，去除这些多余属性不会影响原有的表达效果。知识约简，就是在保持知识库中知识不失真的前提下，删除其中冗余属性。

设 R 为一族等价关系，$r \in R$，如果 ind $(R)=\text{ind}(R-\{r\})$，称 r 为 R 中不必要

的，否则为必要的。若 $\forall r \in R$ 都是 R 中必要的，则称 R 为独立的。设 $Q \subseteq P$，如果 Q 是独立的，且 ind（Q）＝ind（P），则称 Q 为 P 的一个约简。P 中所有约简的交集称为 P 的核，记为 core（P）。

2. 信息熵理论

信息熵是衡量信息量的重要工具，能够度量事件不确定的程度，它能够从确切的数值度量出发去描述知识。通过建立粗糙集理论与信息熵的关系，能够给出知识粗糙性的度量性解释，因此，对于一般信息表，可以从信息熵的角度来研究属性简约问题。

1）信息熵

知识（属性集合）P 的信息熵 H（P）定义为

$$H（P）＝-\sum_{i=1}^{n} p（X_i）\log_2 p（X_i）\tag{6-2}$$

式中，$U/\text{ind}（P）＝\{X_1, X_2, \cdots, X_n\}$ 是 U 上的一个划分；$p（X_i）＝\dfrac{|X_i|}{|U|}$，$|U|$ 表示 U 的"势"，$|X_i|$ 表示集合 X_i 的"势"，$i=1, 2, \cdots, n$。

2）条件熵

知识（属性集合）Q 相对于知识（属性集合）P 的条件熵 H（$Q|P$）定义为

$$H（Q|P）＝-\sum_{i=1}^{n} p（X_i）\sum_{j=1}^{m} p（Y_j|X_i）\log_2 p（Y_j|X_i）\tag{6-3}$$

3. 属性的重要性

一般而言，知识表达系统中的属性并不是同等重要的，甚至其中某些属性是不必要的，或者说是冗余的。属性约简即是在保持信息系统分类能力不变的前提下，消除冗余属性。

对于信息系统 $S＝$（U, A, V, f），属性 $a \in A$ 在属性集合 A 中的重要性定义为

$$\text{sig}（a, A）＝H（A）-H（A-\{a\}）\tag{6-4}$$

当 sig（a, A）＞0 时，称 $a \in A$ 在 A 中是必要的；当 sig（a, A）＝0 时，则 a 是冗余的。

对于决策系统 $T＝$（$U, C \cup D, V, f$），其中 C 是条件属性集合，$D＝\{d\}$ 是决策属性集合，且 $A \subset C$，则对于任意属性 $a \in C-A$ 的重要性 sig（a, A, D）定义为

$$\text{sig}（a, A, D）＝H（D|A）-H（D|A \cup \{a\}）\tag{6-5}$$

sig（a, A, D）的值越大，说明在已知 A 的条件下，属性 a 对于决策 D 就越重要。

6.2.2　模型设计的基本思路

本模型构建的基本思路是：综合应用粗糙集理论与信息熵，最大限度地从客观数据出发，利用重要性原理合理筛选指标，并在此基础上确定各指标的权重，然后将所得权重应用于绩效评价。

　　具体而言，首先将样本和所有初选指标构建起一个二维信息表；然后利用信息熵对指标进行属性重要性的计算，消除冗余属性，完成指标的筛选；再将保留下来的投入类和配置类指标作为条件属性，产出类指标作为决策属性，构建一个新的决策表；再次利用条件熵进行属性重要性的计算，并以此为基础求得各属性的权重；最后将所得权重用于绩效评价可得到样本的综合评价值。

6.2.3　模型的构建

　　步骤一：构建信息系统。

　　假定有 n 个待评价对象：$U=\{X_1,\ X_2,\ \cdots,\ X_n\}$，集合簇 $A=\{A_1,\ A_2\}$，其中 A_1 代表投入类与配置类初选指标构成的属性集合，A_2 代表产出类与效果类初选指标构成的属性集合；属性 $a_{ij}\in A_i$（$i=1,\ 2;\ j=1,\ 2,\ \cdots,\ n$）为第 i 类第 j 个初选指标。提取样本与相应的评价指标构建一个二维信息表 $S=(U,\ A,\ V,\ f)$。

　　步骤二：信息表约简。

　　根据式（6-4）计算信息表中属性 $a_{ij}\in A_i$ 在属性集合 A_i 中的重要性。从 A_1 中删去 $\mathrm{sig}\ (a_{ij},\ A_i)=0$ 的属性，保留 $\mathrm{sig}\ (a_{ij},\ A_i)>0$ 的属性，并将这些属性标记为：$C=\{c_1,\ c_2,\ \cdots,\ c_s\}$（$s\leqslant n$）；从 A_2 中选择 $\mathrm{sig}\ (a_{3j},\ A_3)$ 最大的指标，记为 $D=\{d\}$。

　　原信息表删除相应属性后，构建一个新的决策表 $T=(U,\ C\cup D,\ V,\ f)$，其中，C 为决策表的条件属性集合，D 为决策属性。

　　步骤三：确定权重。

　　根据式（6-5）计算决策表中任意属性 c_i 的重要性 $\mathrm{sig}\ (c_i,\ A,\ D)$，并对各属性的重要性进行归一化处理，即可得到属性 c_i 的权重：

$$\omega_i=\frac{\mathrm{sig}\ (c_i)}{\sum\limits_{i=1}^{s}\mathrm{sig}\ (c_i)}\ (i=1,\ 2,\ \cdots,\ s) \tag{6-6}$$

　　步骤四：计算评价值。

$$V=\sum_{i=1}^{n}\omega_i y_i \tag{6-7}$$

式中，V 为绩效评价对象的综合评价值；ω_i 为第 i 个评价指标的权重；y_i 为第 i 个指标的评估值。

6.3　中国农村教育投入综合绩效评价的实证分析

6.3.1　研究指标与数据选取

　　本书以 2006 年中国 30 个省（自治区、直辖市）（除西藏外）的农村普通小学为研究对象，计算所需数据主要来源于《中国统计年鉴》（1997～2009 年），《中国教育经费统计年鉴》（1997～2009 年），《中国教育统计年鉴》（1996～2008 年）。

第 3 章中已经构建了一个农村教育投入绩效评价指标体系（表 3-1），该指标体系是一套基于理论和逻辑的理想指标体系框架，包含了较为全面而具体的指标。根据实证研究的需要，本章从指标体系中选取了适用于农村小学的绩效评价指标，同时考虑到数据的可获得性，对目前数据不可获得的指标进行剔除。最终选择了三类共 21 个指标，指标对照如表 6-1 所示。

根据选定的三大类指标，由各指标及其相应的原始数据值分别建立投入类、配置类和产出类原始数据表（由于篇幅过大，表略）。

表 6-1　绩效评价指标体系

投入类	a_{11}	农村小学教育经费总额
	a_{12}	农村小学财政性教育经费总额
	a_{13}	农村小学预算内教育经费总额
	a_{14}	农村小学财政性教育经费占 GDP 的比重
	a_{15}	农村小学财政性教育经费占全国的比例
	a_{16}	农村小学预算内教育经费占财政支出的比重
	a_{17}	农村小学生均教育经费支出指数
	a_{18}	农村小学财政性教育经费增长率
	a_{19}	农村小学预算内教育经费增长率
	a_{110}	农村小学生均教育事业费增长率
配置类	a_{21}	农村小学教育事业费占教育经费总支出的比重
	a_{22}	农村小学公用经费占教育事业费的比例
	a_{23}	农村小学生均教育经费城乡差异
	a_{24}	农村小学生师比
	a_{25}	农村小学专任教师占全部教职工的比例
	a_{26}	农村小学生均校舍面积
产出类	a_{31}	农村小学毕业生数
	a_{32}	万元财政投入培养的合格农村小学毕业生数
	a_{33}	农村小学新增校舍比率
	a_{34}	农村义务教育完成率
	a_{35}	农村小学五年巩固率

6.3.2　实证分析

1. 数据预处理

粗糙集理论是基于集合论的，只能处理离散型的数据，而绩效研究中的指标都是连续型的数据。因此，必须先将连续型的数据离散化。离散化的一般原则是：属性离散归一化后的空间维数尽量小，即属性值的种类尽量少，信息丢失尽量少。

基于此，本研究应用等频率离散方法将所有指标值离散为三个不相交的偏好区间"差"、"中"、"优"，并分别赋值"1"、"2"、"3"。经离散处理后，可得到分别由投入类、配置类和产出类指标构成的信息表。

2. 指标筛选

第一步：按式（6-4）对投入、配置和产出三类指标构成的信息表分别进行重要性计算。

第二步：删去投入、配置类指标中 sig (a, A) ＝0 的指标，合并 sig (a, A) ＞0 的指标作为新决策表的条件属性集合，记为 C；选择产出类指标中 sig (a, A) 最大的指标作为新决策表的决策属性，记为 D。

经过属性约简后，新产生的决策表如表 6-2 所示。决策表中最终保留了农村小学生均教育经费支出指数、农村小学生均教育事业费增长率、农村小学公用经费占教育事业费的比例、农村小学生均教育经费城乡差异、农村小学生师比、农村小学生均校舍面积和农村小学五年巩固率 7 个重要指标，分别记为 c_1、c_2、c_3、c_4、c_5、c_6、d，即条件属性集 $C=$ $\{c_1, c_2, c_3, c_4, c_5, c_6\}$，决策属性集 $D=\{d\}$，表 6-2 即为新的决策表 T。

表 6-2　决策表

地区	农村小学生均教育经费支出指数	农村小学生均教育事业费增长率	农村小学公用经费占教育事业费的比例	农村小学生均教育经费城乡差异	农村小学生师比	农村小学生均校舍面积	农村小学五年巩固率
北京	2	2	3	1	1	3	3
天津	1	1	1	3	1	3	2
河北	1	2	2	1	1	2	2
山西	2	2	2	1	2	2	3
内蒙古	3	3	1	1	1	3	1
辽宁	1	3	1	2	1	1	2
吉林	3	2	1	1	1	3	3
黑龙江	3	3	1	1	1	3	3
上海	3	1	3	2	1	3	1
江苏	1	3	1	3	2	2	1
浙江	1	1	2	2	2	3	3
安徽	2	3	1	3	3	1	2
福建	1	2	2	2	1	3	3
江西	2	2	2	2	2	2	3
山东	1	1	2	3	2	1	3
河南	1	2	2	3	3	1	2
湖北	1	2	2	3	2	3	3
湖南	2	1	2	2	2	3	1
广东	1	1	3	3	3	2	2
广西	2	2	1	3	3	2	2

续表

地区	农村小学生均教育经费支出指数	农村小学生均教育事业费增长率	农村小学公用经费占教育事业费的比例	农村小学生均教育经费城乡差异	农村小学生师比	农村小学生均校舍面积	农村小学五年巩固率
海南	2	3	3	2	2	1	2
重庆	2	1	3	3	3	2	3
四川	2	1	3	3	3	1	1
贵州	3	2	1	3	3	1	1
云南	3	1	1	1	2	1	1
陕西	2	3	3	1	2	2	2
甘肃	3	3	3	2	3	1	1
青海	3	3	3	1	2	2	1
宁夏	2	2	2	2	3	1	1
新疆	3	3	1	1	1	1	2

3. 权重的计算

按照式（6-5）计算决策表 T 中任意属性 c_i 的重要度，再由式（6-6）对每个属性的重要性进行归一化处理，可以得到各属性的权重 ω_i。各指标的重要度和权重的计算结果如表6-3所示。

表6-3 重要度与权重

指标	c_1	c_2	c_3	c_4	c_5	c_6
重要度	0.7088	0.5924	0.3226	0.2581	0.3226	0.6326
权重	0.2498	0.2088	0.1137	0.0910	0.1137	0.2230

从表6-3中可以看出，农村小学生均教育经费支出指数对农村小学五年巩固率的影响最大；而农村小学生均校舍面积、农村小学生均教育事业费增长率、农村小学公用经费占教育事业费的比例和农村小学生师比的影响次之；农村小学生均教育经费城乡差异对农村小学五年巩固率的影响最小。

4. 绩效评价

根据以上计算得到的权重 ω_i 以及 30 个省的 6 项指标值，利用式（6-7）计算其综合得分，并进行排序，其分值及其排名如表6-4所示。

表6-4 各地区农村小学教育投入综合绩效

地区	绩效	排名	地区	绩效	排名
北京	2.1320	8	河南	1.7318	27
天津	1.6279	28	湖北	2.0641	14
河北	1.5455	29	湖南	2.0142	15

续表

地区	绩效	排名	地区	绩效	排名
山西	1.9090	18	广东	1.8597	20
内蒙古	2.3633	3	广西	2.0910	12
辽宁	1.7360	26	海南	2.0995	11
吉林	2.1544	6	重庆	2.1096	10
黑龙江	2.1403	7	四川	1.7956	23
上海	2.2640	4	贵州	2.1178	9
江苏	1.9362	16	云南	1.8364	22
浙江	1.7643	25	陕西	2.2316	5
安徽	2.0768	13	甘肃	2.4631	2
福建	1.8594	21	青海	2.4814	1
江西	1.7912	24	宁夏	1.8907	19
山东	1.4093	30	新疆	1.9173	17

　　从绩效评价的结果分析，农村小学教育投入绩效排名最高的依次是青海、甘肃、内蒙古，而排名最后的是天津、河北、山东。其中，绩效最高的青海与绩效最低的山东的差距达1.76倍。看来，并不是经济越发达的省份，农村教育投入的绩效就越高。由表6-5进一步分析东、中、西部地区的平均绩效就能发现，经济欠发达的西部地区农村教育投入平均绩效最高，中部次之，东部最低。在绩效排名前十位的省份中有五分之三属于西部省份，而排名后十位的省份中有五分之三属于东部省份。

表6-5　地区平均绩效

指标	东部地区	中部地区	西部地区
平均绩效	1.8394	1.9852	2.1570

　　根据表6-3所计算的绩效评价指标的重要度可以看出，影响农村教育投入绩效评价结果及排名的主要因素是生均教育经费指数、生均校舍面积、生均教育事业费增长率、公用经费的比重、生师比及生均教育经费城乡差异等。也就是说，农村教育投入绩效主要由生均投入水平和生均配置水平决定，而教育经费的投入规模等因素并不能成为决定因素。以山东省为例，2006年该省农村小学教育总经费90.67亿元，财政性教育经费79.99亿元，均排名全国第二，而农村小学生均教育经费指数却仅为7.94，排名倒数第二。虽然山东省农村教育经费投入数量较大，但是其实际投入水平不高，故而绩效评价结果较差。相比较而言，一些欠发达地区尽管农村教育投入的绝对规模无法与发达地区相提并论，但是它们却将有限的资源利用得更好，在充足性、公平性、效率性等方面表现更佳。以青海为例，其综合绩效评价排名全国第一，而在充足性与效率性分析中（见第4章），它也是表现最好的省（市）之一。

　　因此，要提升农村教育投入绩效，不仅需要加大投入力度，更应提高实际投入水平以及配置水平，这样才能实现充足性、公平性、效率性和效益性的目标。

6.4　中国农村教育投入综合绩效评价的结果分析

根据以上对中国农村教育投入综合绩效评价的结果，并结合第 3 章对农村教育投入现状的考察，以及第 4 章对农村教育投入的充足性、公平性、效率性和效益性绩效分析的结果，我们可以得出以下的结论。

6.4.1　农村教育投入力度不足

农村教育投入力度明显不足主要表现在两个方面：一是农村教育投入水平较低，全国水平低于国际水平，农村水平低于全国水平、城镇水平；二是农村教育投入总量不足，无法满足农村教育发展的基本需要。

1993 年我国通过的《中国教育改革与发展纲要》和 1995 年颁布的《教育法》规定：到 20 世纪末，财政性教育支出应达到 GDP 的 4％。然而直到 20 世纪末，我国公共教育经费（财政性教育经费）占 GDP 的比例一直没有突破 3％。进入 21 世纪后，我国公共教育经费投入水平仍然较低，2006 年以后财政性教育经费占 GDP 的比例虽然突破了 3％，但最高的 2008 年也仅为 3.48％，与 4％的目标仍有距离。其实这只是相当于 20 世纪 80 年代发展中国家平均水平的目标。2003 年 OECD 国家公共教育经费占 GDP 的比例平均值已经达到了 5.9％，中国的公共教育投入水平与世界相去甚远。在财政性教育经费严重不足的情况下，牺牲农村教育便成为城乡二元经济结构的一种必然选择。

比较生均教育经费指数这一指标也能反映出教育投入水平的差异。由表 4-10 可知，2004 年中、小学生均教育经费指数世界平均为 18.6 和 14.6，高收入国家为 24.2 和 19.6，中国为 15.6 和 12.7，而中国农村仅为 12.1 和 10.8，不仅与世界水平相距甚远，即使与全国水平相比也低了很多。

农村教育投入力度的不足不仅表现为投入水平大大低于全国水平、国际水平，更表现为农村教育投入总量无法满足农村教育发展的基本需要。

（1）农村教师工资低，教师队伍不稳定。据国家教育督导团报告，2006 年近 50％的农村教师和县镇教师反映没有按时或足额领到津贴补贴，全国普通小学、普通中学（包括初中与高中）教职工年均工资收入为 17729 元和 20979 元，分别比国家机关职工年均工资收入低 5198 元和 1948 元。"教师的平均工资水平应当不低于当地公务员的平均工资水平"的法律规定尚未真正得到落实[①]。由于教育经费投入不足，农村地区教师收入普遍偏低，导致农村教师流失，影响师资队伍稳定。

（2）农村教育公用经费不足普遍存在。据国家教育督导团披露，2004 年全国有 113 个县（区）的小学、142 个县（区）的初中生均预算内公用经费为零，其中 85％以上集

---

① 参见国家教育督导团《国家教育督导报告 2008（摘要）——关注义务教育教师》，http：//www.moe.edu.cn/edoas/website18/75/info1229326340188175.htm.

中在中、西部地区。有 5 省（区）各有超过 10 个县的中小学生均预算内公用经费为零。即使江苏、山东这样经济比较发达，对教育比较重视的省份，也存在预算内生均公用经费为零的县①。农村学校的基本办学条件得不到保障，危房改造和校舍新建、扩建的资金缺口较大。据国家教育发展研究中心的抽样调查表明，样本小学按教学大纲开出所有课程的占 87.2%，课桌椅残缺不全的占 37.8%，实验教学仪器不全的占 59.5%，教室或办公室有危房的占 22.3%，购教具、墨水、纸本、粉笔不足的占 32.5%；样本初中按教学大纲开出所有课程的占 21.8%，课桌椅残缺不全的占 45.9%，实验教学仪器不全的占 70.3%，教室或办公室有危房的占 28.8%，购教具、墨水、纸本、粉笔资金不足的占 35.0%②。

（3）农村中小学债务负担沉重。为了实现普九目标，不少农村地区举债进行学校建设，使农村义务教育除了拖欠教师工资外，还承受着巨大的建校债务。从各地披露的数据估算，全国中小学债务曾达 1000 亿元左右。根据 2008 年审计署公布的对 16 个省份的54 个县农村义务教育经费审计情况，2005 年底农村义务教育阶段中小学校负债余额28.72 亿元，截至 2007 年 6 月底，已偿还债务 8.63 亿元，但同期又新增债务 6.79 亿元，尚有负债 26.88 亿元，平均每县 4978 万元。部分学校由于债务沉重、无财力偿还，被债权人强行封校、学生被迫停课的事件时有发生；有的学校被诉诸法院，被强制划走农村义务教育资金，影响了学校的正常运转。③

（4）农村地区普通高中和职业中学经费投入严重不足。县级政府对高中的财政投入少，农村高中筹集经费非常困难，加之县级政府经费投入向重点高中倾斜，直接制约了农村地区普通高中的发展。近几年来农村职业中学滑坡速度较大，增长速度大大低于普通高中。中国财政教育经费中对职业教育的投入比例从 1996 年的高于 11% 到 2005 年的不足 6%，呈连年下降的趋势。由于政府对普通高中和职业高中投入少，收取学杂费远超过了普通农民家庭的承受能力。

6.4.2　农村教育投入结构不合理

农村教育投入结构失衡是中国农村教育投入中存在的最突出问题之一，也是造成教育不公的主要原因。结构不合理主要表现在城乡投入不合理、地区投入不合理等。

（1）城乡教育经费投入不合理。长期以来，城市发展优先于农村，伴随巨大的城乡差别，农村教育与城市教育也存在巨大差别，教育投入的城乡差距是造成农村教育事业发展相对落后的主要原因。通过对城乡的教育经费投入水平的比较分析，可发现农村地区教育经费显著低于城市地区。例如，自 20 世纪 90 年代以来，城镇中小学生均教育经

---

① 参见国家教育督导团《国家教育督导报告 2005——义务教育均衡发展》. http：//www.moe.gov.cn/edoas/website18/info18425.htm.

② 王善迈，袁连生. 建立规范的义务教育财政转移支付制度. 教育研究，2002，(6)：3-8.

③ 参见审计署：54 个县农村义务教育经费保障及使用管理情况审计调查结果，审计署网站 http：//www.audit.gov.cn/n1992130/n1992150/n1992500/2302045.html，2008-7-4.

费支出平均为农村中小学生均教育经费支出 1.55 倍，生均公用经费支出平均为农村中小学的 1.8 倍。教育经费尤其公用经费上的巨大差异，不仅使农村中小学校运转困难，而且也造成了农村教育质量明显低于城市的现实。"城市学校像欧洲，农村学校像非洲"的现象，正是当前城乡教育差别的形象写照。

（2）地区教育经费投入不合理。通过第 3 章中对泰尔指数和基尼系数的分析可知，地区投入的不平衡是造成各地区之间以及各区域内部不同地方之间教育发展不平衡的主要原因。"分级管理，地方负责"的教育管理体制极大地调动了地方的积极性和主动性，增强了教育管理与发展的灵活性。但是由于不同地区的地方政府财力不均，对教育的投入能力悬殊，造成各个地区教育发展极不平衡，教育发展的失衡使农村地区和贫困地区成为教育财政分权的牺牲品。近年来各地经济发展极不平衡，县与县之间以及乡与乡之间的财政收入差异也十分明显。例如，在东部发达地区，一些乡镇的财政收入已经超过了千万元，有的甚至达上亿元，自然能够向本地的教育投入足够的教育经费。然而，在中西部的一些贫困地区，县、乡财政严重匮乏，投入农村教育的资金自然就更少。以 2006 年为例，农村小学的生均经费最高的上海为 9561 元，最低的河南为 1068 元，上海农村小学生均经费竟为河南的 9 倍；农村初中的生均经费最高的北京为 12624 元，最低的贵州为 1260 元，北京农村初中生均经费更是 10 倍于贵州。地区间农村教育投入存在如此巨大的差异，显然极大地影响了教育的均衡发展以及教育的公平。

这种不均衡的教育投入结构不仅在客观上造成了中国农村教育经费的结构性短缺，更是凸显"马太效应"的作用，加剧了教育不公平现象。

6.4.3　农村教育资源利用效率不高

农村教育事业发展中，一方面是严重的资源短缺、资金匮乏，另一方面却又存在着资源利用效率低下，有限的资源却无法得到合理、有效利用的问题。农村教育资源利用效率不高有多种表现。

（1）学校规模不经济。长期以来，受经济发展水平、人口分布状况以及"学校办在家门口"思想等因素的影响，农村学校布局不合理，过分强调就地就近入学，造成学校布点多、规模偏小、办学效益差的问题。学校规模过小，人财物使用不经济，规模效率差。近年来，各地对农村中小学布局进行了重大调整，将一些分散的、规模过小的学校逐步撤并，通过对教育资源的整合，提高了教育资源的利用效率，提高了教育质量。但是，一些地方对农村学校的大量撤减、盲目集中、加速调整又产生许多了新问题。例如，学校规模与班级规模过大，造成的学校人、财、物资源使用效率降低，规模效益递减；规模过大给学校的安全管理造成巨大压力；学校教育教学难度加大、教师负担过重，不利于学校教育质量提高等。

（2）教学设施、设备利用率低。校舍、图书馆及实验仪器等教学设施、设备是保证教学工作顺利进行和提高教学质量的重要物质条件，合理配备与使用有利于减少投资浪费。近年来，随着国家各项教育工程的实施，广大农村学校的办学条件有了很大的改善。

许多学校不仅建成了实验室、图书馆，而且配备了计算机等现代化教学设备。但是许多学校不同程度上存在着教学设施、设备利用效率低的现象。有的学校购置了大量图书资料，师生借阅很少或者很少向师生开放借阅，图书室变成为了"藏书室"；有的学校建成了实验室，却因为实验仪器不足而闲置；有的学校配备了计算机、电教设备，却因为不会用或无人维护而只能成为应付检查的"面子设备"。

（3）教育投入浪费严重。伴随着"撤点并校"，大量农村学校校舍闲置或废弃。例如，曾经有"希望小学之县"之称湖北宜昌长阳土家族自治县，20 世纪 90 年代中后期建起了 76 所希望小学，目前仅有 18 所还在运作，其余 58 所小学被废弃，甚至沦为猪圈，教育资源被大量浪费。农村教育中重复性投入浪费问题也较为突出。农村中小学生留级重读现象较多，据统计，农村小学生的留级率高达 20％～25％。留级重读重复消耗教育资源，超常占用师资、校舍和教育设施，造成农村教育资源的浪费。另外，学生的流失辍学也是对教育投入的一种浪费。全国每年小学辍学率约 3％，初中辍学率在 7％以上，有的地方农村辍学率甚至高达 10％以上，失学后一部分学生又成为新的文盲或半文盲，这导致先前的教育投入无法产生预期的效益。

第 7 章　中国农村教育投入绩效偏差的根源考察

前述的绩效分析与评价已经表明，中国农村教育投入存在着绩效的偏差，必须及时地予以纠正，才能使教育投入更好地服务于农村教育。然而，对待农村教育投入绩效偏差问题绝不能"头痛医头，脚痛医脚"，只停留于绩效偏差的外在表现，我们需要找出中国农村教育投入绩效偏差的根源，才能"对症下药"，从根本上解决绩效的偏差。本章将从制度根源、经济根源、历史根源、内在原因等不同角度对中国农村教育投入绩效偏差的成因进行分析，为全面提升农村教育投入绩效提供必要的依据。

7.1　农村教育投入机制不健全是农村教育投入绩效偏差的制度根源

农村教育投入机制不合理，让农村教育输在了起跑线上。由于长期得不到足够的投入支持，农村教育与城市教育的差距越拉越大，已经严重影响到社会的公平和稳定，影响到社会的可持续发展。

7.1.1　国家财政教育投入主渠道作用弱化

教育是准公共产品，具有巨大的社会效益和公益性质，国家有责任和义务发挥教育投入主渠道的作用，并且国家 1995 年颁布的《教育法》中就已经明确作出规定：国家建立以财政拨款为主、其他多渠道筹措教育经费为辅的体制，同时还提出到 20 世纪末，财政性教育支出应达到 GDP 的 4%。

但是，历经了二十多年后，在 2012 年国家财政性教育支出占 GDP 的比重为 4% 这一目标才首次实现。根据联合国教科文组织（UNESCO）提供的资料，20 世纪 90 年代世界平均公共教育投入占 GDP 的比重为 5.7%，其中发达国家为 6.1%，发展中国家为 4%，而我国在 90 年代的平均水平约为 2.49%，低于世界大多数国家，甚至一些贫困的发展中国家水平。进入 21 世纪之后，我国的财政性教育经费支出虽然大幅增加，但在 GDP 中所占的比例仍然很低，2000～2012 年财政性教育经费占 GDP 的比重平均为 3.1% 左右，而 OECD 国家 2003 年的平均水平为 5.9%，也就是说我国的水平还不足世界水平的一半。总体而言，无论参照国际平均水平还是按照我国《教育法》的要求，我国财政对教育投入的总量都是不足的。

国家财政教育投入总量不足，再加上投入结构的不合理，导致农村教育进一步呈现出结构性的短缺。国家将财政教育经费过多地投入到高等教育领域以及城市，农村教育财力资源配置明显偏弱。据 2003 年的统计数据表明，我国普通高校生均预算内教育经费比普通小学高出 6.85 倍，比普通初中高出 5.94 倍。很明显，国家的财政性教育支出过于偏重非义务教育阶段的高等教育，而对于国家最应保障的义务教育却并不重视，尤其是以义务教育为主的农村教育。即使是在 2006 年将农村义务教育全面纳入公共财政后，这种结构上的不均衡现象依然存在。2011 年我国普通高校生均预算内教育经费仍比小学、初中高 2.9 倍和 2.1 倍。

整体上讲，在农村教育投入国家财政的主渠道作用还有待进一步加强和提高，否则难以从根本上解决农村教育经费不足的矛盾。

7.1.2 各级政府财权与事权不对称

法国著名的管理学家法约尔认为："责任是权力的孪生物，是权力的当然结果和必要补充[①]。"从理论上讲，凡在公共教育投入中承担责任的一级政府，均应有相应的财政能力，这也是其履行投入责任的基本前提。但是从中国农村教育投入体制的发展和演变来看，"地方负责"的体制一直是农村教育投入的主旋律。长期以来农村教育投入主体的重心偏低，县乡等基层政府承担了大部分投入责任，而其责任与财政能力却不相对称，即财权过于集中中央，事权过于下放地方。

从事权上看，农村教育投入事权主要在地方政府。按照中国现行的各级政府的教育职责分工，中央政府的教育事权主要集中于中央举办的高等教育，中央财政直接负担部委下属重点高校，96%的中央教育财政预算内经费支出用于中央高校，地方教育并未纳入中央政府的事权范围；省级政府的教育事权则主要在地方高等教育，高等院校的事业与基建经费占了省级教育财政预算支出的绝大部分，而农村教育投入事权被下放到县级政府。因此，农村教育没有纳入中央与省级财政预算范围。虽然 2006 年农村义务教育经费保障新机制开始实施，国家赋予省级政府统筹经费的职责，但是省级政府并没有上收农村教育的事权，只是通过转移支付起到补充县级政府经费缺口的作用。由于转移支付规模较小、支出不规范等，转移支付通常只能起到救急功能，一定程度上减轻县级财政的负担，解决农村教育的燃眉之急，而不能解决根本问题。

从财权上看，在全国财力分配格局中，财政收入大头在中央，财政支出大头却在地方。中央和省级政府掌握了主要财力，占全国财政收入的比重超过 60%，却承担较少农村教育投入责任；县级财政收入一般只有 12%左右，县级财力薄弱却承担了大部分农村教育投入责任。"小马拉大车，大马拉小车"的现象十分突出。分税制改革后财权不断上移，中央财政收入占财政总收入的比重已经上升到 50%以上，地方政府却以不到半数的财力承担了七成以上的财政支出。同时，省级以下地方政府之间划分财政收入时，也都不同程度地按照上级政府集中财力的思路把收入划分的权力给了上一级政府，造成财政收入层层上收的情况。财力的逐级上收，导致地方基层政府财政普遍困难，隐性债务越

---

① H·法约尔. 工业管理和一般管理. 周安华，等译. 北京：中国社会科学出版社，1982：24.

来越大。中国目前的县级财政很大部分是属于"吃饭财政"，甚至不少是"欠债财政"，财力的不足严重制约了县级政府对教育投入尤其农村教育投入的能力与动力。

正是这种各级政府拥有财力与其在教育投入事权上的不对称，造成了农村教育投入的体制性短缺，引发了农村教育发展的种种问题。

7.1.3　转移支付制度不规范

教育转移支付是政府有效解决教育非均衡发展这一难题的主要措施，通过政府间的转移支付以达到消除地区和城乡差异的目的，实现教育投入的均衡。但是目前转移支付手段对于改变农村教育现状的收效甚微，据上海教科院智力开发所调查发现：国家每年对贫困县的转移支付达千万元，但是那些真正特别贫困的农村学校似乎并没有从中获得很大的受益，对于缩小城乡差别方面，似乎也没有见到什么显著成效①。很明显，教育转移支付手段未能发挥其应有的功能。当前，教育转移支付制度还存在着一定的缺陷，主要表现在以下几个方面。

（1）转移支付的结构不合理。中国教育转移支付主要包括两类：一类是包含在上级政府对下级政府的一般性转移支付中的用于教育的补助，另一类是用于教育的专项补助。税收返还是一般转移支付中的主要部分，如 2002 年的税收返还占中央对地方转移支付总额的 40.94%。税收返是基于地方上缴税收水平的，因而实际上是富裕地区得到的多，贫困地区得到的少，自然难以起到平衡地区间教育财政支出的作用。专项转移支付是预先规定具体用途、专款专用的转移支付形式。例如，1995 年开始实施的"国家贫困地区义务教育工程"就是典型的专项教育转移支付形式，它是新中国成立以来中央专款专项投入最多、规模最大的全国性教育工程。从目前中央对地方的转移支付结构来看，一般性转移支付的规模相对较小，而各种专项转移支付所占比重太大，而且补助项目较多，过于零星分散。例如，2005 年一般性转移支付只占中央对地方转移支付总额的 15%。专项转移支付占 48%。但这些专项补助通常多用于一次性或临时性的项目，缺乏弹性，只能解一时之急，难以对缩小地区和城乡教育投入的差距产生根本性影响。

（2）转移支付的下达科学依据不足、随意性较强。农村教育的专项转移支付项目通常是由上级政府根据总体发展目标和规划来确定的，它的决策过程基本是不公开、不透明的，所以多年来一直存在着被诟病的"跑部钱进"现象。一方面，教育专项转移支付总是依据上级政府的政策而定，而并没有考虑根据各地区或学校的具体需求来考量，这种带有浓厚长官意志的做法很容易造成上级政府厘定的目标与地方教育的实际需求不相符合；另一方面，决策的人为因素较大，上级部门领导的个人意见往往能左右专项资金数额与投向，这种随意性势必影响转移支付的公平性。

（3）转移支付的形式单一、配套要求高。从转移支付形式看，大多数专项支付资金上都是采用配套拨款形式，即要求接受补助的地方政府必须拿出一定比例的资金予以配

---

① 蒋鸣和. 中国贫困县教育财政与初等教育成本：491 个县的分析. 教育研究信息，1997，(4)：31-44，55.

套。应该说，对转移支付资金的配套要求，有助于增加地方政府对教育的投入，扩大农村教育的投入规模。但从客观上看，这种专项拨款的"条件化"对地方财政构成了很大压力，使一些财政困难的地方政府难以承受。同时，这种转移支付的形式还可能会产生负面作用：有配套能力的经济发达地区往往比缺乏配套能力的欠发达地区更容易获得专项资金，这不仅不利于缩小差距，反而可能会进一步加大地区间的差距；一些财力薄弱的地方政府为获得转移支付资金，不惜挪用其他资金甚至借债配套，成为地方财政更大的负担。

(4) 转移支付的管理和监督不到位。目前，转移支付制度尚不规范，只有一部《过渡期财政转移支付办法》可作为转移支付的监管依据。然而，这部规章制度是国家财政部门于 1995 年制定的，已严重滞后，对转移支付的监督乏力，缺乏应有的刚性约束。因此，农村教育专项转移支付资金被截留、挪用现象时有发生。一部分中央专项转移支付资金到地方以后，被地方政府挪用与挤占，教育专项资金不能专款专用，有的甚至一点也不用于农村教育，而用于弥补地方财政赤字或用于"形象工程"、"政绩工程"，这些行为都大大降低了资金的使用效益，限制了转移支付功效的发挥。

7.1.4　预算约束机制不健全

我国目前的农村教育经费的投入、使用和效果缺乏健全、有效的监督机制，农村教育的财政投入普遍存在预算约束不严的问题。农村义务教育作为农村重要的公共产品，农村义务教育经费应该成为政府财政预算编制的一个重点，然而监督机制不健全、预算约束力软化，使许多违规使用教育经费的做法不能被发现，严重影响了农村义务教育资金的使用效率。

(1) 分权化的义务教育财政管理体制，造成了各地方政府预算口径不统一，预算体制不健全。农村义务教育资金在编制、拨付、使用时的硬预算特征没有得到真正体现，且预算外资金膨胀，大部分经费没有纳入预算管理。

(2) 农村义务教育经费预算编制时缺乏长远目光，普遍存在预算片面性的缺陷。有的学校在编制预算时，只考虑到维持学校基本运转的日常经费，没有将促进学校发展的经费纳入预算；有的预算内容不具体，没有收支的明细，甚至只有预算支出，没有预算收入等。缺乏全面的预算，就会给挪用经费、乱收费等违规行为留下可乘之隙，不利于农村义务教育事业的发展。

(3) 农村义务教育预算资金在拨付、调度、使用时被挪用，预算约束软化的情况时有发生。据 2008 年审计署对 54 个县的审计发现，有 46 个县的中小学校和教育、财政部门挤占挪用公用、校舍维修改造等专项经费，约占被审计县的 85%；被挤占挪用金额为 1.15 亿元，占同类专项经费总额的 3.8%[①]。

(4) 农村义务教育投入缺少绩效考核机制，只强调投入的数量而不重视资金的使用

---

① 参见审计署："54 个县农村义务教育经费保障及使用管理情况审计调查结果"，2008 年 7 月 4 日公告.

效率和产出效益。教育主管部门和财政部门往往只重视预算审批与预算拨款的过程，而对预算执行缺乏有效的监督与约束。学校专项项目管理的力度不够，缺乏资金使用责任追究制度。正是由于农村义务教育投入的预算监督的约束力薄弱，加剧了教育经费短缺和浪费并存的现象。

7.2　农村经济基础薄弱是农村教育投入绩效偏差的经济根源

十一届三中全会以来，我国农村经济取得了前所未有的发展，1978～2008 年，农村居民家庭人均纯收入从 134 元增加到 4761 元，据国家发改委农村经济司的报告显示，按可比价格计算，改革开放 30 年以来我国农民人均纯收入年均增长率为 7.1%。然而，我们必须清醒地看到，我国农民目前的人均收入增长，仍然是一种低水平的增长。按世界银行 2008 年的划分标准：低于 975 美元为低收入国家，976～3855 美元为中等偏下收入国家，3856～11905 美元为中等偏上收入国家，高于 11906 美元为高收入国家。我国农民 2008 年人均收入折合美元为 607 美元，比低收入国家人均水平还低 368 美元。同时，农村贫困人群的数量依然庞大，按照我国政府现行标准 1196 元/（人·年），2008 年底，农村贫困人口还有 4007 万人，占农村人口的 4.2%。从绝对数来看，相当于一个中等国家的人口。如果参照国际通用的标准，用 2005 的购买力平价每人每天低于 1.25 美元支出的人口数，全世界为 14 亿人，而中国就有 2.07 亿人[①]。从以上数据不难看出，虽然我国农民收入水平无论绝对量还是增量上都有非常大的进步，但是这只是由于农村经济基础差和底子薄，农民收入仍处于较低的水平上。

农村经济基础薄弱势必会影响农民的生活水平和农村教育的经济基础，缺乏推动和支持农村教育持续发展的能力。农民家庭收入低下，致使许多的农村孩子迫于生计的压力而选择弃学，或者外出打工挣钱，突出表现为初中辍学率大幅提高，一般县在 10% 以上，有的县高达 30%～50%。同时，农村经济落后，农村学校办学条件差，很难吸引优秀人才到农村学校任教，而许多农村学校的教师也不愿留在农村任教，更多是以农村教学为跳板进入县城、城市工作，大量骨干教师流失，严重制约了农村教育的教学质量。农村教育的教学质量不能保证，又势必会影响农民知识和劳动能力的提高，从而限制农民对农村经济的促进作用，这些因素又将造成农村教育与农村经济之间的非良性循环。

7.3　城乡二元结构根深蒂固是农村教育投入绩效偏差的历史根源

刘易斯于 1954 年在《无限劳动供给的经济发展》中指出，发展中国家普遍存在的二元经济结构是指国家经济含有两种性质不同的结构：一是以传统的农业为代表的农业社

---

① 刘坚. 中国农村扶贫开发的政府与实践，国务院参事室与联合国训练研究所联合举办的国际研讨会发言.

会，二是以现代化方式进行生产的城市社会。政府制定了先发展城市，后发展农村的发展战略，人为地造成城乡发展不一致，形成了两个不能整体、均衡发展的二元社会。中国的城乡二元社会结构是在特定的历史条件下形成的，它的形成有其必然性和合理性，但由此带来的消极影响与负面作用却是无法回避的。城乡二元结构奉行"城市中心"的价值取向，国家的主要财力、物力以及优质人力都投向了城市，这种城乡分割、城市偏向的格局不仅在经济上将发展城市置于优先地位，导致农村在经济上远落后于城市，而且在教育上也表现为城市教育偏好，而农村教育则逐渐被边缘化。随着城乡二元结构渗透到教育领域，于是衍生出二元化的教育结构，这是一种以教育资源不平等为核心的城乡二元结构，具体表现为以下几个方面。

（1）教育经费的城乡差异。自 20 世纪 80 年代以来，政府就把农村教育投入的责任当作"包袱"以政策、制度的形式扔给了农民，在农村就形成了"人民教育人民办"、"农村教育农民办"的局面，农民以教育集资、教育费附加、杂费、农业税等方式承担起农村教育的责任。城市教育享受着"国家待遇"，而农村教育却享受着"农村待遇"。以 2003 年为例，我国城市初中、小学的生均教育经费支出分别为 2087 元和 1752 元，农村初中、小学却分别只有 1211 元和 1058 元，城市生均教育经费水平为农村的 1.7 倍左右。生均公用经费支出的差距则更为明显，城市初中和小学的生均公用经费水平均在农村的 2 倍以上。教育经费投入不足，缺乏足够的财力支持，是制约农村教育发展的最主要因素。

（2）师资力量的城乡差异。城乡的师资力量无论数量还是质量都存在明显的差距。一方面，高学历或优秀的教师大多愿留在学校条件好、收入稳定、个人发展有前景以及社会环境优越的城市学校任教，而农村学校工作条件差、工资低且时常没有保障，也缺少或没有进修、培训机会，个人发展都比较困难，导致农村学校教师数量相对不足，有些科目甚至没有教师。2003 年，我国城市中小学生师比分别为 16.9∶1 和 19.3∶1，而农村分别是 19.9∶1 和 20.1∶1。另一方面，城市的师资质量也优于农村。农村学校教师学历层次偏低，且代课教师比例大。2002 年，农村中小学代课教师分别占全国中小学代课教师总数的 46.23% 和 87.03%，教师队伍不稳定，优秀教师流失严重，直接影响了农村教育的质量。

（3）办学条件的城乡差距。城市交通便利，而且学校分布较集中，学生上学方便，而农村交通普遍不便利，且经过撤点并校后学校分布十分稀疏，导致部分农村中小学生上学路途较远，有些学生往返要步行十几里甚至二三十里。当一些城市学校不惜重金大搞素质教育时，许多农村学校却连最基本的校舍、教学设备、图书等教育设施都难以保证。2002 年，农村中小学校舍危房面积占全国校舍危房总面积的 49.86% 和 82.73%，而城市仅为 10.09% 和 4.58%。办学条件不佳，不仅影响了农村教育质量的提高，还造成农村儿童失学率大大高于城市。

因此，从历史与社会的层面来看，城乡二元结构是使农村教育投入绩效产生偏差的根源，也是农村教育落后、城乡教育不公平的深层次原因。

7.4　政府治理结构不完善是农村教育投入绩效偏差的内在原因

近年来，学者已注意到政府治理结构对政府支出重点的影响，认为包括教育支出在内的公共服务支出不足，是政府治理结构不完善的结果。这种不完善的政府治理结构在农村教育投入问题上的最终体现就是政府对农村教育投入不力，政府"缺位"和"错位"。

袁连生从政府效用的角度对政府教育投入不足的问题进行分析后认为，政府是财政支出的实际决策者，其目标是政府或政府主要首长的效用最大化。长期以来，政治稳定、经济增长是地方官员升迁的主要考核内容，关乎着地方主政官员的仕途，是地方政府财政支出的优先事项，而且用于经济增长的支出还能产生大量的经济租金，为官员提供了寻租机会。因此，在地方政府的效用函数中，政治稳定、经济增长是最主要的收益。教育支出虽然对社会经济发展有长期的促进作用，但在短期内对于政治稳定、经济增长没有显著作用，其产生的经济租金也远小于经济增长方面的支出。对地方政府而言，同等数量的政府支出，用于教育所产生的效用大大低于用于政治稳定、经济增长，因此在以地方为主的教育财政体制中，政府教育经费支出不能达到合理的水平就在情理之中[①]。

周黎安也指出，20 世纪 80 年代以来，中国的上级政府在提拔地方官员时，主要考核指标是经济增长速度。地方政府首长为了得到提拔，在任期内将经济增长作为其施政的优先目标。各地官员为了晋升，展开了经济增长竞争。他形象地将这种地区经济增长竞争模式概括为"地方官员晋升锦标赛"模式。在这个模式下，地方官员将政府资金更多用于短期内能拉动经济增长的经济建设项目，包括教育支出在内的公共服务支出短期内对经济增长没有效果，很难得到优先考虑[②]。

在我国，政府不将教育支出放到优先地位，还有一个重要的因素，就是包括政府官员在内的社会优势阶层的子女已经享受了优质教育资源，不会承受政府教育投入不足带来的不利后果。

长期以来，我国在基础教育公办学校中形成了少数重点校、示范校和多数一般校、薄弱校并存的局面。重点校、示范校拥有优良的师资、优越的教学条件，薄弱校则师资水平低、教学条件简陋，农村学校和民工子弟学校甚至达不到基本的办学标准。进入重点校、示范校享受优质教育资源的学生，部分是靠考试成绩，相当一部分是靠权力或金钱择校。在这些优质学校中，包括政府官员在内的中高层管理人员、专业技术人员等社会优势阶层的子女占据了多数。据北师大研究人员对北京市高中学生家庭背景的一个调查，重点高中里，高、中层管理人员、专业技术人员的子女占 60%，工人、农民子女合

---

①　袁连生. 我国教育财政问题的政治经济学解释//全国教育经济学年会论文集，2004：1-4.
②　周黎安. 中国地方官员的晋升锦标赛模式研究. 经济研究，2007，(7)：36-50.

计只占7%。政府官员等社会优势阶层的子女能享受优质教育资源，不必承受薄弱学校、农村学校、民工子弟学校简陋办学条件的后果，也不存在考上大学负担不起学费的问题，因此，对于政府官员，增加政府教育投入改善薄弱学校、农村学校、民工子弟学校的办学条件，增加学生资助资金，就不是那么重要和迫切了。

虽然弱势阶层的子女真正承受了政府教育投入不足的严重后果，但在现行的政府治理结构下，他们的利益诉求难以进入决策程序。正如世界银行的研究报告所指出的，虽然有些例外，缺乏有效的居民声音一般会导致分配到教育部门的资源不足，而且贫穷居民更难享用到这不足的教育资源[①]。因此，公众无法对政府支出施加影响，政府效用函数偏离社会福利函数，是政府教育投入不足的重要制度根源。

7.5　社会教育投入意识薄弱是农村教育投入绩效偏差的重要原因

7.5.1　农村家庭教育投入意识有待提高

由于受农村经济落后，农民家庭收入较低以及传统观念等因素的影响，在决策子女是否接受教育和接受多少教育时，农民更多考虑的是教育投入的成本与收益是否对称的问题。如果受教育的收益高于所付出的成本，他们宁愿自己承受再多的困难也会让子女接受教育；但是如果受教育的收益低于所付出的成本，他们宁愿让子女放弃接受教育。从农村家庭承担的教育投入成本来看，除了上学期间的各种教育费用、生活费用、交通费用等，还要付出更大的机会成本，因为子女在家务农或是外出打工可以减轻家庭负担。从教育投入的收益来看，教育收益的实现却存在着种种的不确定因素，接受了教育（尤其是义务教育）也不一定会给家庭带来很大的收益。所以，在对待子女的教育问题上，农民一般采用比较现实的办法，即如果孩子学习成绩不好，与其最终也是在家务农或外出打工，还不如让其提前辍学，是否接受教育对其影响不大；如果孩子学习成绩好，可能会让其接受更多教育，甚至高等教育。但是上大学的成本更高，超出许多农村家庭的承受范围，使农村家庭愿意让其子女接受教育的积极性大大降低。

虽然随着社会的进步和教育关注程度的提高，农民整体上的教育投入意识已经在逐渐增强，但是依然应该认识到，受经济条件和传统观念等诸多因素的束缚，很多农民对于子女的受教育权利和必要性认识不够明确，由此造成一些学龄儿童早早辍学致使义务教育普及率下降的负面现象。由此可见，在研究农村教育投入绩效偏差的成因时，除主要考虑来自社会外在的体制因素的同时，也不能忽视来自农村和农民内部的自身障碍这个重要背景。

① The World Bank. World Development Report 2004: Making Service for Poor People. Oxford: A Copublication of the World Bank and Oxford University Press, 2003.

7.5.2　社会教育捐赠意识尚未形成

鼓励社会各界力量参与农村教育投入，是弥补农村教育投入不足的有效途径。例如，1989 年开始实施的"希望工程"正是在这方面走出了一条成功之路。"希望工程"至今已募集捐款 60.3 亿元，曾经改变了一大批失学儿童的命运，改善了农村贫困地区的办学条件，唤起了全社会的重教意识，成为我国社会参与最广泛、最具社会影响的民间公益事业。

但是对于农村教育的发展，这也只是杯水车薪。目前我国社会对教育捐赠还缺乏足够的认识，教育捐赠规模较小，且呈下降趋势。据统计，我国教育捐赠占教育经费中的总额，从 1999 年的 8.6％下降到 2003 年的 1.7％，至今未有明显回升，这与国际水平相差甚远。一些发达国家的私立学校并非依赖收取高学费来维持自身的发展，而是通过接受社会捐赠、成立教育基金会等手段保证其教育经费来源。

我国的社会捐赠缺少广泛的群众基础，慈善意识还未成为社会主流意识。据统计，我国每年的捐赠大约 75％来自海外，15％来自中国富人，10％来自平民百姓。在 2003 年被《福布斯》评出的 100 位中国富豪，有 70％没有在慈善榜中出现。另据调查，我国工商注册登记的企业超过 1000 万家，而有过捐赠记录的却不到 10 万家。一方面，长期以来，人们对慈善事业的认识还停留在感性和传统的层面，认为慈善事业是政府的义务和责任，捐赠是富人的事情，与普通老百姓无关；另一方面，一些组织不规范的募捐活动使公众在思想上容易出现"道德疲倦"，参与捐赠的积极性普遍不高，再加上某些利用人们的同情心谋取私利，"慈善骗局"在媒体上频繁曝光，致使公众害怕自己的善良和爱心受骗，对慈善捐赠日益变得谨慎起来。因而，慈善意识尚未在我国成为主流的社会意识，教育捐赠也只能停留在较低的水平，难以为农村教育事业的发展提供更大的支持。

第8章　中国农村教育投入的模式选择

农村教育投入模式是农村教育投入的核心问题。农村教育投入模式的选择不仅直接左右着农村教育投入的绩效，而且最终影响着农村教育的发展。本研究认为，中国农村教育投入模式应当是以实现农村教育优先发展和跨越式发展为目标，以全面提升农村教育投入绩效为前提，借鉴国外成功经验，依据农村教育与农村教育投入的特征，将农村教育投入的要素加以抽象、概括、分析和演绎而构建的，以指导农村教育投入实践为目的的一种框架性的理论方案。本章将重点就农村教育投入模式选择的理论依据、国际经验和农村教育投入模式的现实选择及实现条件进行探讨。

8.1　农村教育投入模式选择的理论依据

根据公共产品理论、外部效应理论关于公共产品的特征、生产或消费的外部效应等理论判定教育产品的属性、教育产品提供方式，是确定农村教育投入主体以及正确处理各投入主体之间关系的重要理论依据。

1. 教育产品的属性

在国外，关于教育产品的属性这一问题，学术界曾经有过激烈的争议，争议的焦点集中在教育究竟是公共产品还是私人产品。巴罗（Robin Barlow）认为"教育是一个纯粹的公共物品"[①]；美国诺贝尔经济学奖得主、公共选择理论的权威布坎南（Buchanan）认为教育是准公共产品[②]。公共经济学的权威斯蒂格利茨（Stiglitz）和阿特金森（Atkinson）从教育的直接消费特点出发，认为教育是"公共供应的私人产品"[③]。他们提出：教育如果不是被免费提供，个人就须像购买私人产品一样负担教育费用，那么这样的教育就是私人产品，而不考虑其提供主体是政府还是市场。美国著名经济学家哈维·罗森（Harvey S. Rosen）和范里安（Hal R. Varian）等也坚持认为教育主要是一种私人产品，只是这种产品是由政府（或政府参与）提供与生产的罢了[④]。

---

① Robin Barlow. Efficiency aspects of local school finance. Journal of Political Economy, 1970, (78): 1028-1040.

② 詹姆斯·M·布坎南. 公共财政. 赵锡军, 张成福, 译. 北京: 中国财政经济出版社, 1991: 22-40.

③ 阿特金森, 斯蒂格利茨. 公共经济学. 蔡江南, 等译. 上海: 上海三联书店, 上海人民出版社, 1992: 624-637.

④ 哈维·罗森. 财政学. 第四版. 平新乔, 董勤发, 杨月芳, 译. 北京: 中国人民大学出版社, 2000: 73.

　　在国内，学者对教育公共产品属性的争论也较为激烈。综合起来看，主要有以下几种有代表性的观点：劳凯声教授认为，教育是一项造福人类的公益性事业，其目的是造福他人、社会乃至全人类，因而教育是非营利性的，应当是一种典型的公共产品，但同时又可在特定情况下转化为私人物品或准私人物品[①]。胡鞍钢教授则认为，教育从自身性质来看属于私人产品，只是由于一定的制度安排，使其具有了消费的非竞争性和非排他性，"并非由于基础教育是公共产品而实施义务教育，而是由于实施义务教育而使基础教育成为公共产品"[②]。王善迈教授却认为教育是典型的准公共产品，"从整体上说，教育是一种具有正外部效益的准公共产品"。当然，"不同级别与类别的教育，其产品属性不尽相同。例如，义务教育和非义务教育，学历教育和非学历教育，民办教育和非民办教育等，有的更接近公共产品，有的则更接近私人产品"[③]。厉以宁教授则把教育产品分为五类：具有纯公共产品性质的教育、基本具有纯公共产品性质的教育、具有准公共产品性质的教育、基本具有私人产品性质的教育和具有纯私人产品性质的教育[④]。

　　综合分析国内外相关研究成果，本研究更倾向于接受王善迈教授的观点，即从总体上讲，教育产品兼具公共产品和私人产品的性质，是一种准公共产品。首先，从排他性上看，消费教育产品所获得的一部分收益是完全不外溢的，这部分收益就是教育的个人收益，他人不可分享，是完全能够排他的。例如，经过教育后受教育者知识与能力的增长，品德修养与价值观念的形成等，以及由此带来的个人在劳动技能、文化素养、创造能力等方面的提高，从而使其在工作和社会活动中获得更高的收入和社会地位，这些显然是其他人所不能分享的，因而具有排他性。教育收益的另一部分，即教育的社会收益，可以为全社会所分享，如个人能力和素养的提高，一方面有助于提升整个社会的生产力，促进社会经济更快增长，另一方面也有助于形成更加文明和谐的社会精神风尚等，这些都是教育带来的社会收益，所有社会成员均可以从中受益。这部分社会收益因为受益范围太大很难解决"免费搭车"问题，根本无法排他或者说排他成本高昂。因而，教育产品在消费上是具有部分的排他性和部分的非排他性。其次，从竞争性上看，非竞争性往往只有在消费者数目一定的有限范围内存在，在"拥挤"现象出现之前，我们可以认为增加这个受教育者的边际成本趋近于零。因为在拥挤临界点内，既定的生产容量并未被有效使用，增加一个受教育者的边际成本几乎可以忽略不计。因此，在拥挤临界点内，教育产品在消费上几乎没有竞争性。当消费者数目超过一定限度之后，竞争性就会取代非竞争性。从消费的角度看，随着受教育者的增加会带来"拥挤成本"（congestion cost），个人享受的教育数量减少、质量降低，个人所获得的满足程度也会发生变化，并且在教育机会有限的条件下，一部分人接受教育就会减少另一部分人接受教育的机会，通过选拔性的入学考试和收费等方式，可以很容易在技术上达到排他性的目的。

　　① 劳凯声. 社会转型与教育的重新定位. 教育研究, 2002, (2) 3-7, 30.
　　② 胡鞍钢, 熊志义. 大国兴衰与人力资本变迁. 教育研究, 2003, (4): 11-16.
　　③ 王善迈. 关于教育产业化的讨论. 北京师范大学学报, 2000, (1): 12-16.
　　④ 厉以宁. 关于教育产品的性质和对教育经营的若干思考. 教育科学研究, 1999, (3): 3-11.

　　上述分析表明，教育并不严格满足公共产品的两个基本特征，应属于准公共产品的范畴。然而，不同层次和类型的教育所具备的公共产品性质的程度却有所不同，表现出来的排他性、竞争性和外溢性的程度不尽相同，因此对于教育产品的属性也不能一概而论。从低层次教育到高层次教育，从普通教育到成人教育和职业教育，人们受教育的目的性逐渐加强，受教育越来越与未来的职业和预期收入有关，受教育的机会则越来越少，竞争日趋激烈。也就是说，教育的公共产品属性逐渐减弱，私人产品的属性逐渐加强，如图 8-1 所示。

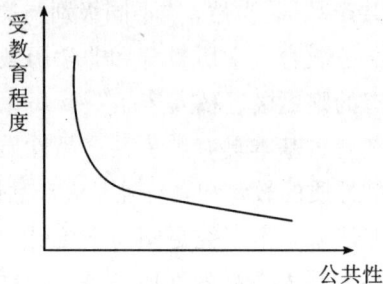

图 8-1　教育产品的公共性

2. 教育产品的供给

　　对教育产品属性的界定，是为了寻求合适的教育供给模式。经济理论与社会实践证明，不同属性产品的最优提供机制并不相同。对于公共产品，一方面，由于消费的非排他性和效用的不可分割性，一旦提供，任何人都可消费，而且不管是否愿意，每个消费者的消费量都是相同的；但是另一方面，每个人从公共产品消费中获得的满意程度即边际效用各不相同，这将导致每个人愿意支付的价格也各不相同，而消费者不可能通过调整消费量使自己的边际效用等于边际成本，因而不可能由市场提供并通过价格机制调节来获得公共产品的最优配置。所以，公共产品只能由政府提供。对于私人产品，一方面，由于效用可分，所以消费者可以通过调整消费量使自己的边际效用等于既定的市场价格，从而实现市场均衡。另一方面，由于不存在外部性，在市场均衡点上，各个消费者的边际效用就等于社会的边际效用，社会边际成本也等于社会边际收益，从而可实现帕累托最优。对于准公共产品，一方面，由于存在外部性，其外部收益具有不可分割性，如果完全由市场供给，其供给将低于使社会利益最大的水平，会带来效率损失，因而需要政府参与供给；而另一方面，准公共产品的内部收益是可分的，由消费者个人享有，如果完全由政府免费提供，又会导致其过渡消费，造成资源的浪费和福利损失。因此，准公共产品理应由政府与市场共同提供，通常采取政府以较低的价格直接提供的方式鼓励人们增加消费，以达到有效率的消费量，同时向直接受益的消费者收取一定的费用，以避免引起过渡消费。

　　教育作为一种具有正外部性的准公共产品。由于正外部性的存在，教育的成本收益不对称。教育服务不可能向其外部的受益者收取任何的费用。外部效应带来的成本与收益的倒挂，也会导致教育供给的不足。对于这种消费者从消费品中所获得的效益小于其社会效益的公共产品，如果由私人来进行投资，由于其是理性人，必定依据其所获得的边际效益和付出的边际成本的数量关系来确定其消费水平。但是当个人获得最大效用时并不一定意味着社会效益也实现了最大化。因为由市场供求决定的消费水平并未如实反映其具有的外部边际效益。也就是说，市场对于这种产品的配置是不足的，市场是失效的。如图 8-2 所示，MPB 为私人边际收益曲线，MC 为其边际成本曲线，当 MPB＝MC，私人部门决定的教育投入量为 Q_1；MEB 为教育的边际外部收益曲线，MSB 为教育的边际社会效益曲线，即 MPB 与 MEB 之和。根据效益的要求，当 MSB＝MC 时，Q_2 达到教育的最佳投入量。这说明市场不能保证教育的最优供给。因此，为保证教育实现最优供给，需要政府的介入，与市场相结合共同提供。

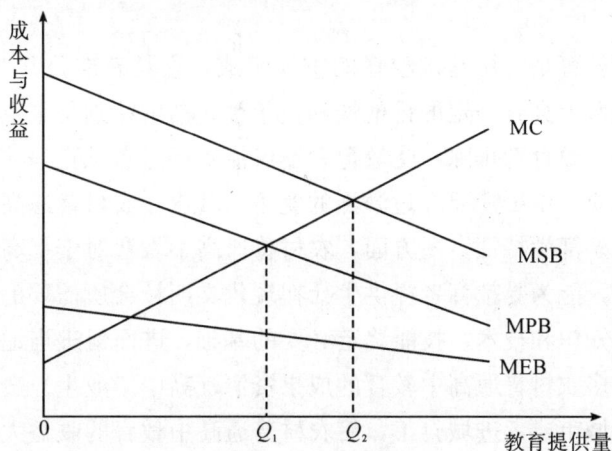

图 8-2　教育的正外部性与提供数量

3. 农村教育产品的属性及其供给

在我国现阶段，农村教育主要是包括农村基础教育、农村职业教育和农村成人教育等教育形式。

农村教育中的义务教育无疑最具公共产品的基本特征。首先，义务教育在各国均属于一种制度安排，这种制度上的安排使义务教育具有了纯公共产品的两个特征[1]。各国都通过立法规定义务教育是全体适龄儿童享受的基本权利，并将义务教育所需经费纳入政府财政预算，所以，不存在将任何一个适龄儿童排斥在义务教育范围之外的现象，具有公共产品的非排他性特征；义务教育的一个基本原则是实现教育的公平，全社会成员平等地享用其效用，一部分学生接受义务教育并不妨碍其他学生同时接受义务教育，具有公共产品的非竞争性特征。是否接受教育，接受哪一级的教育看起来是个人和家庭的一种私人选择，但对于义务教育，不再是一种选择，而是全体适龄儿童应有的权利，是国

---

① 孙国英，许正中，王铮. 教育财政：制度创新与发展趋势. 北京：社会科学文献出版社，2002.

家、学校和家庭应尽的义务和责任，此时个人的教育需求已成为全社会整体教育需求的不可分割的组成部分。其次，农村义务教育具有双重外部性特征。一方面，农村义务教育能够使农村的适龄人口提高文化知识水平，进而提升当地农村劳动力的素质和农村人力资本质量，促进当地农村的社会经济发展；另一方面，城乡差异导致农村义务教育成果资源大量流入城市，从而使农村义务教育成为城市人才培养和城市建设的重要基地，使城市成为农村义务教育的受益者；同时，地区差异导致的我国农村义务教育外部性也不可低估，中西部地区尤其是西部地区的农村义务教育成果资源，被东部地区以强大的"磁力"吸引走了，西部的农村义务教育在某种程度上成了为东部经济发展输送廉价劳动力的工具。所以，农村义务教育产生的收益并不局限于本地区，大部分是落在城市、县城、经济发达地区。因此农村义务教育具有使国家整体受益和使地方局部受益的双重性质。

农村普通高中教育是农村基础教育的重要组成，它具有准公共产品的特征。首先，农村高中教育在消费上具有一定的排他性和竞争性。高中特别是重点高中往往通过设置录取分数线将一些受教育者排除，受教育者不仅需要经过考试竞争才能获得高中的入学资格，而且进入优质高中更需要经过激烈的竞争。其次，农村普通高中教育与农村义务教育一样具有双重外部性特征。一方面，农村普通高中教育对于提高农村劳动力的素质有着基础性的作用，能为受教育者提供生活在现代文明社会所需要的一些基本知识与文化，并为学习专业知识和技术、技能奠定必要的基础，进而促进当地农村的社会经济发展；另一方面，许多农村普通高中教育的成果资源（高中毕业生）会进入城市中的大学深造，毕业后留在城市或者进城打工，使农村普通高中教育的收益大量外溢至城市及经济发达地区。

农村职业教育和成人教育都能够使受教育者获得较大的私人收益，通过职业教育和成人教育可以提高受教育者的终身收入，带来私人可分割的经济利益，受教育者理应承担这一部分教育成本。此外，职业教育或成人教育还可以为企业输送或培训员工，提高企业生产能力及管理水平，并最终增加企业收入，为企业带来经济利益，受益的企业也应承担一部分教育成本。但是这两类教育同样具有广泛的社会效益，受教育者个人通过接受职业教育或成人教育所获得的知识、技能等不仅可以为个人、企业带来私人收益，而且会外溢到全社会。农村职业教育既传授学生专业技能，又要进行基础教育，同时农村职业教育对于增加农民就业，提高农民素质和发展农村经济具有积极的意义。因此，相比较而言，农村职业教育具有更大的外溢性，是更接近公共产品的准公共产品。西方发达国家的实践也证明了这一观点。因此，可将农村职业教育视为典型的准公共产品。

综上所述，我们可对农村教育的供给主体作出如下判定。

（1）一方面，无论义务教育还是非义务教育，普通教育还是成人教育、职业教育，都具有相当程度的公共产品属性，同时也都具有相当程度的社会效益。按照受益原则，作为社会公共利益代表的政府，就有责任为这一部分效益支付成本；另一方面，既然农村教育具有私人效益，那么，作为这一效益的享受者——受教育者及其家庭、企业，就有义务为私人受益支付相应的成本。所以，政府、个人、企业均是农村教育的投入主体。

（2）按照能力原则，政府集中的财政收入，在国民收入分配中居主导地位，所以政府应成为教育投入的主要负担者；同时，并不是每一个受教育者及其家庭都有能力承担其应该承担的教育成本，毕竟市场经济条件下收入分配差距的存在是一个不容否认的客观事实。尤其是当前农村经济发展滞后、农民收入低下，要求每一个农村受教育者及其家庭承担较高的教育成本是困难的。因此，政府必须成为农村教育投入的主导力量。

（3）为扩大农村教育投入的来源，可以实行以政府投入为主的多渠道投入。在保证政府投入的基础上，放宽农村教育投入的门槛，鼓励企业、社会组织团体、个人投入，形成多元投入主体共存的局面。

8.2　农村教育投入模式的国际经验

纵观世界各国，由于历史文化传统的差异以及政治、财政和教育管理体制的不同，各国政府干预和投资农村教育特别是义务教育的具体方式又有所差别。

8.2.1　国外农村教育投入模式分析

1. 各国农村义务教育投入模式

1）美国农村义务教育投入模式

美国的基层地方政府即学区是农村义务教育投入中的主体。特别行政区的学区负责管理农村义务教育学校，拥有独立的征税权，学区义务教育也一度以财产税作为经费的主要来源。从全国范围来看，地方学区通过财产税提供的中小学教育公共经费占政府教育经费的比例最高时期曾达 83％（1919～1920 年），而当年联邦政府和州政府所占的比例仅为 0.3％和 16.5％。"二战"以后，随着历史传统和现实发展的相互作用，美国这种过于分散的以学区投入为主的农村义务教育财政投入模式才发生了很大变化，开始出现联邦政府和州政府加大对地方学区财政拨款力度的趋势。

经过最近几十年的进一步演变之后逐渐形成了美国当代的农村教育投入模式。联邦、州和学区三级政府共同分担农村教育经费，并且随着上级政府对学区教育干预的增多，州政府逐渐成为最主要的投入主体。首先，联邦政府通过专项拨款参与对农村义务教育的投入，并对州和地方学区的教育发展和教育政策进行引导。联邦政府的专项拨款都是指定专门用途的，主要包括特殊教育项目、职业教育项目、补偿教育项目、双语教育项目以及教学改革项目等。联邦政府对各地方学区的专项拨款款项和数额可能有很大不同，财力较差的州或学区通常能得到较多的联邦补助拨款。其次，州政府对地方学区农村义务教育投入的责任逐渐加强。州政府主要负责具体对学区公共教育经费的分配实施管理，与联邦政府相比，他们对于本州各学区义务教育具有更加直接的责任和义务。各州的教育经费分配一般采用公平性原则，力求对所有儿童公平，然而由于各州采取不同的方法资助学区，从而使州对学区的拨款补助方式在实际操作中呈现出多样性，不过有两种是比较主要的形式：一种是基本资助拨款，即公共拨款，属于一般性补助，通常采用基准额补助、等额补助、均等化补助等分配方式。基本资助拨款主要用于维系学区与学校的基本运转，旨在充分考虑学区在教育需求和教育财政能力方面的差异，以此促进州内各学区的义务教育能够得到比较均衡的发展，体现了公平性。另一种是专项拨款，主要考虑地方学区特殊的教育需要，多用于特殊教育、职业教育等。

　　2）法国农村义务教育投入模式

　　法国在全国实行免费义务教育，不论农村还是城市，公立义务教育经费全部由政府拨款提供。法国政府对农村义务教育的经费投入，目前实行的是中央与地方政府共同分担，以中央为主的模式。法国对农村义务教育的公共投资，主要包括教师工资、学校校舍建设以及行政运转经费三大项。尽管这三项经费的分担主体不同，但从中央到省、乡镇，均形成了事权明确、财权清楚有效的管理机制。具体分工是：包括公立小学教师和初中教师在内的公立义务教育教师的工资，由中央政府全额负担；公立义务教育的校舍建设与学校行政经费由地方政府分级负担，其中乡镇政府负担小学的相应经费，省级政府负担初中的相应经费。法国农村义务教育财政体制的一个特点是实行中央对地方的补助制度。中央政府不仅直接负担教师工资，还对地方义务教育给予专项补助，例如，在义务教育学校校舍建设方面，省按照规划修建初中、市镇修建小学，在地方财政不足的情况下，均可申请中央财政的专项补助。此外，还设学生交通补助、教学革新项目等专项补助，而且中央财政每年还通过一般性转移支付办法对地方财政给予补助，补助资金主要用于地方公益事业，其中包括支持乡镇开办小学和省开办初中。

　　3）日本农村义务教育投入模式

　　日本不分城市和农村对全国公立教育实行一体化的财政体制。就农村义务教育而言，由中央、都道府县、町村三级共同负担农村义务教育经费，町村级地方政府负责对农村义务教育的具体管理。中央和都道府县均通过财政转移支付实现对农村义务教育的投入，这种财政转移支付并非一次性或某个时段的支出，而是通过立法进行了严格规范的。为了充分体现政府对义务教育作为一项重要的公共服务或公共产品的认可，中央财政以国库支出金对农村町村义务教育教师工资经费给予补助。目前日本中央财政对地方义务教育的经费补助已经成为中央教育经费的最大使命，通常在历年中央教育经费中所占的比例在50%左右。中央和都道府县的转移支付资金不仅用于町村校舍建设，也用于人员经费，中央和都道府县各承担50%的农村公立义务教育教师工资。

　　4）印度农村义务教育投入模式

　　印度在1950年制定了独立后的第一部宪法，将"国家为所有儿童提供免费和义务教育"写进了宪法。印度的教育经费主要来源于四个方面：一是中央政府和各邦政府的预算拨款；二是地方机构的资助；三是学生交纳的学费；四是私人和国外机构的捐款。印度义务教育投资主要由中央和邦政府来共同承担，而且是以邦政府为主，基层地方政府基本不承担义务教育投资责任。各邦财政支出的能力、对义务教育的重视程度直接影响着义务教育的发展水平。邦政府对义务教育的投资实行预算管理制度，义务教育预算编制从乡一级开始，根据上一年度的支出编制本年度概算，包括乡辖区内所有小学教师和乡教育行政人员费用、校舍基建和受补助学生的补助金。之后县一级、专区一级再分别做出自己的预算，最后提交邦公共教育局，经审查后提交邦立法机关审查批准。1992～1997 年，印度义务教育经费经常性支出中，中央投资占 4％左右，邦和中央直辖区占 96％。印度义务教育经费中 95％以上的经费都用于教师的工资支出。

2. 各国农村职业教育投入模式

1）德国职业教育投入模式

德国职业教育实行社会多部门参与的多元多层次管理体制，除联邦和州政府外，还包括经济部门、行业协会、联邦劳动局、各类公共部门和教会等均是职业教育的直接参与者。德国的职业教育投入模式是一种多元混合模式，由政府和私营经济共同资助，主要包括五个方面：国家资助、企业直接资助、企业外集资资助、个人资助、混合经费资助。其中，联邦和州政府以及企业是主要的经费承担者，其他参与者则主要负责提供职业继续教育和转岗或转业培训方面的经费。

国家资助主要是通过州政府、联邦劳动局和联邦职业教育研究所向各类职业学校、跨企业培训中心和职业继续教育机构提供的。企业外集资的主要目的是避免培训企业和非培训企业之间的不平等竞争，企业外集资以基金形式设立，包括中央基金、劳资双方基金和特殊基金等形式。其中，中央基金是以法定形式由国家设立的向企业筹措经费的模式。按法律规定，无论国营还是私营，无论培训还是非培训，所有企业都须在一定时期内向该基金交纳一定数量资金，通常由国家依据经济发展状况按企业员工工资总额的一定百分比提取，一般介于 0.6％～9.2％。中央基金由国家统一分配和发放，并有严格的资金申请条件和分配制度。不同经济发展水平的区域和不同规模的企业，以及不同培训职业、不同培训年限，其所获得的基金资助的多少都有较大的差异。一般情况下，企业可获得其培训费用的 50％～80％的补助；如果所培训的职业前景看好，那么企业可获得 100％的资助。这种资助模式一方面可以激发企业参与培训的积极性，另一方面也可以对企业的经济负担进行平衡，在一定程度上避免了可能由此而引发的不平等竞争。混合经费资助是通过国家对企业提供税收优惠政策而形成的一种间接资助形式，它建立在企业外集资和企业直接资助的基础上，企业可以在一定时候从国家的税款中以一定比例扣出用于培训或交纳给基金会的资金，优惠税款目前主要有：固定扣除款、专门扣除款、及时扣除款、社会福利优惠款和补偿款等。

2）美国职业教育投入模式

美国的职业教育包括中等职业教育、高中后职业教育和高等职业教育，主要由综合高中、职业技术学校、地区性职业教育中心、社区学院以及企业办培训中心或学校等机构实施。其中，社区学院是美国实施职业教育的主体，其办学以政府为主。公立学校的教育经费主要来源于地方税收、联邦政府资助、州政府拨款和学生所缴学费及其他收入等渠道。私立学校的教育经费则主要来自学生所缴学费，另外也常得到政府的小额补贴以及一些公司或私人的资助。美国各个地区的差异较大，因此各州的各个学校教育经费的来源渠道也极不相同。以威斯康星州为例，该州的职业教育较为发达，自 1984 年以来，其职业教育（社区学院）经费的构成基本为：地方税收约占 45%，州政府拨款约占 20%，联邦政府的资助约占 10%，学生学费约占 10%，除此之外还有部分来自于企业和私人的赞助以及学校有关产业的收入。

美国职业教育的管理制度和运行机制与其投入格局相适应，实行联邦政府引导、州政府和地方政府分级负责、重心在地方的管理制度和学校根据市场需求自主办学的运行机制。按《联邦职业教育法》规定，联邦政府每年向各州提供 16 亿美元的职业教育专项补助经费，以激发各州重视职业教育，引导职业教育的发展与改革及促进教育机会平等目标的实现，从而提高美国技术与经济的竞争能力。联邦政府虽然不直接管理职业教育，但是成立了全国职业技能标准委员会，旨在将行业的技术标准变成国家经济和教育政策的组成部分，以通过行业来影响和规范职业教育管理。

3）澳大利亚职业教育投入模式

澳大利亚的教育管理体制及财政支付体制是由联邦政府、州政府共同完成的。联邦政府主要负责为高等教育机构提供全部经费，并对学前教育和技术与继续教育学院（TAFE）提供补充经费。州政府则主要负责本州的学前教育、普通公立中小学教育和技术与继续教育学院教育提供经费，以及为私立中小学和学前教育中心提供适当经费补助。因而总的来说，公共职业教育经费的管理和拨付主要是由州政府来完成的，联邦政府把补充经费拨付给州政府，由州政府负责具体的拨付和分配。近年来，各州对于公共职业教育经费的拨付都采用了一种"准市场化"机制的管理与操作模式[①]。

1994～1998 年度的政府职业教育五年规划中，澳大利亚即引进了"效益"概念，强调经费投入与产出的比率及由此带来的价值。具体措施包括：开放培训市场，允许企业和私人参与职业教育培训，并用一定比例的公共经费作为竞争性经费，让"TAFE"和其他职业教育提供主体，平等竞争。在 1998～2003 年度的国家职业教育规划中，资金使用效益得到了进一步的强调，力求达到公共职业教育经费使用效益的最大化。其主要措施包括：有效利用教育基础设施，增加经费管理透明度和责任意识，加强研究和评估以不断改进政策和修正计划方案等。

在具体运作上，公共职业教育经费的主要来源有：联邦和州政府拨款、学费、公立职业学院的服务收入（如短期培训和咨询服务、开办合营企业、出售教育技术与教材等）。州政府的拨款占主要部分，一般在 57%左右，2004 年占 55.4%。其次是联邦政府拨款，为 22%左右，2004 年占 22.2%。学院自身的服务性收入为 16%左右。学费收入一般为 5%左右。

---

① 陈利. 澳大利亚公共职业教育经费运作及评价. 人民教育出版社网，www.pep.com.cn

8.2.2　经验与启示

以上国家农村教育投入模式是由该国的政府体制，以及历史、宗教等方面的因素共同作用、塑造而成的。虽然这些模式具有该国所独有的特质，但总的来说，他们的经验为我们提供了相当的启发。

1. 政府公共投入应当成为义务教育特别是农村义务教育的绝对财源

义务教育的公共产品属性，决定了虽然各个国家政治体制不同，财政体制不同，义务教育投入模式也不尽相同，但是各国的义务教育经费却表现出一个共同的特点，即政府公共投入构成了义务教育的绝对财源。不仅在美国、日本等发达国家，而且像印度等发展中国家，来自政府的公共经费一般均占义务教育投入总额的 $85\% \sim 90\%$[①]，充分体现了义务教育应由政府举办，经费应由政府公共经费承担的基本原则。从各国的情况来看，政府公共经费的来源均来自于各国各级政府的税收收入，只是在筹措方式上有所不同，例如，法国、日本、印度等国均未开征教育的专门税种，而是从政府的财政总收入或财政预算中划出一定比例用于义务教育；韩国是把某些特定项的税收收入作为义务教育公共经费的来源；美国等国是上述两种方式兼而有之，即义务教育公共经费部分来源于政府预算，部分来源于专门税收。

2. 多级政府共同分担农村义务教育投入的责任且重心上移

从管理体制上看，世界上无论分权国家还是集权国家，各国对教育大多实行分级管理。农村义务教育通常由各级政府共同负责，合理分摊。例如，美国的初等义务教育由地方学区主管，但对义务教育公共投资则主要由州和地方学区共同负担；法国的初等义务教育由中央和市镇政府共同分担；日本的初等义务教育由市町村主管，其公共投资则由中央、都道府县、市町村三级财政共同分担；德国初等义务教育由市镇管理，对其公共投资由州和市镇政府共同分摊。虽然农村义务教育所需各项经费的负担主体可能不同，但各负担主体均职责清晰，财权明确。与此同时，中央政府均对农村义务教育承担了相应的责任，并且随着财政体制改革和教育财政体制的不断完善，中央政府的投入责任逐步增强。美国、法国、德国、日本等国家在历史上都曾经历了一个几乎全部由农村基层地方政府负担农村义务教育经费的过程。当时出现的普遍问题是，这种低重心的教育体制给基层地方财政造成严重压力，而义务教育的推进则困难重重。面对困境，各国采取的对策是加大中央和高层次地方政府的支出责任，使政府教育支出的重心上移。总的趋势是将义务教育支出主体从原来的三级行政当局上移至一级或二级行政当局，即中央财政和省级财政在义务教育支出中担负主要责任。例如，美国从地方学区上移至州，法国从市镇上移至中央，德国从市镇上移至州，日本由市町村移至中央和都道府县。因此，

---

① 高如峰. 农村义务教育财政体制比较——美国模式与日本模式. 教育研究, 2003, (5): 64-70.

综合各国的经验，明确各级政府在农村义务教育投入应承担的责任，加大中央和高层次地方政府的支出责任，才能有效防止农村义务教育投入的越位和缺位，保障经费的稳定来源，切实保证农村义务教育的健康持续发展。

3. 充分关注处境不利地区和群体的教育，并在经费上给予特别援助

各国政府都十分重视普及义务教育中处境不利地区和群体的问题，从而根据具体国情和实际需要，形成了针对处理不利地区和群体的特别财政扶持制度。例如，韩国政府实施义务教育时，采取的办法是城市收费，岛屿及偏僻地区完全由国家负担，等到国家有财政能力以后，再把城市义务教育经费包下来；法国政府在偏远农村地区建立单班小学和实施其他优惠措施。我国城乡差别和地域差别都非常大，城市和东部经济发达的农村地区财力雄厚，义务教育经费较为充裕，而中西部经济欠发达地区和贫困地区的义务教育却因经济发展缓慢，地方财政困难，处于人、财、物全面匮乏的境地。因此，必须借鉴韩国、法国等国家的经验建立符合我国国情的农村义务教育特别扶持政策，以确保欠发达地区和贫困地区的义务教育的发展。

4. 加大农村职业教育的投入力度

在义务教育之外的农村职业教育，政府也要加大投入，加快发展对农民的职业技能教育。从国外的经验来看，各国农民培训的经费主要来自于国家的投入。据赵正洲的考察，英国农民培训经费的 70% 由政府财政提供，美国财政每年用于农民教育的经费达 600 亿美元，德国农民教育投资占国家教育投资的 15.3%[①]。从农村培训投资渠道来说，各发达国家在注重发挥政府拨款主渠道作用的同时，也十分注意多方面筹集经费。例如，20 世纪五六十年代，英国在农村普及农业教育过程中曾采用集资的方式解决教育经费的问题，法国和日本政府直接对农业教育进行大量投资。值得一提的是，韩国则在贷款、融资和利息等方面对农业后继者和专业农民培训有优惠政策，对农业后继者提供 2000 万～5000 万韩元（1100 韩元＝1$）的资金援助，年息 5%，5～10 年内偿还；对专业农户提供 2300 万～1 亿韩元的资金援助（国库补助 10%，地方政府补助 10%，国库融资 28%，农协融资 42%，个人负担 10%），年息 4.5%，4～7 年偿还，规模经营农户可 20 年偿还[②]。

5. 建立完善的社会参与机制，扩大经费来源的渠道

扩大社会参与，扩展教育经费来源渠道，是 20 世纪 80 年代以来大多西方国家教育改革在公共投入方面的共同趋势。虽然中央政府在义务教育投入方面占有主导性地位，但是政府同样积极鼓励、吸纳社会资金（如法国）。美国、日本、韩国等国义务教育经费

---

① 赵正洲，王鹏，余斌. 国外农民培训模式及特点. 世界农业，2005，(6)：51-54.
② 李水山. 新时期韩国农民教育的法律依据、特征和发展趋势. 职教论坛，2005，(16)：55-59.

来自于社会和私人的捐助已占了相当部分。我国长期以来的实践也证明，单靠国家办教育，有限的财力影响了我国教育事业的进一步发展。因此，国家应鼓励社会资源向农村教育事业的合理流动并提供相应的制度保障，通过学校与社会的良性互动，建立起真正的社会参与机制，多渠道筹集资金，提高办学活力，推动农村教育事业更加有效快捷的向前发展。

8.3　农村教育投入模式的现实选择

8.3.1　农村义务教育投入模式的选择

1. 义务教育投入的一般模式

审视各国教育投入体制，大致可以把当代各国义务教育投入模式划分为三种基本类型。

1）集中型教育投入模式

所谓集中型教育投入模式，是指义务教育投入主要由中央政府或较高级别的政府负担。也就是说，在确定社会各方教育投入的职责时，把筹集、分配的权限适当集中在中央或较高教育级别的政府手中，以适当强化中央政府或较高级别政府对教育的宏观调控作用。实行这种教育投入模式的大多是中央集权型的国家。在这些国家，包括义务教育在内的整个教育是国家最重要的责任之一，因而，国家的财权和事权主要集中在中央政府手中。例如，法国是实行中央集权制的典型代表，依照其法律规定中央政府要承担85％以上的教育经费，包括所有公立教育机关（包括幼儿园）以及和国家缔结合同的私立教育机关的教职员工，都是国家的公务员，工资都由国家负担。地方政府则主要负责提供学校建筑和其他设施、设备费中国家补助不足的部分和地方当局雇佣的学校职员的工资。此外，像苏联、东欧等国家以及部分第三世界国家大都采取类似的教育投入模式。这种模式的优点是：便于政府对全国教育经费统一规划、统一分配和宏观管理，有利于消除和避免由于地区经济发展不平衡造成的教育发展不均衡，也可以制约地方政府在教育投入运行和管理上的不规范行为。但其缺点是：不利于调动地方政府教育投入的积极性，也不利于调动政府以外的其他主体教育投入的积极性。

2）分散型教育投入模式

所谓分散型教育投入模式，是指国家对义务教育的投入主要由地方基层政府负担。该模式下义务教育的经费筹措、分配主要由市镇、县乡、学区及其以下的基层政府负责，而中央政府或较高级别的政府只发挥微弱的补充性作用。采用分散型模式的大多是地方分权制的国家，即地方自主占统治地位，如英国、丹麦、挪威等。地方政府的义务教育经费占全国义务教育经费的 40％，同时，为保证以地方政府为主的义务教育投资体制的运行，中央政府对地方政府实施了强有力的转移支付，促进城乡之间和地区之间义务教育的协调发展（如英国）。从理论上讲，这种模式有利于克服集中型教育投入模式的弊端，调动地方政府和其他教育投入主体的积极性和主动性。但是，该模式需要满足比较严格的前提条件：一是地区经济发展比较均衡；二是财政分配制度比较合理；三是地方政府行为比较规范；四是中央或较高级别政府宏观调控能力比较强。如果无法具备这些条件，那么分散型模式可能会导致教育在地区间发展不均衡，不利于教育公平。

3）相对集中型教育投入模式

所谓相对集中型教育投入模式，是介于集中型和分散型之间的一种教育投入模式，即义务教育经费是由中央政府和地方政府共同负担的，而且一般由中央或较高级别的政府承担相对较多的责任。该模式主要在一些联邦制或实行分权与集权相结合的国家实行，如美国、德国、日本、韩国等。实行这种模式的国家较多，通常都将筹集、分配义务教育经费的权限适当集中到联邦、州、省、都道府县等较高级别的政府手中，以发挥中央或较高级别政府在推动义务教育均衡发展中的作用。相对集中型模式既有利于平衡各地区义务教育的发展，又有利于调动地方政府的积极性，充分挖掘地方办学潜力。

总的来说，这三种教育投入模式是各国经济、政治、教育体制长期发展的结果，不存在非此即彼的简单取舍，而且这种划分是相对的。不同国家之间、同一国家不同级别或不同类别的教育之间，教育投入模式往往有较大的区别。相比较而言，相对集中型的教育投入模式在消除地区经济发展不平衡，保障义务教育普及与均衡发展方面能产生更加积极的作用。

2. 我国农村义务教育投入模式的现实选择

我国农村义务教育投入先后经历了从高度集中到相对集中，再从相对集中到分散型模式的转变。1980 年以前，与当时高度集中的政治经济体制相适应，我国的教育投入模式是一种高度集中的模式，无论初等教育还是中、高等教育的经费基本上都是由中央财政切块单列，戴帽下达。1980 年实行"划分收支、分级包干"的财政管理体制后，初等教育经费的分配与管理责任下放到省（自治区、直辖市）一级政府，这个时期初等教育的投入应属于相对集中的模式。1985 年起实施"地方负责、分级管理"后，农村中、小学教育经费主要由县、乡两级财政负担，农村义务教育投入转变为分散型模式。虽然税费改革后，农村义务教育开始实行"以县为主"的管理体制，但总体上讲，我国农村义务教育投入仍然是较低重心的分散型模式。纵观整个农村教育的发展历史，高度集中或高度分散的义务教育投入模式都难以充分满足农村义务教育发展的需求。高度集中型模式由于中央集权太多，抑制了地方发展农村教育的积极性；而以地方基层政府为主的分散型模式由于上级政府承担的农村教育的责任太少而不能解决农村义务教育投入不足的问题，地区之间经济实力的差异又造成农村之间义务教育发展的不均衡。

当前我国农村教育发展中城乡教育差异巨大、教育公平缺失是最主要和最突出的矛盾，因此，有必要构建起一个有利于促进农村义务教育均衡发展，促进教育公平实现的教育投入模式。有鉴于此，本研究认为，构建以集权为主导、以分权为主体的相对集中型农村义务教育投入模式将是更为理想的选择。

首先，国家关于"建立中央和地方分项目、按比例分担，经费省级统筹、管理以县为主的农村义务教育经费保障新机制"的政策已经为这一模式的构建奠定了基础。"中央和地方分项目、按比例分担"明确了分权与集权的结合，而由"以县为主"转变为"省级统筹、管理以县为主"则明确了以集权为主导、分权为主体的基调。其次，从理论上讲，集权能发挥中央及省级政府的主动性，有利于平衡各地农村义务教育的发展；分权有利于调动地方政府及其他教育投入主体的积极性和主动性；分权与集权的结合则有利于调动中央与地方两方面的积极性；同时，以集权为主导，以分权为主体的主体结构符合农村义务教育的公共产品属性和外溢性强的特征，有利于农村义务教育投入的保障。再次，从各国农村义务发展的经验来看，无论分权还是集权国家，通常都由各级政府共同承担农村义务教育投入的责任，并且中央和高层次地方政府的支出责任逐渐增加，呈现出分散向集中转变、政府教育支出重心上移的趋势。据 OECD 对 20 个成员国在 1994 年的相关数据统计，由中央政府作为教育投入主体的国家有 10 个，由高层次地方政府作为投入主体的国家有 7 个，由基层地方政府为投入主体的只有 3 个。因此，构建以集权为主导、以分权为主体的相对集中型农村义务教育投入模式能有效防止农村义务教育投入的越位和缺位，保障教育经费的稳定来源，切实保证农村义务教育的健康持续发展。

实施相对集中型农村义务教育投入模式必须明确规定各级政府的投入责任，建立起中央、省、县三级政府共同分担的教育投入体系。

1）中央政府

强化中央政府在农村义务教育中的责任是与其本身具有的巨大财力分不开的。改革开放以来，中国国内生产总值（GDP）增长速度年平均高达 9%，积累了相当的经济基础，与此同时，中国财政体制经过 1994 年开始实行的分税制改革以来，也发生了重大的改变，中央财政收入在全国财政收入中的比重大大增加，自 1999 年以后中央财政收入的比重均超过 50%。综合国力和国家财政能力的提高，标志着中央宏观调控能力的增强，在全国范围内提供大体相当的公共产品，保障不同地区最低限度的基础性公共产品的供给提供了可能。在义务教育领域，中央政府的主要职责是协调全国范围内农村义务教育资源的配置，保证义务教育的均等发展，其中涉及的一个主要问题就是教师工资。农村义务教育教师工资是农村义务教育中最重要的一项经费支出，历年均占财政预算内农村义务教育事业经费的 80% 以上，因此农村义务教育教职工工资应全部由中央财政负责。据林毅夫估算，全国中小学教师的工资总额为 446 亿元，如果完全由中央财政来支付，仅占中央财政收入（2001 年）的 5.2%[①]。也就是说，这一安排客观上具有可行性，不仅体现了义务教育的精神，而且可以避免由于经济发展水平不同造成教师收入差距扩大，促进教师队伍的稳定。中央政府还应负责引导农村义务教育发展方向、解决农村义务教育运行和发展中重大特殊问题的资金投入，如对贫困地区的资助、危房改造的资助、改

---

① 林毅夫. 有关当前农村政策的几点意见. 三农中国，2004，(1)：4-7，79.

革导向性项目资助（如试点研究、改革项目推广、教师培训等）等。

2）省级政府

省级政府在中国的政府层次上一直占有极为重要的地位，但在义务教育管理中，其角色在很大程度上只是一个"二传手"，即向上传达中央政府的要求，转移分配中央下达的各种形式的转移支付资金，或最多再按中央政府要求提供部分配套资金。就全国绝大多数省份的情况来看，省级政府财力远高于县级政府，这几年，省级财政资金集中度一直稳定在 28% 左右①。因此，应强化省级政府的农村义务教育投入责任，在中央政府承担农村中小学教师的工资的基础上，省级政府应当负责提供农村义务教育公用经费的责任。农村学校公用经费过低是制约农村教育质量的重要因素之一，由于目前还不具备在全国范围内统一公用经费标准的条件，所以不宜由中央承担。相比而言，由省级政府承担这项经费比较可行。公用经费由省级政府支付，可以在省际范围内形成一个相对公平的教学条件，为学校创造一个较好的运转环境，保证学校正常教学秩序。此外，还应加强省级政府在农村义务教育财政转移支付中的职责，建立辖区内农村义务教育经费补助制度，对特别贫困和义务教育发展特别迟缓的地区进行单项和专项补助，这将有利于实现省内的纵向与横向平衡，实现省内农村地区义务教育经费的有效供给。

3）县级政府

强化高层级政府的投入责任，建立相对集中的投入模式并不意味着县级政府可以摆脱责任，县级政府必须继续承担一定比例的投入责任。义务教育是必须分散组织的社会事业，涉及校舍建设和维护、人员工资发放、日常教学活动等诸多方面，财务支出内容繁杂，如果基层政府不承担投入责任，完全依靠高层政府，那么在操作上也很困难。县级政府能够清楚地掌握本县范围内农村中小学校舍的基本情况，并根据各校的不同情况统筹安排更新学校的基建设施，因此可考虑由县级政府负责农村义务教育的基建经费。从历年的基建支出占农村义务教育经费的比例看，该比例较低，县级财政基本有能力提供安全的校舍和必要的设施。同时，县级政府作为农村义务教育经费的直接管理者和使用者，应当将农村中小学各项经费全部纳入预算，科学合理地分配资金；建立健全科学规范、高效快捷的资金拨付制度，确保资金及时足额到位；加强公共财政管理监督，保证从中央和省级财政下拨的教育经费真正专款专用，杜绝教育经费被挪用的行为。

8.3.2　农村非义务教育投入模式的选择

1. 农村普通高中教育的投入模式

农村普通高级中等教育是农村基础教育的重要组成，也是义务教育的延续和进入高等教育的桥梁，起着承上启下的作用。由于目前我国公共财政尚无力保障十二年制义务教育，所以现阶段普通高级中等教育还具有非义务性、非强制性的特点，其公共产品属

---

① 张守祥. 农村义务教育管理体制：进展、问题、建议. 基础教育参考，2005，(1)：4-8.

性弱于义务教育。

（1）政府是农村普通高中教育投入的主体。首先，农村普通高中教育是具有较强公共产品性质的准公共产品，理应由政府承担主要的投入责任。其次，农村普通高中教育虽然公共产品属性弱于义务教育，但是同样具有明显的基础教育的特征，与中小学义务教育的性质相近，普及农村普通高中教育对于提高国民素质，建设人力资源强国都有着重要的意义。因此，农村普通高中教育的政府投入部分也可以采取与农村义务教育相同的相对集中型教育投入模式，即中央和省级政府按财力承担主要投入责任，县级政府承担一部分投入责任。

（2）受教育者及其家庭也应负担一定的教育经费。农村普通高中教育具有一定的私人产品属性，能够给受教育者个人及其家庭带来一定的私人收益，但是这种私人收益并不是直接的经济收益和社会收益，而是一种教育选择的权利，它为受教育者提供了选择接受更高层次教育——高等教育的权利和机会。这种权利是具有潜在的、滞后的和预期的经济效益。因此，受教育者及其家庭理应承担一定的投入责任。

总之，农村普通高中教育投入应主要由政府和受教育者及其家庭共同负担，分担比例则视各地经济发展程度等具体情况而定。

2. 农村职业教育的投入模式

农村职业教育是农村教育体系的重要组成部分，可以改善农村劳动力结构。农村职业教育是典型的准公共产品，其私人产品属性要强于农村义务教育和农村普通高中教育。因此，相比之下，应更加强调个人和企业的教育投入责任。

（1）政府是农村职业教育投入的主体。首先，农村职业教育具有准公共产品性质，发展农村职业教育有利于促进农业科技的进步，提高农业生产率和促进农村经济的发展，具有正外部性，因而需要政府干预其有效供给，承担教育投入的责任。其次，农村职业教育培养的人才主要服务于地方，因而具有地方性公共产品性质，应当由省、县两级地方政府承担主要的投入责任，中央政府予以一定补助。

（2）企业应在受益范围内负担农村职业教育经费。农村职业教育为企业培养了具有一定职业技能的熟练劳动力，有利于提高企业的劳动生产率，企业可获得更大的经济效益。因此，依据受益性原则，企业理应承担部分农村职业教育的投入责任。

（3）个人也应负担一定的农村职业教育经费。经过农村职业教育的教育和培训后，受教育者能够提高专业知识和职业技能，工作能力得以加强，有利于增加个人收入。因此，依据受益性的原则，受教育者理应承担部分农村职业教育的投入责任。

3. 农村成人教育的投入模式

农村成人教育是直接为农村服务的重要的农村教育形式，通过对农民的文化教育和实用技术培训，培养新型农民，以提高农民的整体素质和生活质量，增强农民就业、创业能力，促进农业增效、农民增收、农村发展。

（1）政府是农村成人教育投入的主体。农村成人教育具有准公共产品性质，发展农村成人教育有利于培养农村实用型技术人才，开发农村人力资本，促进农村经济的发展，具有正外部性，因而政府理应承担教育投入的责任。与农村职业教育相比，农村成人教育的"地方性"更强，因此应由地方政府承担主要责任，中央政府可以予以一定补助。

（2）个人应负担部分的农村成人教育经费。农村成人教育能够使受教育者提高科技知识和劳动技能，有利于提高劳动生产率，增加个人收入。因此，受教育者个人理应承担部分农村成人教育的投入责任。

（3）企业也应在受益范围内负担农村成人教育经费。根据受益性原则，各类直接依靠农民并服务农民的民营企业、外资企业等，应投入专项资金用于农民技能培训，担负起提高农民科技素质的重任。

8.4 农村教育投入模式选择的实现条件

教育投入模式的选择会受到不同时期社会、文化、政治、经济、意识形态等诸多因素的影响，因而世界各国教育投入的模式不尽相同，一个国家在不同时期所选择的模式也会有所差异。在我国社会主义市场经济体制和农村教育发展的现实背景下，农村教育投入模式的选择至少需要满足两个关键条件。

1. 规范政府农村教育投入行为

在社会主义市场经济条件下，政府对教育投资的动机主要是满足社会对教育的公共需要，弥补个人与社会教育投资的不足，保证教育协调发展和教育公平。这既是政府的基本职能与义务，又决定了政府在整个教育投入以及农村教育发展中具有不可替代的作用。然而，由于政府本身的行为偏差，在现实中，政府对教育的投入与社会需要之间存在着一定的偏差。

根据公共选择理论的研究，政府是公共利益的代言人，虽然其职能是为了满足社会的公共需要，实现社会的公共利益，但政府本身并不像传统经济学所认为的那样，是一个理想的、超凡入圣的行为主体，它的行为在很大程度上受制于政府成员的具体行为，而这些政府成员固然具有其"公共性"的一面（他们服务于政府部门），但他们也有"私人性"的一面，同样具有追求自身利益最大化的理性和行为动机，而且受信息不充分以及现实复杂性等因素的制约，政府的行为有时也和市场一样存在着盲目性和随意性。同样，在现代市场经济条件下，政府对教育的投入不仅会像市场一样表现出不规范和低效率，而且也会具有一些难以克服的固有缺陷。所以，正如发挥市场的作用必须注意市场调节具有一定的内在缺陷和不足一样，发挥政府的作用也同样应考虑政府自身所具有的内在缺陷与不足，必须着力规范政府的农村教育投入行为。

（1）合理界定政府对农村教育投入的范围。政府教育投入的范围应主要限于个人与社会、企业不愿进行或无法进行投资的领域，以弥补市场投入的不足。从整体来看，农村教育的社会收益大于个人收益，远期收益大于短期收益，往往成为市场主体投入的盲区，因而政府必须成为农村教育投入的主导力量。尤其是农村义务教育，由于其近乎纯公共产品，具有极大的公益性质，政府就将其全面纳入公共财政的投入范围；而其他非义务教育阶段的农村教育，则可按照受益原则和能力原则与市场主体适当分担投入责任，既符合教育的公益性质，又符合基本的市场原则。

（2）强化政府对农村教育投入的法律约束。一方面，在现行法律框架下，严格履行法律义务，加大执法力度，同时通过提高政府教育投入行为的透明度，使政府的教育投入行为受到更为有效的约束。根据《中华人民共和国义务教育法》规定的"农村义务教育所需经费，由各级人民政府根据国务院的规定分项目、按比例分担"，全面落实各级政府的投入责任；根据《中华人民共和国教育法》规定的"国务院和县级以上地方各级人民政府应当向本级人民代表大会或者其常务委员会报告教育工作和教育经费预算决算情况，接受监督"，各级人民政府应该定期公布农村教育投入使用情况，接受人大的监督。另一方面，不断健全与完善与农村教育投入有关的法律法规，以提高政府对农村教育投入的刚性约束。例如，应在《义务教育法》中明确各级政府对农村义务教育投入的分担比例，尽快出台《教育投入法》进一步规范农村教育投入行为，保障农村教育的健康发展。

（3）健全政府对农村教育投入的决策机制。进一步完善和坚持科学的决策规则和程序，提高农村教育投入的科学化和规范化。政府职能部门，特别是教育职能部门，是教育投入的主要管理者，能否保证农村教育投入的合理分配与高效运用，是教育职能部门的重要职责。教育职能部门不仅要对本级政府农村教育投入的合理分配与有效利用负责，还应通过教育督导的形式对下级教育部门在农村教育投入的分配与使用方面的情况进行督查，发现问题要及时处理。

（4）加强对政府农村教育投入的社会监督。进一步加强和完善农村教育投入的社会监督机制，鼓励公众和新闻媒体对政府的教育投入行为进行监督。通过社会监督，促进和改善政府对农村教育投入的方式、力度等，保证政府对农村教育投入的合理分配和高效运用，避免教育资源的浪费。要建立信息公开制度，国家各级人民政府要对农村教育投入的筹措、分配和使用情况定期或不定期地向社会公布，以接受社会各界的监督。

2. 优化民间教育投资环境

民间教育投入是整个教育事业的重要组成部分，是农村教育投入的必要补充。在充分发挥政府对农村教育投入的主导作用的同时，还应大力鼓励和引导全社会对农村教育的投入。因此，规范政府的管理行为，加大对民间教育投入的支持、服务和管理力度，为民间教育的发展营造良好的环境，对增加农村教育投入、促进农村教育发展有着积极的意义。

（1）落实各项优惠政策。依法贯彻落实有关教育投入的各项减免政策，提高社会主体对农村教育投入的热情，最大限度地发挥教育资金的使用效益。进一步落实对捐资助学的税收优惠政策，对纳税人通过非营利的社会团体和国家机关向农村教育的捐赠，按照国家有关规定，在应纳税所得额中全额扣除。充分发挥社会团体在捐资助学中的作用。大力支持"希望工程"、"春蕾计划"、教育基金会等继续做好资助家庭经济困难学生和残疾儿童就学工作。

（2）营造公平的竞争环境。根据公平、公正、竞争的原则，全面废除和修改各种歧视、阻碍农村民办教育发展的政策和规定，构建对公立学校和民办学校一视同仁的政策体系和管理平台。除了各级政府和有关部门为农村民办学校创设平等的竞争平台以外，教育部门要特别在教学用地、师资配备、招生、教科研等方面给予农村民办学校实际的支持，提高学校的竞争和发展能力。

（3）加强民办教育的管理与引导。一是要规范准入，依照法律和各级各类学校的设置标准以及教育发展规划，引导社会资金有序进入农村教育领域，严格审批新办农村民办学校，并纳入相应的管理渠道。在积极鼓励的同时，也要反对盲目办学，一哄而起。二是要强化对学校办学行为的监督，通过加强学校招生宣传的管理和学校财务的监督，确保农村民办学校依法办学。三是加强农村民办学校校长和管理人员的培训，引导他们在学校思想政治工作、师德建设、学校安全、校园文化建设、教育教学管理等方面加强管理，遵循正确的办学方向，依法办学，规范办学。四是加强信息网建设，及时了解学校的情况，出现问题快速研究解决，做到防患于未然，维护农村民办教育的整体形象和农村教育的整体利益。

第 9 章　中国农村教育投入机制的重塑

农村教育投入机制是指组织、领导和管理农村教育投入活动的基本制度和主要方式、方法，它是农村教育投入的基本规则体系和运行方式，涉及农村教育投入活动中组织机构、主体行为规范、决策制度选择、责权利划分、资金筹措、实施过程、管理制度等一系列内容。简言之，农村教育投入机制是农村教育投入主体、投入方式、投入管理等方面的管理制度的总称。农村教育投入机制产生于现行的政治、经济、财政和教育体制之中，并随着政治、经济、财政和教育体制的改革而变更。但农村教育投入机制的改革和调整并不完全依赖于其产生的制度环境，在既定的制度框架内，农村教育投入机制的设计和运行仍有可选择的空间。基于现实的制度背景，本章将从农村教育的投入保障、管理运行、监督约束等方面重塑农村教育投入机制。

9.1　重塑农村教育投入机制的制度背景

一定历史时期的教育投入机制内生于该时期的教育体制，而一定时期的教育体制又受制于该时期的经济体制和财政体制，因此，国家的经济体制、财政体制和教育体制就构成了农村教育投入机制生成与运行的制度环境。

9.1.1　经济体制

经济体制是农村教育投入机制生成和运行的制度基础，它决定着农村教育投入的模式和性质。

新中国成立以后，我国的经济体制先后经历了计划经济、计划为主市场为辅、计划与市场并重到社会主义市场经济体制的发展过程，经济体制的每一次调整和转轨都深刻影响着我国农村教育投入的运行规则。在计划经济体制下，资源分配、产品生产和消费都依赖于政府的指令性计划，教育同样也不例外，教育决策高度集中，国家把有限的教育资源重点投向高等教育和城市教育，把农村教育投入和管理的责任下放给社队和农民，致使农村教育发展先天不足，诸多历史遗留问题至今都难以解决。在计划经济向市场经济体制转轨时期，中央把权力和责任全面下放到地方，农村教育投入的责任也不例外。由于地区间经济发展不平衡，以地方为主的教育投入模式必然造成地区间、城乡间教育发展的不均衡，导致教育公平缺失，由此产生了一系列的社会问题。随着社会主义市场经济体制的不断完善，政府与市场的分工与定位也更加明确，教育是公益性事业的意识也不断加深，将义务教育纳入公共财政保障已得到各级政府的普遍认同，由各级财政保障的农村义务教育经费投入、支出与管理机制初步建立；由政府、社会、个人共同负担农村高中、农村职业教育等非义务教育阶段教育经费的模式也基本形成。

9.1.2　财政体制

财政体制主要受制于国家的政治、经济体制，在既定的政治体制下，财政体制必须与经济体制相适应，这样才能保障国家各项事业的稳定发展。财政体制是农村教育投入的制度基础，它直接决定了农村教育投入机制的运行规则。因此，研究某个历史时期的农村教育投入机制时不能不考察当时的财政体制，这样才能科学地评价该机制在设计和运行方面的优劣。

新中国成立以来，在经济体制的影响下，我国的财政体制先后经历统收统支、财政包干、分税制和公共财政体制的转变过程。相应地，农村教育的投入机制也经历了集权、分权、相对集权的变革过程，其变革的路径和结果都充分体现了该历史时期财政体制的显著特点。在统收统支的财政体制下，教育财政决策权主要集中在中央、大行政区和省政府，农村中小学教育经费的筹集和管理以县（区）和社队为主，这一阶段的教育投入、支出和管理都体现了统收统支的财政运行模式；在财政包干的体制下，地方政府财力充裕，中央把基础教育事权全部下放地方，而地方政府又把教育事权依次下放，最终形成城市义务教育投入以区为主，农村义务教育投入以乡镇为主。由于地区、区内、城乡之间财政供给能力存在显著差异，所以义务教育在地区间、城乡间、学校间的发展差距逐步拉大，教育发展的不均衡至今难以弥补，这正是财政包干体制下基层政府财政收入差距的直接体现。1994 年分税制改革以后，随着中央财政收入所占比重的上升，地方财力明显下降，然而财政分配格局的变化却未引起中央与地方事权的相应调整，农村教育投入责任依然在地方。在以 GDP 为核心的政绩考核目标的激励下，地方政府把有限的财力都投放到经济建设，教育投入责任被长期忽视，学杂费、择校费、农村教育费附加成为教育经费的重要来源，加重了农民负担，也制约了农村教育的发展。随着公共财政体制的逐步建立，农村教育投入和管理重心逐渐上移。从 2006 年的农村义务教育经费保障新机制到义务教育的全免费，我国由公共财政保障的义务教育财政供给制度框架已初见端倪。构建与公共财政体制相适应的农村教育投入机制是农村教育获得稳定的政府财政教育投入的重要保障，而农村教育投入机制的重塑无疑也有利于国家公共财政体制的建设与完善。

9.1.3　教育体制

教育体制是农村教育投入机制形成的内在依据。农村教育投入机制不仅存在于特定的教育体制下，而且要为实现教育体制改革目标服务。

新中国成立后，我国教育体制经历了多次的变革。至"文革"以前，基本形成了新中国的教育事业计划管理体制：教育行政管理采取高重心、"条块结合"的方式，保证了党和政府对各级各类学校的领导；办学以政府和公有制单位为主，教育投入以政府为主，坚持"两条腿走路"的方针，培养选拔国家建设急需的专业人才，有力推动了基础教育的发展。20 世纪 80 年代以后，随着改革开放的深入，为适应经济体制、政治体制改革的要求，国家稳步推进了教育体制改革，建立了基础教育"地方管理、分级负责"，高等教育"两级管理、以省为主"的教育行政体制。农村义务教育则实行县、乡、村三级办学、县乡两级管理的体制；在资金渠道上确立了利用财、税、费、产、社、基等来源多渠道筹措经费的机制。"税费改革"后，又确立了"以县为主"体制，农村教育投入则主要源于县级财政收入、中央与省级财政的专项转移支付及学生书杂费收入。2005 年以后，教育体制改革进入新时期——"经费省级统筹，管理以县为主"，全面免除了义务教育阶段学费，建立起中央和地方财政"分项目、按比例"分担农村义务教育经费的财政保障机制。

党的十七大提出了"优先发展教育，建设人力资源强国"的战略部署，国务院颁布的《国家中长期教育改革和发展规划纲要（2010~2020）》（以下简称《纲要》）要求"切实保证经济社会发展规划优先安排教育发展，财政资金优先保障教育投入，公共资源优先满足教育和人力资源开发需要；进一步明确各级政府提供公共教育服务职责，完善各级教育经费投入机制，保障学校办学经费的稳定来源和增长"的教育发展战略，不仅是新时期我国教育体制改革的指引方针，同时还必然成为重塑农村教育投入机制的根本依据。

9.2　重塑农村教育投入机制的指导思想与目标

9.2.1　重塑农村教育投入机制的指导思想

《纲要》总纲中提出：高举中国特色社会主义伟大旗帜，以邓小平理论和"三个代表"重要思想为指导，深入贯彻落实科学发展观，实施科教兴国战略和人才强国战略，优先发展教育，办好人民满意的教育，建设人力资源强国。这一战略思想不仅对全国教育事业改革与发展作出了全面部署，无疑为农村教育发展指明了方向。

当前，我国农村教育已经步入一个新的历史发展时期，从总体上看，农村教育事业虽然已经开始由"农村教育农民办"向"农村教育政府办"转变，农村地区的办学条件也有了较大改善，但是教育的城乡差距、区域差距仍然较大，义务教育不均衡发展问题仍然突出，在一些地区这些差距甚至还在进一步扩大，农村教育仍处于低水平、不全面和发展不平衡的发展阶段。农村教育发展的水平、人才培养的质量和学校的知识贡献，还不适应社会主义新农村建设的需要，不能满足农业现代化发展和人民群众的需求。在这样一个新的发展阶段和新的发展高度上，农村教育体制亟待改革，农村教育质量亟待提高，而最关键的还是要不断加大农村教育投入，完善农村教育投入机制，充分保障农村教育事业发展所需的人力、物力和财力资源。

新时期农村教育事业的发展要求我们认真研究中国教育中的农村问题和农村中的教

育问题，积极适应社会主义新农村建设和全面建设小康社会的要求，深入贯彻和实施《纲要》，坚持以育人为根本，以改革创新为动力，以加快农村教育事业发展为核心，以促进教育公平为重点，努力形成"责任明确、保障有力、管理有序"的农村教育投入机制，为推动农村教育在新的历史起点上科学发展，建设人力资源强国做出应有的贡献。

9.2.2　重塑农村教育投入机制的终极目标

农村教育投入的当前要务是全面提升农村教育投入绩效，充分满足农村教育事业对人、财、物各方面资源的需求，为农村教育发展提供保障。但这只是一个基本目标。要彻底摆脱农村教育的落后局面，实现农村教育事业的跨越式发展，还需要为之设定一个更高的目标，给予其更大的动力与激励。

"城市学校像欧洲，农村学校像非洲"，这是当代中国城乡教育差距的真实写照。中国城乡二元结构不仅导致了城乡经济的巨大差异，也延伸到教育领域，造成农村教育发展长期滞后。城乡教育差距的形成与扩大不仅有经济的原因，还有体制机制的原因，特别是教育投入机制、资源配置机制、教育管理体制、弱势群体帮扶机制等诸多层次的原因，这些都极大地影响了教育公平的实现。教育公平是社会公平的基石，教育不公则是最大的社会不公。平等接受教育，尤其是义务教育，这是人与人平等的起点，也是宪法赋予公民的基本权利。没有这最底层的教育公平，社会公平也就无法实现。纵观世界各国，教育公平已成为现代社会发展的基本要求，追求教育公平是各国教育改革和发展的基本出发点和重要目标。农村教育长期落后于城市，而且差距越来越大，致使农村从起点就已经落后于城市，这显然有悖于公平原则，不仅不利于农村社会的发展，还将阻碍整个和谐社会的建设。教育的公平问题，尤其是城乡教育公平问题，已经成为中国社会的焦点问题，关系着广大人民群众的切身利益，关系着国家经济和社会发展。

近些年，党和政府已经开始高度重视教育公平的问题。2006年温家宝总理在重庆视察时说："体现社会公平最主要的就是教育的公平。"2007年胡锦涛主席在全国优秀教师代表座谈会上指出："要把促进教育公平作为国家基本教育政策。"党的十七大报告中明确指出："教育公平是社会公平的重要基础"。《国家中长期教育改革和发展规划纲要》中也将"促进公平作为国家基本教育政策"写入了工作方针，并且指出"重点是促进义务教育均衡发展和扶持困难群体，根本措施是合理配置教育资源，向农村地区、边远贫困地区和民族地区倾斜，加快缩小教育差距。"确保教育公平无疑是下一阶段国家教育政策的核心目标，也是实现建设人力资源强国这一战略的需要。

综上所述，本研究认为，将教育公平的实现作为重塑农村教育投入机制的终极目标，既是新时期农村教育发展的根本价值体现，又符合国家教育的发展战略，能够成为推动农村教育事业前进的巨大动力。

9.3　重塑农村教育投入机制的基本原则与思路

9.3.1　重塑农村教育投入机制的基本原则

1. 充分保障原则

充分保障农村教育投入，满足农村教育事业发展需要是农村教育投入机制的基本任务和必要的原则。对于处于弱势地位的农村教育的投入，充分保障原则至少应该包含两层含义：一是必须对维持农村教育正常运转所必需的校舍建设和维修费、学校公用经费、教师工资等经费予以坚决保证；二是在"保运转"的基础上，必须要"保发展"，即有步骤、有计划地提高保障水平，促进农村教育更快速地发展与进步。从二者的作用来看，"保运转"只能维持农村教育在现有的低水平下发展，不可能产生质的飞跃，因而只有按照"保发展"的标准进行投入，农村教育才能获得更大的支持，才能向高水平发展迈进，也才有可能缩小城乡教育差距，实现教育均衡发展与教育公平的目标。

同时，还必须认识到，城乡教育均衡发展与教育公平的实现绝非一朝一夕之事，农村教育投入的充分保障绝不能只是短期行为，而应当建立持续稳定增长的投入机制。因此，要通过立法等刚性手段确保农村教育投入"落地生根"，真正实现农村教育投入的根本保障。

2. 责任明晰原则

从过去几十年的实践来看，农村教育经费不足的问题在很大程度上是缘于农村教育投入主体关系模糊、责任不清。农村税费改革前，在"人民教育人民办"思想的指导下，政府长期将农村教育的投入责任转嫁给农民，农民成为教育费用的主要承担者；税费改革后，在"地方负责，分级办学"的体制下，尽管减轻了农民的负担，但中央政府与省级政府又把主要责任推给财力最薄弱的县级政府。事实证明，无论由农民自己还是地方政府承担主要的教育投入责任都是难以胜任的，农村教育依然在经费不足的困境中徘徊。

因此，今后农村教育的发展，迫切需要明确农村教育投入主体的定位，强化政府的主体地位，规范各级政府对农村教育的管理与投入职责，为农村教育的发展提供可靠的经费保障。在农村教育投入机制的改革中，必须将合理的主体责任划分作为基本原则。

3. 公平与效率原则

重塑农村教育投入机制的最终目标是实现教育公平，这是我国农村教育发展的基本出发点和矢志不渝的追求；而教育投入效率的提升则使我们在教育投入相对有限的条件下，提高资源的利用效率，少花钱多办事，低投入高产出，效率永远值得追求。教育公平与效率问题是我国教育领域一个历久弥新的话题，传统意义上认为二者犹如鱼与熊掌，不可兼得。因此，农村教育投入机制设计似乎必然面临一个痛苦的自我抉择：究竟是效率优先还是公平优先？其实我们并不应该将教育公平和效率置于对立的范畴，从总体上来说，教育公平与效率是相辅相成的关系。一方面，教育公平有利于促进教育效率增长。教育投入效率的提高需要充分调动各方面因素，尤其是人的主观能动性，教育资源的公平配置不仅能够减少浪费，而且能够激发教育者的工作热情和受教育者的学习动力，从而促进效率的提升。另一方面，教育效率又有利于促进教育公平。教育投入效率的提高有利于扩大社会教育资源（如入学机会、办学条件等），为教育公平的实现奠定坚实的经济基础。由此看来，公平与效率既是衡量教育发展的两个重要尺度，又是教育所追求的两大价值目标。农村教育投入机制的重塑应该坚持"公平与效率并重"的原则，保持公平与效率的和谐，在效率中求公平，在公平的基础上求效率。

9.3.2　重塑农村教育投入机制的基本思路

1. 明确政府与民间的教育投入关系，形成合理的横向分担机制

理顺农村教育投入主体之间的关系，首先需要明确投入主体之间的横向责任划分，即政府与非政府主体之间对于农村教育投入应承担的责任与负担的比例。以公共产品理论为指导，并借鉴国外教育投入模式的成功经验，对不同层次和不同类型的农村教育产品依据其所具有的公共产品性质强弱，分别采取相应的投入模式，明确政府与民间主体各自的责任与负担的比例，形成合理的横向分担机制。

2. 合理划分各级政府的教育投入责任，形成合理的纵向分担机制

理顺农村教育投入主体之间的关系，还需要进一步明确各级政府主体之间的纵向责任划分，即中央政府、省级政府、县级政府之间对于农村教育投入应承担的责任与负担的比例。按照财力与事权相匹配的原则，重新划分各级政府的农村教育事权和农村教育投入责任，将农村教育投入主体重心上移，加大中央政府和省级政府在农村教育发展中的投入比例，缓解县级政府的财政压力。按照各级政府占有全国财政收入的比重调整农村教育投入的分担比例，明确各级政府的投入责任，从而形成中央、省、县三级财政对农村教育投入的合理分担机制，从财力上形成农村教育投入不断增加的长期有效的保障机制。

3. 完善政府间专项转移支付制度，形成规范的资金流通机制

加大教育投入、完善农村教育投入机制的目的是充分、及时地满足农村学校的经费使用。我国现行的农村教育经费管理机制是以县为主，在经费的具体使用上由县按照有关规定来统一实行。因此，中央和地方的各项经费必须通过一定的流转渠道到达县级有关部门，再由县级财务部门根据学校预算交付使用。为此，必须完善政府间专项转移支付制度，以避免出现资金滞留或是挪用的情况，保证资金流通渠道畅通。

4. 加强教育资源的配置与管理，形成最佳的效率机制

在农村教育有限资源的约束下，不仅需要不断加大教育投入，还必须提高教育资源的利用效率，形成有效的农村教育投入机制。大力整合各方面教育资源，强化资源的配置与管理，避免低效、无序的使用，进而提高农村教育资源的使用效率。首先，完善农村教育经费管理制度，定期对教育经费使用情况依法进行检查，对政府的预算、分配、使用和决算全过程进行监督，提高资金的使用效益。其次，合理整合农村教师资源，杜绝超编、缺编造成人力资源的浪费。最后，优化农村学校布局，改善学校办学条件，提升办学水平和教育质量。

5. 强化教育投入运行的监督约束，形成有效的监督机制

加强对农村教育投入全过程的监督约束，形成法律监督、行政监督、社会监督等全方位的监督机制，为农村教育投入机制的落实提供保障。强化农村教育经费的监管，全面保证教育经费筹集、分配、使用的规范和有效。一是加大对依法增加农村教育投入的检查力度。二是建立监督和追究制度，对违法、违纪及损失浪费行为严厉查处。三是运用督导机制，加强对农村教育投入情况的监督检查。

9.4　农村教育投入机制的设计

按照上述指导思想、终极目标、基本原则和基本思路，本研究构建了农村教育投入机制的基本框架体系，其中主要由投入保障机制、管理运行机制和监督约束机制三个部分组成，并且将农村教育投入的来源、分配和使用各个环节充分纳入制度体系，使农村教育投入真正得到全面保障，促进农村教育的快速、稳定、健康发展（图9-1）。

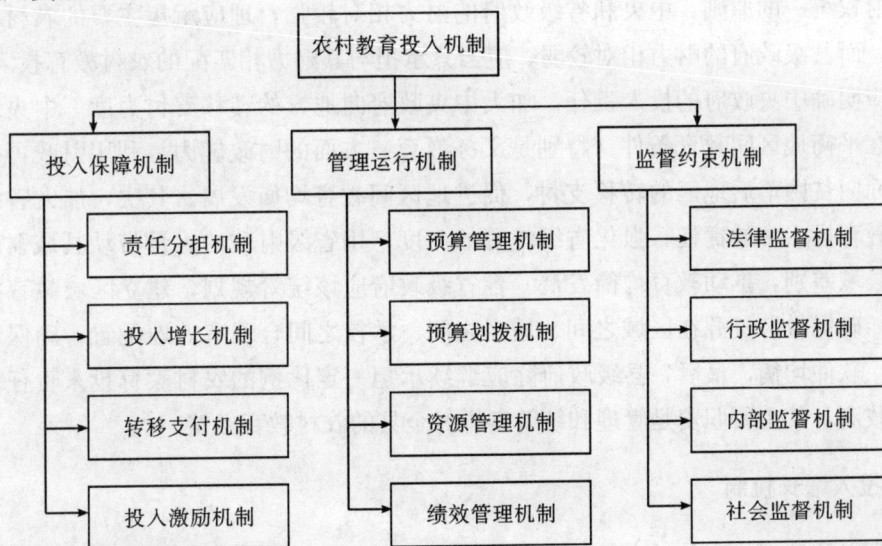

图 9-1　农村教育投入机制的构成

9.4.1　投入保障机制

农村教育投入保障机制是保证农村教育投入稳定、持续增长的关键，是农村教育资源投入阶段的制度保障。投入保障机制包括：投入责任分担机制、教育投入增长机制、教育转移支付机制和教育投入激励机制。

1. 投入责任分担机制

全面理顺农村教育投入的主体关系，明确划分各级主体的投入责任，建立分工合理、责任明晰的农村教育投入责任分担机制是实现农村教育发展的根本保障。农村教育投入的责任分担机制包括两层含义。

（1）理顺政府主体与非政府主体之间的关系，区分对不同层次与不同类型的农村教育形式的投入责任。以公共产品理论为指导，并按受益原则与能力原则，合理区分各类农村教育形式的主体结构，在此基础上实现农村教育投入的横向责任划分。对于农村义务教育，应该全面纳入公共财政保障，由各级政府承担起对农村义务教育的投入责任；对于农村非义务教育，应该实行以政府投入为主、受教育者合理分担，以及其他多种渠道筹措经费的投入模式。其中，农村学前教育应实行以政府为主导、个人分担、社会广泛参与、公办民办并举的模式；农村普通高中应实行以政府投入为主导、个人分担为辅的模式；农村职业教育应实行以政府投入为主导，个人、行业、企业及其他社会力量多渠道投入的模式；农村成人教育则应实行以政府投入为主、个人分担为辅、企业投入为补充的投入模式。

（2）理顺各级政府主体之间的关系，明确各级政府对农村教育的投入责任与负担比例，建立与分税制相适应的各级政府合理分担农村教育投入责任的纵向责任机制。按照事权与财权统一的原则，中央和省级政府的财力相对较强，理应承担主要的农村教育投入责任，而县级政府的财力相对较弱，应当只承担与其财力相匹配的农村教育投入责任。首先，应明确中央政府的投入责任，加大中央政府向地方的转移支付力度。中央政府应发挥其在平衡地区间教育条件（特别是义务教育）方面的财政能力，利用财政再分配手段加大面向贫困落后地区的转移支付，促进地区间教育均衡发展。其次，加大省级政府在农村教育投入中的责任，强化省级统筹的力度，用省级财政的力量带动县域财政，进而缩小县域差别，推动教育均衡发展。各省级政府应该统筹规划，建立区域教育共同发展机制，确保教育资源在区域之间、城乡之间、学校之间合理有效地配置，确保学校发展硬件、软件均衡。最后，县级政府除应继续承担一定比例的农村教育投入责任外，作为基层政府，其主要职责是管理和统筹安排好全县的农村教育经费。

2. 教育投入增长机制

政府财政教育投入是教育投入的主渠道，也是农村教育投入的主导，因此，建立政府财政教育投入的持续稳定增长机制是农村教育发展的重要保障。要改变农村教育的弱势地位，必须坚持两个优先：财政优先投入教育、教育优先投入农村。首先，为保证党和国家教育优先发展战略目标的实现，政府应把大幅度增加教育投入作为落实教育优先发展的关键举措，财政资金优先保障教育投入、公共资源优先满足教育和人力资源开发需要，以优先投入保障优先发展。通过优化财政结构，把教育作为财政支出的重点领域予以优先保障。依法采取措施提高财政教育支出水平，确保"两个提高"、"三个增长"和 4% 目标的实现。严格按照教育法律法规规定，年初预算和预算执行中的超收收入分配都要体现法定增长要求。各级地方政府的土地出让金收入要按国家规定比例用于教育。按照国家规定足额征收教育费附加和开征地方教育附加，专项用于教育事业。其次，教育资源优先投入农村。近年来，党和国家领导反复多次提到农村教育在国民教育体系中的基础性和先导性作用，足以说明农村教育超前发展的战略地位。同时，改革开放 30 多年来形成的一个基本经验是：重视并优先解决农村教育问题是解决全国教育全局问题的关键与突破口，是保障和促进社会发展的基石，优先解决农村教育问题，才会带动教育全局问题的妥善解决。在国家和地方教育资源配置和政策设计上要实现农村教育优先发展①。农村教育发展改革问题相对于教育全局来说，所占比重大、普及程度低、基础薄弱、持续发展能力低，问题更多，解决起来难度更大，特别是诸多问题无法依靠农村自身力量予以解决，因此，国家在教育资源配置上要优先考虑，优先规划，政策向农村优先倾斜，经费优先向农村投入，优秀师资优先向农村调配，农村教育问题要优先解决。

3. 教育转移支付机制

　　建立规范的农村教育财政转移支付制度，使财政教育资金的投入规范化、制度化、法律化，确保农村教育经费的稳定来源。第一，合理确定农村教育财政转移支付的规模。合理规模的确定主要从两方面考虑，一方面，总量要达到一定的规模，确保有足够的数量缓解县级政府间财力差距的扩大，逐步实现各地的农村公共教育服务的均衡，这是转移支付的下限；另一方面，规模也应有上限，规模太大，超出了合理的范围，会带来资金分配过程中的交易成本增加和效率损失，因而上限的确定应以既能保持上级政府的控制力，又使损失的效率最小化为宜。第二，优化农村教育财政转移支付的类型结构，增加均等化补助比重。要实现农村地区之间基本公共教育服务的均等化，就必须加大财政转移支付中用于均等化的资金。一般性转移支付是最具有均衡地方财力作用的财政转移支付形式。国际上通行的做法是，将一般性转移支付作为对地方财政转移支付的主要形式，其占全部财政转支付的比例在 50% 左右。因而应适当降低对农村教育的专项转移支付，加大一般性转移支付力度。第三，建立科学的农村教育转移支付测算体系。农村教育转移支付资金数额的确定应在科学评估各方面影响因素的基础上，采用统计分析的方法按照收支均衡的标准加以确定。

---

①　韩清林：贯彻实施《国家教育规划纲要》应把农村教育摆在超前发展的战略位置，《人民教育》，2010 年第 18 期。

完善农村教育财政转移支付制度应采取循序渐进的方式，首先在全国建立科学统一的农村义务教育财政转移支付制度，逐步实现义务教育教育均衡发展；同时着手研究和建立农村高中和农村职业中学等非义务教育的转移支付制度，为最终实现各级各类教育的均衡发展奠定基础。

4. 教育投入激励机制

健全农村教育投入的激励机制，充分调动社会力量办教育的积极性，扩大社会资源进入农村教育途径，多渠道增加农村教育投入。农村教育投入激励机制包括两个方面：一是完善税收减免、金融扶持、行政审批和土地划拨等优惠政策，鼓励企业事业组织、社会团体及其他社会组织和个人捐资、出资办学。努力拓宽社会力量进入农村教育的途径，支持社会力量独立举办或联合举办民办学校，支持社会力量独立捐建或联合捐建教育设施，支持社会力量独立创设或联合创设教育基金、资金，支持社会力量通过公办民助、委托管理、合作办学等方式参与举办非义务教育阶段公办学校。支持公办学校和民办学校之间联合组建教育集团。二是完善农村教育捐赠激励机制，鼓励境内、境外社会组织和个人捐资助学。可以参照国外的做法，创建适合农村教育捐赠的政策环境，出台适合国情的捐赠法规，鼓励和规范社会捐赠活动。对于个人教育捐赠，应落实个人教育公益性捐赠支出在所得税税前扣除规定，并对捐赠者予以宣传表彰，营造捐赠教育的社会氛围；对于企业教育捐赠，应提高企业捐赠税前扣除比例，鼓励企业的捐赠行为，提高其社会责任意识。通过法律手段保障和推动农村教育捐赠行为，并进行有效监督，保证捐赠财产的合法使用，引导和促进农村教育捐赠制度的健康发展。

9.4.2　管理运行机制

农村教育投入管理运行机制是在农村教育资源运用过程，引导和制约教育资源分配、使用、管理的基本准则和相应制度，是决定教育资源利用效率的关键。管理运行机制主要包括：教育预算管理机制、教育经费划拨机制、教育资源管理机制和教育投入绩效管理机制。

1. 教育预算管理机制

教育经费预算作为政府的教育收支计划应充分体现出公共财政框架下政府所承担的教育投入责任。理想的公共财政框架下的教育经费预算制度应该具备以下几个特征：①在预算编制方面，首先应满足教育经费"三个增长"的法定要求，其次在财力允许的前提下，保证编制预算透明、科学、合理，满足农村教育事业的发展，农村义务教育事业的经费应由政府全部负担，农村高中教育和职业教育的经费应由政府负担大部分。人员经费按照教师人数和人事部门批准的教师工资、国家规定的津贴补贴，足额列入预算；公用经费按照生均公用经费标准和学生人数确定预算控制数，并适当向薄弱学校倾斜，学校根据公用经费预算控制数，按照规定的开支范围和教学需要，编制公用经费支出预算，由教育主管部门汇总上报财政部门，经人大批准后，作为学校的公用经费预算。②在合理编制教育预算的基础上，政府部门应对农村教育经费的使用进行评价，由于教育机构没有成本最小化的内在压力，公立学校的资金使用效率总是受到社会、学生家长以及管理部门的怀疑，教育经费预算绩效评价是在教育经费紧张情况下确保教育财政资金使用效益的重要手段。

2. 教育经费划拨机制

教育经费划拨机制是关系中央与省级政府的教育转移支付资金、县级财政的教育经费支出将如何进入学校的基本程序。目前教育经费划拨的做法是中央政府把经费划拨到省里，省划拨到县，县划拨到乡，这种层层拨款的体系，实际上是把拨款权集中在政府部门手中，这也给政府部门截留、挪用资金提供了可能。学校要想得教育经费，就必须不断到政府部门催要，这极大地降低了效率也增加了寻租的可能。应当改进现有的农村教育经费的划拨方式，提高教育经费划拨的效率。根据世界发达国家的经验，转移支付资金在拨付过程中，经过的层次越少，越能防止资金在拨付过程中的流失，保证资金最后足额落实到位。因此，对于农村教育财政转移支付资金，采取账户直达的拨付方式，由中央按照相关比例要求直接拨付到各省，再由省到县，由县根据项目使用要求直接将经费拨付到学校账户上，这样不仅能缩短中间拨付渠道，保证教育经费的及时到位，而且能有效防止经费被挤占、挪用和代扣现象的发生。

3. 教育资源管理机制

教育资源管理机制是对投入农村教育的人、财、物进行有效管理，提高效率的规则与制度。农村教育发展长期受制于教育资源条件的约束，改变这一局面不仅需要加大教育投入，还必须充分提高现有教育资源的利用效率。因此，加强农村教育资源管理，提高农村教育资源的使用效率，对于农村教育发展具有重要的现实意义。第一，进一步调整农村学校布局结构，合理进行学校布局，提高办学规模和效率。第二，各级学校必须严格按照财务制度对学校的各种财务进行管理，遵守财经纪律，保证教育资金的专款专用，控制不合理的开支，禁止违反政策的一切开支，尤其是业务招待费和不合理的对教育的各种摊派。第三，各级学校要坚持勤俭办学的原则，调整支出结构，并做好教育成本核算，讲求花钱的效果，精打细算，减少无关费用。对于重大支出项目要进行可行性研究与论证，力争把钱都用在"刀刃上"，用到教学上，使教育经费得到合理而有效的使用。第四，各级学校应加强学校资产的管理，制定规范的办公用品、图书、仪器等资产的领用制度，并切实贯彻执行。

4. 教育投入绩效管理机制

教育投入绩效管理是通过对教育投入与产出效果的比较分析，考察教育投入与教育发展水平的有效性、适应性，进一步实施教育投入有效管理的一种新方式。建立农村教育投入绩效管理机制，加强农村教育投入管理水平，全面提升农村教育投入绩效的有效途径。按照现代绩效管理原则要求和农村教育发展需要，将农村教育投入绩效管理的基本目标设定为追求农村教育投入的充足性、效率性、公平性、效益性。农村教育投入绩效管理机制包括以下几个方面：一是农村教育投入绩效管理的制度建设。在《预算法》、《教育法》、《义务教育法》等法律法规中加入教育投入绩效管理的要求，统一制定或修订教育投入绩效评价的规章制度，明确绩效评价的组织方式、工作程序、评价规则、结果应用以及相关行为主体的权利和义务。二是农村教育投入绩效评价的激励机制的建立。绩效激励机制是提高农村教育投入绩效的动力，通过建立科学的奖惩制度，使奖惩与绩效挂钩，促使政府部门和农村学校及个人主动提高工作积极性和改善工作态度。三是农村教育投入绩效评价体系的构建。通过制定合理的绩效评价程序、建立系统的绩效评价指标体系、确定科学的绩效评价标准，使农村教育投入绩效评价的结果既科学合理，又接近真实水平。四是信息披露机制的建立。建立农村教育投入绩效评价情况及相关信息的公开发布平台，通过信息披露增加评价结果的权威性、透明性和公正性。

9.4.3　监督约束机制

任何一项制度的实施都需要监督。建立有效的监督约束机制，按照决策、执行、监督相协调的原则，切实加强法律监督、行政监督、内部监督、社会监督等环节，通过强有力的监督并依法建立限期整改制度和责任追究制度，促进各级政府农村教育投入责任和义务的落实。

1. 法律监督机制

法律监督是监督约束机制中最重要的一个环节，只有健全我国的教育法律体系，才是治本之策，才能使我国农村教育投入走上法制化的轨道，确保农村教育投入的有序进行。无论从农村教育实践的要求，还是从教育法制健全的角度看，农村教育投入还缺少必要的专门法律，农村教育投入的法律监督至少包括以下几个方面：首先，应按分税制财政体制的要求，加快政府间财政关系的立法工作，把各级政府间（中央、省级、州市、县级政府）的农村教育投入责任（包括支出标准、支出比例、支出方式、拨款方式等）及其所需财力来源等，以法律形式予以规定，从而确保各级政府在农村教育投入中的主体地位和责任。其次，对于《教育法》中明确规定的"两个提高"（即国家财政性教育经费占国民生产总值的比例逐步提高和各级财政支出中教育经费支出所占的比例逐步提高）、"三个增长"（即各级政府教育财政拨款的增长高于同级财政经常性收入的增长；在校学生人均教育经费逐步增长；教师工资和学生人均公用经费逐步增长），应当强化其法律约束力，保证相关目标在农村教育投入中的实现。最后，应完善农村教育投入的执法监督机制，加强执法监督和检查，加大对违法行为的处罚力度。

2. 行政监督机制

所谓行政监督是教育行政主管部门通过行使其行政管理职能来起到的监督作用。行政监督是最经常的监督，具有效率高、成本低的特点。一方面，在农村教育投入机制的具体运行过程中，教育行政主管部门通过行使行政管理职能可以起到直接的监督作用，并且产生较强的监督效果和约束力。同时，教育行政主管部门与各级学校的行政联系促使了他们之间经常性的信息沟通，能对学校的情况比较了解，因此可以节约沟通与信息交流所需要的时间和费用。另一方面，要想加强农村教育投入的监督管理、提高效率，必须实现对行政监督的制度化、法律化，加强行政监督的权威性、有效性。要特别加强过程监督和标准监控，将监督工作具体化为科学有效、结果导向的考核模式，通过系统化、分步骤的检查，实现对工作过程进度和质量的监控，形成基于工作绩效的激励机制和对工作不力单位及个人的惩罚与问责制度。

3. 内部监督机制

建立科学的内部监督机制使教育系统内部各部门、学校相互监督与制约，从而提高农村教育资源的利用效率。第一，修改和完善各级各类教育财务制度，制定学校教育经费支出决策责任制，发生问题追究决策者的行政和法律责任；第二，严格实行收支两条线的制度，严禁坐收坐支；第三，将教育系统外部审计监督与教育系统内部审计监督相结合，对资金运行、管理使用、程序规范等各环节加强审计监督；第四，各级各类学校职工代表大会应将对学校财政收支的监督作为自己的主要工作，充分行使民主治校的权力。

4. 社会监督机制

社会监督包括各民主党派、社会团体、公众及舆论的监督。完善社会监督机制，加大社会监督力度，使全社会参与到农村教育经费预算资金的使用监督当中，对促进政府和学校改进工作具有十分重要的意义。各级人大每年对农村义务教育经费的预算、决算审查报告，各级人民政府教育督导室对农村义务教育经费的年度督导报告都要向社会公布，接受全社会的监督。社会监督主要包括两个方面，一方面，制定有关农村教育投入方面的行政复议制度，从基层到中央建立起通畅的投诉渠道，让投诉者获取行政复议的机会，让群众参与到农村教育投入的管理中，通过行政复议提供一个表达和解决人们对农村教育投入机制实现过程中不满的渠道，加强彼此间的信息沟通，有利于农村教育投入机制功能的发挥和运行效率的提高。另一方面，以社会团体、知名人士和教育界的专家为主，建立起民间性质的针对农村教育投入机制的社会监督委员会，授予委员会接受有关投诉并作调查的权利。通过这些方式增加我国农村教育投入机制建立工作的透明度，推动农村教育投入的顺利实现。

第 10 章 研究结论与政策运用

10.1 研究结论

本研究在深入考察中国农村教育发展的实际以及国内外相关研究基础之上，结合教育投资、教育公平、公共产品和公共选择等理论，系统地界定了农村教育投入及其绩效的基本范畴和研究基点，并由此建立了农村教育投入绩效的理论分析框架，进而运用定性和定量研究的方法，深入研究了中国农村教育投入的绩效，揭示了农村教育投入绩效的现状及其偏差。从理论与现实的角度，分析并阐释了中国农村教育投入绩效偏差的根源，进而提出了优化与创新中国农村教育投入模式与机制的具体思路以及提升农村教育投入绩效的政策建议。

本研究的基本结论概述如下。

(1) 农村教育投入对农村经济增长具有明显的推动作用。农村教育投入对农村经济增长提供了强有力的支持，是农村经济发展的重要源泉之一。通过对全国 30 个省（自治区、直辖市）农村教育投入的面板模型分析表明，1998～2011 年，伴随着农村教育投入水平的提高，农村经济发展水平也稳步提升，教育投入成为农村经济增长的重要源泉。实证研究结果表明，全国所有省份的农村教育投入对于农村经济增长都有明显的正向推动作用。其中农村教育投入对农村经济增长贡献率最大的山东省，农村教育投入每增加 1%，可以带来农村经济超过 1% 的增长，农村教育投入的经济效益极为明显。从全国的总体水平来看，农村教育投入每增加 1%，农村经济也可以实现平均 0.626% 的增长。由此可见，加大农村教育投入，提升农村教育投入绩效水平，是促进农村经济发展的有效途径。

(2) 农村教育投入绩效存在明显的偏差。通过对农村教育投入绩效的实证分析与综合评价表明，中国农村教育投入绩效存在着明显的偏差。农村教育投入绩效的偏差主要表现为：农村教育投入力度明显不足，无法充分满足农村教育发展的需要；农村教育投入结构失衡，城乡间、地区间投入结构不合理，严重影响教育均衡发展与教育公平的实现；农村教育资源利用效率不高，造成教育资源的进一步短缺等。产生绩效偏差的直接原因是：财政与事权不统一，政府投资主体重心偏低，造成农村教育投入的体制性短缺；教育转移支付制度不完善，规模偏小、形式单一、缺乏有效监管，导致转移支付手段的收效甚微；监督机制不健全，预算约束力软化，加剧了农村教育资源的短缺。从深层次来看，造成中国农村教育投入绩效偏差的根本原因是城乡二元社会经济结构，在这种

"二元结构"下，经济、政治、文化、教育等各方面凸显"城市取向"，由此衍生的二元化的教育结构与教育发展战略的"重城轻乡"导致农村教育被"边缘化"。

（3）明确政府对农村教育投入的主导地位及其责任是影响农村教育投入绩效的关键因素。从理论上讲，虽然不同类型的农村教育形式所具备的公共产品性质有所不同，但无论义务教育还是非义务教育，普通教育还是成人教育、职业教育，都是农村社会经济发展所必需的，并且都具有明显的社会效益。一方面，按照受益原则，作为社会公共利益代表的政府，就有责任为这一部分效益支付成本，承担投资责任；另一方面，按照能力原则，政府集中的财政收入，在国民收入分配中居主导地位，政府理应成为教育投入的主要负担者。尤其是在当前农村经济发展滞后、农民收入不高、农村家庭承受能力较差的现实背景下，政府有责任维护社会公平与教育公平，保证每个农村受教育者也有公平接受教育的权利和机会。从实证研究的结果来看，通过对中国农村教育投入的充足性、公平性和效率性绩效的分析表明，政府教育投入主体地位不明确、责任不清晰是制约农村教育投入绩效的关键因素。因而，只有全面理顺农村教育投入的主体关系，明确政府对农村教育投入的主导地位及其责任与义务，才能为农村教育发展提供坚实的投入保障。

（4）相对集中型教育投入模式是适应中国农村教育发展需要的理想选择。长期以来，中国采取"地方负责，分级管理"的分散型教育投入模式，农村义务教育主要由县乡级基层政府负责，投资重心过低且财权与事权不统一导致农村义务教育投入不足，而地区之间经济实力的差异又造成农村地区之间义务教育发展的不均衡。构建以集权为主导、以分权为主体的相对集中型农村义务教育投入模式能有效防止农村义务教育投入的越位和缺位，保障教育投入的稳定来源，切实保证农村义务教育的健康持续发展。一方面，根据公共财政关于政府间集权与分权理论，分权与集权相结合有利于调动中央与地方双方的积极性；另一方面，以集权为主导、以分权为主体符合农村义务教育外溢性强的特征，有利于平衡各地农村教育的发展。以相对集中型教育投入模式为核心，积极鼓励与引导社会力量参与，完善政府主导下的多元农村教育投入体系不仅是农村义务教育投入的保障，还是农村非义务教育的合理选择，有利于农村教育的全面发展与进步。

（5）完善农村教育投入机制是保障农村教育投入的关键。虽然近年来党和政府不断地推动着农村教育管理体制的改革，但是这些改革多是纲领性、宏观性的或者是阶段性、局部性的，缺乏系统、全面的制度建设，难以形成对农村教育发展的稳定保障与持续动力。目前农村教育投入中仍然存在着投入主体责任不明晰、教育投入不足、教育资源配置不合理等问题，在一定程度上影响了农村教育投入成果的巩固，不利于农村教育事业健康发展，必须从理顺机制入手全面解决农村教育投入的主要矛盾。重塑农村教育投入机制，完善农村教育投入保障、管理运行、监督约束等方面的规则体系，是促进农村教育优先发展和城乡教育均衡发展，实现教育公平终极目标的关键。

10.2　政策建议

10.2.1　健全农村教育投入模式，强化政府的农村教育投入责任

政府是农村教育投入的主导力量，政府财政支出是农村教育发展的重要资金来源。大力强化政府对农村教育的投入责任，既符合经济理论与农村教育实践的要求，又是实现教育公平目标的根本保证。

第一，强化以政府为主、多元主体共同投入的农村教育投入模式。理顺政府主体与非政府主体之间的关系，坚持政府对农村教育投入的主要责任，并合理划分不同类型农村教育的投入责任。将农村义务教育全面纳入公共财政保障体系，由各级政府分担农村义务教育的投入责任；农村非义务教育阶段教育，则实行以政府投入为主、受教育者合理分担，以及其他多种渠道筹措经费的投入模式。其中，农村学前教育实行以政府为主导、个人分担、社会广泛参与、公办民办并举的模式；农村普通高中实行以政府投入为主导、个人分担为辅的模式；农村职业教育实行以政府投入为主导，个人、行业、企业及其他社会力量多渠道投入的模式；农村成人教育则实行以政府投入为主、个人分担为辅、企业投入为补充的投入模式。

第二，理顺各级政府主体之间的关系，明确各级政府对农村教育的投入责任与负担比例，构建相对集中的政府投入模式。首先，明确中央政府的投入责任，加大中央政府向地方的转移支付力度。中央政府应发挥其在平衡地区间教育条件（特别是义务教育）方面的财政能力，利用财政再分配手段加大面向贫困落后地区的转移支付，促进地区间教育均衡发展。其次，加大省级政府在农村教育投入中的责任，强化省级统筹的力度，运用省级财政的力量带动县域财政，进而缩小县域差别，推动教育均衡发展。各省级政府应该统筹规划，建立区域教育共同发展机制，确保教育资源在区域之间、城乡之间、学校之间合理有效地配置，确保学校发展硬件、软件均衡。最后，县级政府继续承担一定比例的农村教育投入责任，管理和统筹安排好全县的农村教育经费。

10.2.2　完善农村教育投入机制，加大农村教育投入保障力度

完善农村教育投入的规则体系和运行方式，形成"责任明确、保障有力、管理有序"的农村教育投入机制，为保证农村教育投入稳定持续增长、提升农村教育投入效率和效益提供根本的保障。

第一，完善农村教育投入保障机制，充分满足农村教育发展对人、财、物的需求。一是建立分工合理、责任明晰的农村教育投入责任分担机制，全面理顺农村教育投入的主体关系，明确划分各级主体的投入责任；二是建立政府财政教育投入的持续稳定增长机制，依法采取措施提高财政教育支出水平，确保"两个提高"、"三个增长"和"4%"等目标的实现；三是建立规范的农村教育财政转移支付制度，使财政教育资金的投入规

范化、制度化、法律化,确保农村教育经费的稳定来源;四是健全农村教育投入激励机制,充分调动社会力量办教育的积极性,扩大社会资源进入农村教育途径,多渠道增加农村教育投入。

第二,完善农村教育投入管理运行机制,全面提高农村教育资源使用效率。一是完善教育预算管理机制,保证编制预算透明、科学、合理,确保财政教育资金的使用效率;二是改革教育经费拨付机制,提高教育经费拨付效率,保证教育经费及时到位;三是健全教育资源管理机制,加强农村教育资源管理,提高农村教育资源的使用效率。

第三,完善农村教育投入监督约束机制,促进农村教育投入主体及参与者的权利和义务的落实。一是完善法律监督机制,确保农村教育投入依法进行;二是完善行政监督机制,提高对农村教育投入的监督效果和约束力;三是完善内部监督机制,提高农村教育资源管理效率;四是完善社会监督机制,加大社会监督力度,提高农村教育投入的监督效果。

10.2.3　加强农村教育投入绩效管理,提升农村教育投入绩效

建立农村教育投入绩效管理机制,加强农村教育投入绩效管理,全面提升农村教育投入绩效。按照现代绩效管理原则要求和农村教育发展需要,将农村教育投入绩效管理的基本目标设定为追求农村教育投入的充足性、效率性、公平性、效益性。农村教育投入绩效管理机制包括以下几个方面:一是农村教育投入绩效管理的制度建设。在《预算法》、《教育法》、《义务教育法》等法律法规中加入教育投入绩效管理的要求,统一制定或修订教育投入绩效评价的规章制度,明确绩效评价的组织方式、工作程序、评价规则、结果应用以及相关行为主体的权利和义务。二是农村教育投入绩效评价激励机制的建立。绩效激励机制是提高农村教育投入绩效的动力,通过建立科学的奖惩制度,使奖惩与绩效挂钩,促使政府部门和农村学校及个人主动提高工作积极性和改善工作态度。三是农村教育投入绩效评价体系的构建。通过制定合理的绩效评价程序、建立系统的绩效评价指标体系、确定科学的绩效评价标准,使农村教育投入绩效评价的结果既科学合理,又接近真实水平。四是信息披露机制的建立。建立农村教育投入绩效评价情况及相关信息的公开发布平台,通过信息披露增加评价结果的权威性、透明性和公正性。

10.2.4　推进教育管理体制改革,提高教育"软实力"

教育管理体制不仅是国家教育体制得以构成和运行的保障,更是农村教育投入的政策依据和制度背景。全面贯彻党的十七大精神和国家教育发展战略,按照教育优先发展、建设人力资源强国的目标,深入推进教育体制改革和制度创新,提高教育的"软实力"。一是健全教育优先发展的体制机制。进一步明确政府优先发展教育的责任和各级政府的教育职责,充分保证社会经济发展规划优先安排教育、财政资金优先投入教育、公共资源优先满足教育。二是完善教育行政管理体制。进一步转变政府职能,改革政府治理模式,积极推进科学民主决策,建立教育依法行政的架构,大力推进依法治教、依法治校。

三是优化国家教育结构体系。全面推动各类教育的发展，促进义务教育的均衡发展，加快高中教育的普及，推进职业教育的进步，提高高等教育的质量。四是建立现代学校制度。以校本管理为核心，深化学校内部体制改革，完善学校内部治理结构，建立学校依法自主办学、社会参与教育评价的体制机制。五是健全教育公平的实现机制。统筹城乡教育发展，促进农村教育事业的快速发展，扶持贫困地区和民族地区教育。健全家庭经济困难学生资助制度，保障经济困难家庭、进城务工人员子女、农村留守儿童平等接受义务教育。六是构建终身教育体系。促进各级各类教育的有机整合、有效衔接与相互沟通，建设开放的学习平台，有效地向社会开放，为学习型社会建设奠定坚实的基础，大力推进我国的全民学习、终身学习。

10.2.5　完善相关法律法规，依法保障农村教育投入

依法治教是我国教育事业深化改革，加快发展的必然要求。只有不断地完善教育领域的法律、法规以及规章、制度，构建一个比较完善的教育法律制度和规范体系，才能为农村教育投入提供可靠的保障。

首先，要将农村教育投入真正纳入依法实施、依法监管的法制化轨道，应尽快制定《教育投入法》，通过法律进一步明确教育投入的主体、使用、保障和监督责任，规范操作程序，对事关教育投入的违法行为依法制裁，真正做到教育投入的有法可依、有法必依、执法必严、违法必究。《教育投入法》中至少应该包括如下内容：一是明确各级政府对教育投入的责任，规范各级政府的教育投入行为，同时应明确政府对贫困地区及民族地区教育投入的支持办法，促进教育的均衡发展，维护教育公平。二是进一步完善教育投入机制。应根据社会经济的发展变化，对《教育法》中有关教育投入的规定予以修订和完善，并进一步细化，增强可操作性。三是合理划分各级各类教育的投入比例。应进一步明确政府对不同层次不同类型的教育的投入比例，既要保障义务教育的经费需求，又要保障各级各类教育的协调发展。

其次，在制定《教育投入法》的同时，应鼓励地方适时建立地方性的教育投入保障条例或实施细则。我国各地区经济、文化差异很大，对于教育的投入，既要积极努力，又要因地制宜，量力而行，这样可以保持教育事业的持续协调发展。

10.2.6　优化农村教育投资环境，鼓励和引导民间教育投入

民间教育投入是整个教育事业的重要组成部分，可以对政府主导的农村教育投入形成有益的补充，更好地满足广大人民群众多层次、多样化需求。因此，规范政府的管理行为，加大对民间教育投入的支持、服务和管理力度，为民间教育的发展营造良好的环境，对增加农村教育投入、促进农村教育发展有着积极的意义。

第一，营造优惠的政策环境。依法贯彻落实有关教育投入的各项减免政策，提高社会主体对农村教育投入的热情，最大限度地发挥教育资金的使用效益。进一步落实对捐资助学的税收优惠政策，对纳税人通过非营利的社会团体和国家机关向农村教育的捐赠，

按照国家有关规定，在应纳税所得额中全额扣除。

第二，营造公平的竞争环境。根据公平、公正、竞争的原则，全面废除和修改各种歧视、阻碍民办教育发展的政策和规定，构建对公立学校和民办学校一视同仁的政策体系和管理平台。教育职能部门还应在教学用地、师资配备、招生、教科研等方面给予民办学校实际的支持，提高学校的竞争和发展能力。

第三，营造有序的发展环境。加强对民办教育的管理与引导，促进民办教育的有序发展。规范教育准入制度，引导社会资金有序进入农村教育领域，严格审批新办民办学校，并纳入相应的管理渠道。强化对学校办学行为的引导和监督，一方面加强学校招生宣传的管理和学校财务的监督，另一方面加强民办学校办学方向的引导，促进民办学校依法办学，规范办学。

10.2.7　创新农村教育融资方式，拓展农村教育投入渠道

面对农村教育事业日益增长的资金需求，政府及其他农村教育投入主体均有必要进一步广开财源，拓展新的筹资渠道与方式。

第一，开征教育税。对于中国这样一个人口众多、教育资源相对匮乏的发展中国家，开征教育税可以从法律层面上解决教育经费的可靠来源。通过国家征收教育税的方式，可以把低收入阶层对教育的负担向高收入阶层转嫁。一方面可以对收入进行再分配，减轻低收入阶层的负担，在一定程度上缩小贫富差距；另一方面可以使低收入阶层的可支配收入增加，从而带动消费。开征教育税，可以通过财政机制来激励地方政府增加对教育的投入，用税务手段来扩大教育经费的来源。除此之外，国家还可以教育税专税专用，在保证正常的教育预算内拨款的基础上，将教育税收入的一部分作为中央政府财政转移支付的一个资金来源，专门用于教育领域的转移支付，以补偿地方因教育外溢而遭受的损失，消除地方政府对人员正常流动的人为障碍，以符合市场经济对劳动力自由流动的要求。

第二，开办教育银行。教育投入具有"投入大、周期长、回报高、回收慢"的特点，不符合商业银行的基本运营原则，这在很大程度上制约了农村教育利用金融机构融资的规模和效果。开办教育银行，以政策性金融手段服务教育，有利于弥补商业性金融的不足，扩大农村教育投入的资金来源。教育银行可以面向个人、家庭、教育机构或政府主管部门等吸收存款，然后为教育部门和教学机构提供政策性贷款以及为学生提供助学贷款，能够有力地支持农村教育发展和贫困家庭学生就学，有利于教育的社会公平性。

第三，发行教育彩票。发行教育彩票可以迅速积累大量社会闲散资金，有效地弥补农村教育投入的不足。发行教育彩票，不仅可以为教育提供资金，还有利于积累闲散资金，优化社会资源配置，间接拉动经济增长，并且还能减轻国家财政的压力，使财政资金的分配更加合理。

10.3　有待进一步研究的问题

由于受统计数据的限制，本书在实证研究和绩效评价中主要是以农村义务教育为对象进行的，对于农村其他非义务教育形式主要进行的是定性研究，缺乏足够的实证支持。这方面的遗憾和不足希望能够通过今后相关课题研究予以弥补。

参考文献

阿特金森，斯蒂格利茨. 1992. 公共经济学. 蔡江南，等译. 上海：上海三联书店，上海人民出版社，624-637.

财政部教科文司等课题组. 2005. 中国农村义务教育转移支付制度研究. 上海：上海财经大学出版社.

蔡增正. 1999. 教育对经济增长贡献的计量分析. 经济研究，(2)：41-50.

苌景州. 1996. 教育投资经济分析. 北京：中国人民大学出版社.

陈冰. 2005. 中美基础教育预算管理比较. 当代教育科学，(1)：16-19，25.

陈敬朴. 2003. 为教育共同发展作证. 北京：人民教育出版社.

陈锟. 2006. 中国乡村教育战略. 北京：中共中央学校出版社.

陈利. 2007. 澳大利亚公共职业教育经费运作及评价. 北京：世界职业技术教育，(1)：14-18.

陈永明. 2006. 教育经费的国际比较. 天津：天津教育出版社.

成刚. 2006. 公共财政框架下教育预算制度研究. 教育财会研究，(6)：7-10.

丛树海，周炜，于宁. 2005. 公共支出绩效评价指标体系的构建. 财贸经济，(3)：37-41，97.

崔玉平. 2001. 中国高等教育对经济增长率的贡献. 教育与经济，(1)：1-5.

Carnoy M. 2000. 教育经济学国际百科全书. 第二版. 闵维方，等译. 北京：高等教育出版社.

丁维莉，陆铭. 2005. 教育的公平与效率是鱼和熊掌吗——基础教育财政的一般均衡分析. 中国社会科学，(6)：47-57，206.

东北财经大学课题组. 2006. 公共教育支出绩效考评制度研究. 经济研究参考，(92)：16-25.

杜育红，梁文艳，杜屏，等. 2008. 我国农村中小学公用经费充足性研究. 北京师范大学学报（社会科学版），(6)：13-20.

杜育红. 2000. 教育发展不平衡研究. 北京：北京师范大学出版社.

樊胜根. 2002. 经济增长、地区差距与贫困——中国农村公共投资研究. 北京：中国农业出版社.

范先佐. 1999. 筹资兴教：教育投资体制改革的理论与实践问题研究. 武汉：华中师范大学出版社.

范先佐. 2008. 教育经济学. 北京：中国人民大学出版社.

费菊瑛. 2007. 改善义务教育投融资体制研究. 广州：中山大学出版社.

高如峰. 2003. 农村义务教育财政体制比较——美国模式与日本模式. 教育研究，(5)：64-70.

顾明远. 1998. 教育大辞典. 上海：上海教育出版社.

国家教育督导团. 2008. 国家教育督导报告 2005——义务教育均衡发展. http://www. moe. gov. cn/edoas/website18/info18425. htm.

国家教育督导团. 2008. 国家教育督导报告 2008（摘要）——关注义务教育教师. http://www. moe. edu. cn/edoas/website 18/75/info1229326340188175. htm.

国家教育委员会，中国联合国教科文组织全国委员会. 1993. 当代国际农村教育发展的改革大趋势（农村教育国际研讨会论文集）（上）. 北京：教育科学出版社.

H·法约尔. 1982. 工业管理和一般管理. 周安华，等译. 北京：中国社会科学出版社.

哈维 H·法约尔. 1982. 工业管理和一般管理. 周安华，等译. 北京：中国社会科学出版社.

韩清林. 2010. 贯彻实施《国家教育规划纲要》应把农村教育摆在超前发展的战略位置. 人民教育，(18)：2-7.

何大安. 2005. 投资运行机理分析引论. 上海：上海人民出版社.

侯风云. 2007. 中国人力资本投资与城乡就业相关性研究. 上海：上海人民出版社.

胡鞍钢，熊志义. 2003. 大国兴衰与人力资本变迁. 教育研究，(4)：11-16.

胡瑞文，陈国良. 2000. 用产业经济的思路促进中国教育超常规发展//教育产业在中国的理论与实践论文集. 北京：中国经济出版社.

胡森，波斯尔思韦特. 1990. 国际教育百科全书. 丁延森，等译. 贵阳：贵州教育出版社.

华桦，蒋瑾. 2006. 教育公平论. 天津：天津教育出版社.

黄斌，钟宇平. 2008. 教育财政充足的探讨及其在中国的适用性. 北京大学教育评论，(1)：139-153，192.

罗森. 2000. 财政学. 第四版. 平新乔，董勤发，杨月芳，译. 北京：中国人民大学出版社.

纪益成. 2005. 推进农村义务教育持续发展的财政对策. 财政研究，(9)：35-36，40.

江依妮，张光. 2008. 中国省内财政分权的演进与农村义务教育投入. 教育与经济，(3)：57-61.

姜颖，宋玉霞，刘根节. 2009. 提升我国教育投资对经济增长贡献的再研究. 经济问题探索，(7)：167-171.

蒋洪. 2006. 公共经济学（财政学）. 上海：上海财政大学出版社.

蒋鸣和. 1997. 中国贫困县教育财政与初等教育成本：491 个县的分析. 教育研究信息，(4)：31-44，55.

教育部财务司. 1997-2009. 中国教育经费统计年鉴. 北京：中国统计出版社.

教育部发展规划司. 1997-2009. 中国教育统计年鉴. 北京：人民教育出版社.

靳希斌. 2003. 人力资本理论阐释——兼论教育的人力资本价值. 广西师范大学学报（哲学社会科学版），(3)：71-74.

靳希斌. 2005. 教育经济学. 第三版. 北京：人民教育出版社.

克林顿. 1996. 在希望和历史之间. 金灿荣，译. 海口：海南出版社.

劳凯声. 2002. 社会转型与教育的重新定位. 教育研究，(2)：3-7，30.

雷恒，李晓玲. 2010. 西部财政教育投入与经济增长关系的实证分析——基于西部省级面板数据的单位根、协整和 Granger 因果检验. 经济研究导刊，(1)：14-15.

黎军，朱峰. 2006. 关于高等教育公平问题的探讨. 教育理论与实践，(3)：6-7.

李宝元. 2000. 人力资本与经济发展. 北京：北京师范大学出版社.

李斌. 2004. 我国各地区农村基础教育财政投入的比较分析. 中国软科学，(9)：140-144.

李成贵. 2003. 农村义务教育投入：主体确认与增长机制研究. 中国农村经济，(11)：12-19.

李光. 2005. 中国农村投融资体制改革研究. 北京：中国财政经济出版社.

李锐，赵茂林. 2006. 中国西部农村"教育反贫困"战略报告. 北京：中国社会科学出版社.

李瑞峰. 2007. 我国农村教育发展与农村经济增长的实证研究. 财经问题研究，(4)：92-97.

李少元. 1996. 农村教育论. 南京：江苏教育出版社.

李水山，赵方印. 2006. 中国农民教育研究. 南宁：广西教育出版社.

李水山. 2005. 新时期韩国农民教育的法律依据、特征和发展趋势. 职教论坛,（16）：55-59.

李斯特. 1961. 政治经济学的国民体系. 陈万煦，译. 北京：商务印书馆.

李文利，曾满超. 2002. 美国基础教育"新"财政. 教育研究,（5）：84-89.

李祥云. 2007. 税费改革前后义务教育投入地区差异及其变化的实证分析. 教育研究,（10）：13-22.

李燕凌. 2007. 农村公共产品供给效率论. 北京：中国社会科学出版社.

李一峰，张利华，刘玉兰. 2004. 国家 863 计划成果产业化基地投入产出效率分析. 科研管理,（4）：11-15.

李勇，苏惠. 2006. 新农村教育服务. 北京：中国社会出版社.

李志勇，楚昕. 2008. 初等教育支出绩效的实证分析——以我国东部沿海七省市为例. 教育发展研究,（12）：11-15.

厉以宁. 1999. 关于教育产品的性质和对教育经营的若干思考. 教育科学研究,（3）：3-11.

廖楚晖. 2004. 政府教育支出区域间不平衡的动态分析. 经济研究,（6）：41-49.

廖楚晖. 2006. 教育财政学. 北京：北京大学出版社.

廖其发. 2006. 中国农村教育问题研究. 成都：四川教育出版社.

林晓言. 2001. 投融资管理教程. 北京：经济管理出版社.

林毅夫. 2004. 有关当前农村政策的几点意见. 三农中国,（1）：4-7, 79.

林勇. 2010. 统筹城乡投融资体制建设研究. 北京：中国财政经济出版社.

刘海英，赵英才，张纯洪. 2004. 人力资本"均化"与中国经济增长质量关系研究. 管理世界,（11）：15-21.

刘豪兴. 2004. 农村社会学. 北京：中国人民大学出版社.

刘惠林. 2007. 中国农村教育财政问题研究. 哈尔滨：东北林业大学.

刘建发. 2006. 教育财政投入的法制保障研究. 北京：经济管理出版社.

刘精明. 2008. 中国基础教育领域中的机会不平等及其变化. 中国社会科学,（5）：101-116, 206-207.

刘旭涛. 2003. 政府绩效管理制度、战略与方法. 北京：机械工业出版社, 182.

刘泽云，胡延品. 2003. 我国农村义务教育财政体制的困境与对策//2003 年全国教育经济学年会主题发言论文, 24-29.

卢嘉瑞，陈晓永. 1999. 国民教育投资研究. 北京：中国物价出版社.

陆庆平. 2003. 公共财政支出的绩效管理. 财政研究,（4）：18-20.

罗湖平. 2010. 中国农村义务教育经费投入体制的理性回归之路——基于公共产品理论的视角分析. 武汉科技大学学报（社会科学版）,（2）：68-71, 100.

马国贤，马志远. 2009. 教育支出占 GDP 的比重：国际比较与政策建议. 教育发展研究,（3）：8-12.

马国贤. 2002. 中国义务教育资金转移支付研究. 财经研究,（6）：46-52.

马克思，恩格斯. 1972. 马克思恩格斯论科学技术. 北京：人民出版社.

马克思，恩格斯. 1972. 马克思恩格斯全集. 第 23 卷. 北京：人民出版社.

马克思，恩格斯. 1974. 马克思恩格斯全集. 第 25 卷. 北京：人民出版社.

马克思，恩格斯. 1974. 马克思恩格斯全集. 第 26 卷. 北京：人民出版社.

马歇尔. 1983. 经济学原理（上卷）. 朱志泰，译. 北京：商务印书馆.

苗夺谦，李道国. 2008. 粗糙集理论、算法与应用. 北京：清华大学出版社.

普雷姆詹德. 2002. 公共支出管理. 王卫星等，译. 北京：经济科学出版社.

曲恒昌，曾晓东. 2000. 西方教育经济学研究. 北京：北京师范大学出版社.

沈百福. 2009. 我国普通高中教育投入评价. 上海教育科研，(11)：14-18，25.

沈利生，朱运法. 1999. 人力资本与经济增长分析. 北京：社会科学文献出版社.

舒尔茨. 1990. 论人力资本投资. 北京：北京经济学院出版社.

粟玉香. 2004. 公共教育财政制度：生成与运行. 北京：中国财政经济出版社.

孙百才. 2009. 测试中国改革开放 30 年来的教育平等——基于教育基尼系数的实证分析. 教育研究，(1)：12-18.

孙彩虹. 2003. 区域教育与经济协调发展的实证分析. 重庆工商大学学报，(10)：42，83.

孙国英，许正中，王铮. 2002. 教育财政：制度创新与发展趋势. 北京：社会科学文献出版社.

孙霄兵. 2004. 教育的公正与利益：中外教育经济政策研究. 上海：华东师范大学出版社.

覃思乾. 2006. 中国教育投入与经济增长. 统计与决策，(8)：96-98.

唐斌. 2008. 教育多元筹资问题研究——兼论第三部门在教育筹资中的作用. 武汉：华中师范大学.

托尔斯顿·胡森. 1998. 社会环境与学业成就. 张人杰，译. 昆明：云南教育出版社.

托尔斯顿·胡森. 1989. 平等——学校和社会政策的目标//张人杰. 国外教育社会学基本文选. 上海：华东师大出版社.

汪海燕. 2006. 试论我国义务教育财政体制. 当代教育论坛，(4)：24-25.

王彪，段禅伦，吴昊，等. 2008. 粗糙集与模糊集的研究及应用. 北京：电子工业出版社.

王炳照，阎国华. 1994. 中国教育思想通史（第六卷）. 长沙：湖南教育出版社.

王丹中. 2004. 转型期中国教育投资制度研究. 南京：南京师范大学.

王国胤. 2001. Rough 集理论与知识获取. 西安：西安交通大学出版社.

王欢. 2003. 高等教育的公平问题探析. 山西农业大学学报（社会科学版），(1)：77-80.

王磊. 2004. 公共教育支出分析——基本框架与我国的实证研究. 北京：北京师范大学出版社.

王敏. 2008. 政府财政教育支出绩效研究. 北京：经济科学出版社.

王蓉. 2003. 义务教育投入之公平性研究. 经济学季刊，(2)：17.

王善迈. 1996. 教育投入与产出研究. 石家庄：河北教育出版社.

王善迈. 2000. 关于教育产业化的讨论. 北京师范大学学报（人文社会科学版），(1)：12-16.

王善迈，曹夕多. 2005. 重构我国公共财政体制下的义务教育财政体制. 北京大学教育评论，(4)：25-30.

王善迈，杜育红，刘远新. 1998. 我国教育发展不平衡的实证分析. 教育研究，(6)：19-23.

王善迈，袁连生. 2002. 建立规范的义务教育财政转移支付制度. 教育研究，(6)：3-8.

王闻. 2009. 中国义务教育财政改革与地区差异分析：教育财政的公平与充足. 公共行政评论，(2)：101-125，204.

王颖. 2008. 教育产品政府供给的经济学分析. 教育经济，(4)：18-22.

王雍君，陈录，粟玉香，等. 2007. 教育财政与金融文集. 北京：经济科学出版社.

王宇，焦建玲. 2005. 人力资本与经济增长之间的关系研究. 管理科学，(1)：31-39.

王玉昆. 1998. 教育生产成本函数管理方法与技术. 中小学管理，(6)：13-15.

王振东，彭建强. 2008. 中国地方财政性教育投入合理规模研究. 财政研究，(9)：69-72.

魏权龄. 1988. 评价相对有效性的 DEA 方法：运筹学的新领域. 北京：中国人民大学出版社.

温涛，宋乃庆，王煜宇，等. 2009. 中国西部农村教育与经济协调发展问题研究. 重庆：西南师范大学出版社.

温涛，熊德平. 2008. "十五"期间中国各地区农村资金配置效率的比较研究. 统计研究，(4)：82-89.

邬志辉. 2008. 农村义务教育经费保障机制. 北京：北京大学出版社.

吴清山，黄美芳，徐纬平，等. 2006. 教育绩效责任研究. 北京：九州出版社.

吴淑姣. 2004. 从教育经费收支结构的地区差异看教育机会均等. 北大教育经济研究，(3)：92-105.

吴学品. 2007. 我国教育投入对经济增长影响的动态关系研究. 统计与决策，(21)：118-120.

吴震. 2001. 教育资金管理体制与运行机制. 上海：上海教育出版社.

萧灼基. 2000. 发展教育产业须正确处理好十大关系//教育产业在中国的理论与实践论文集. 北京：中国经济出版社.

小弗恩·布里姆莱，鲁龙·R·贾弗尔德. 2007. 教育财政学——因应变革时代. 第九版. 窦卫霖，译. 北京：中国人民大学出版社.

谢维和. 2008. 中国的教育公平与教育发展（1990—2005）. 北京：教育科学出版社.

徐金龙. 2003. 加拿大教育资金的来源及其使用和管理. 基础教育参考，(12)：4-6.

许丽英. 2007. 教育资源配置理论研究——缩小教育差距的政策转向. 长春：东北师范大学.

亚当·斯密. 1981. 国民财富的性质和原因的研究. 郭大力，王亚南，译. 北京：商务印书馆.

亚当·斯密. 2001. 国富论（上卷）. 杨敬年，译. 西安：陕西人民出版社.

杨大楷. 2006. 投融资学. 上海：上海财经大学出版社.

杨德广. 2000. 发展教育产业的必要性与现实意义//教育产业在中国的理论与实践论文集. 北京：中国经济出版社.

杨东平. 2006. 中国教育公平的理想与现实. 北京：北京大学出版社.

杨东平. 2007. 2006年中国教育的转型与发展. 北京：社会科学文献出版社.

杨凤英. 2006. 教育产品的属性与政府职能的调整. 教育学报，(1)：17-23.

杨国勇，汪雷. 2007. 公共经济学视角下农村义务教育政府投入机制研究. 经济社会体制比较，(2)：121-124，131.

杨会良，梁巍. 2005. 日本农村义务教育财政制度变迁与启示. 日本问题研究，(2)：18-22.

杨俊，黄潇，李晓羽. 2008. 教育不平等与收入分配差距：中国的实证分析. 管理世界，(1)：38-47，187.

杨克瑞，谢作诗. 2007. 教育经济学新论. 北京：人民出版社.

姚先国，张海峰. 2008. 教育、人力资本与地区经济差异. 经济研究，(5)：47-57.

于凌云. 2008. 教育投入比与地区经济增长差异. 经济研究，(10)：131-143.

余永德. 2000. 农村教育论. 北京：人民教育出版社.

袁连生. 2004. 我国教育财政问题的政治经济学解释//全国教育经济学年会论文集，1-4.

约翰·穆勒. 1991. 政治经济学原理. 赵荣潜，等译. 北京：商务印书馆.

曾以禹. 2006. 农村义务教育财政投入研究——财政投资失衡与投资责任主体确认. 北京：中国农业科学院.

詹姆斯·M·布坎南. 1991. 公共财政. 赵锡军，张成福，译. 北京：中国财政经济出版社.

詹姆斯·M·布坎南. 1998. 自由、市场和国家. 吴良健，桑伍，曾获，译. 北京：北京经济学院出版社.

詹姆斯·科尔曼. 1989. 教育机会均等的观念. 何瑾，张人杰，译//国外教育社会学基本文选. 上海：华东师范大学出版社.

张锦华，吴方卫. 2008. 中国农村教育平等问题研究. 上海：上海财经大学出版社.

张乐天. 2004. 城乡教育差别的制度归因与缩小差别的政策建议. 南京师大学报（社会科学版），(3)：71-75.

张丽华，汪冲. 2008. 解决农村义务教育投入保障中的制度缺陷——对中央转移支付作用及事权体制调整的思考. 经济研究，(10)：144-153.

张守祥. 2005. 农村义务教育管理体制：进展、问题、建议. 基础教育参考，(1)：4-8.

张万朋，王千红. 2006. 基于非营利组织的中小学教育融资问题. 天津：天津出版社.

张霞珍. 2008. 免费义务教育：政府需处理的三对关系. 教育发展研究，(7)：35-38.

张小萍. 2010. 完善教育经费投入体制机制的建议. 中国财政，(13)：54-55.

张馨. 1999. 公共财政论纲. 北京：经济科学出版社.

张亚，邱雪梅. 2010. 农村职业技术教育经费投入探讨. 经济师，(1)：51-52.

张玉林. 2002. 中国城乡教育差距. 战略与管理，(6)：55-63.

张玉林. 2005. 新世纪的农村教育危机. 中国改革（农村版），(5)：31-33.

赵海宽. 2000. 鼓励民间办学促进教育改革//教育产业在中国的理论与实践论文集. 北京：中国经济出版社.

赵家骥. 1994. 农村教育的困境与出路. 成都：四川教育出版社.

赵全军. 2006. 中国农村义务教育供给制度研究（1978—2005）——行政学的分析. 上海：复旦大学.

赵正洲，王鹏，余斌. 2005. 国外农民培训模式及特点. 世界农业，(6)：51-54.

郑丽. 2006. 农村基础教育投融资的基本思路. 商业时代-学术评价，(17)：48-49.

郑亚男. 2010. 我国教育投入对区域经济增长的影响. 北方经济，(7)：16-17.

周宏. 2001. 关于我国农村义务教育管理体制改革的新思考. 教育发展研究，(1)：56-95.

周黎安. 2007. 中国地方官员的晋升锦标赛模式研究. 经济研究，(7)：36-50.

周批改，叶敏. 2006. 改革开放前中国农村教育的筹资方式及启示. 当代教育论坛，(11)：20-23.

周小旭，万继业. 2008. 农村教育投资负收益问题. 合作经济与科技，(1)：98-99.

周英章，孙崎岖. 2002. 我国教育投入对实际经济增长的贡献实证分析. 中国软科学，(7)：39-41.

朱钢. 2000. 聚焦中国农村财政. 太原：山西经济出版社.

朱舟. 1999. 人力资本投资的成本收益分析. 上海：上海财经大学出版社.

祝梅娟. 2003. 我国省际间教育投入公平状况的实证研究. 经济问题探索，(2)：121-124.

宗晓华. 2008. 从乡村自给到公共财政保障-我国农村义务教育投入体制演变分析. 教育发展研究，(23)：43-47.

左中和. 2000. 产业之路：中国教育改革的重要途径. 教育产业在中国的理论与实践，北京：中国经济出版社.

Andrew R, Imazeky J. 1997. The development of school finance formulas to guarantee the provision of adequate education to low-income students in development in school finance. Washington：U. S. Department of Education，National Centre for Education Statistics，121-148.

Baker B D, Green P C. 2008. Conceptions of Equity and Adequacy in School Finance. New York: Routledge.

Barlow R. 1970. Efficiency aspects of local school finance. Journal of Political Economy, (78): 1028-1040.

Blankenau W P, Simpson N B. 2004. Public education expenditures and growth. Journal of Development Economics, 73 (2): 583-605.

Bray M. 2002. The Costs and Financing of Education: Trends and Policy Implications. Manila: Asian Development Bank.

Brighouse H. 2000. School Choice and Social Justice. London: Oxford University Press.

Clune W H. 1995. Accelerated education as a remedy for high-poverty schools. University of Michigan Journal of Law Reform, 28 (3): 481-491.

Creedy J, Gemmell N. 2005. Publicly financed education in an endogenous growth model. Journal of Economic Studies, 32 (2): 114-131.

Diamond J. 1994. Performance measurement and evaluation. OECD Working Papers, 22-23.

Downes T A, Stiefel L. 2008. Measuring equity and adequacy in school finance. New York: Routledge.

Duncombe W, Yinger J. 2008. Measurement of cost differentials. Handbook of research in education finance and policy, 238-256.

Helms L J. 1985. The effect of state and local taxes on economic growth: a time series cross section approach. The Review of Economics and Statistics, 67: 574-582.

Henry M, Patrick J. 2001. Cost effectiveness analysis (sencond edition). CA: Sage, 46-49.

Lucas R E. 1988. On the mechanism of economic development. Journal of Monetary Economics, 22: 3-42.

Minter H C. 2011. All school finance equalizations are not created equal. Qurterly Journal of Economics, (11): 1189-1231.

Mueller D C. 1989. Public Choice. London: Cambridge University Press, 1-2.

Mun C. 2000. Education and national developmet in China since 1949: oscillatiiong policies and enduring dilemmas. China Review, 579-618.

OECD. 2003. Education Policy Analysis-2003 Edition. www. oecd. org/bookshop/.

OECD. 2004. Education at a Glance: OECD Indicators-2004 Edition. www. oecd. org/bookshop/.

OECD. 2005. Education at a Glance: OECD Indicators-2005 Edition. www. oecd. org/bookshop/.

OECD. 2006. Education at a Glance: OECD Indicators-2006 Edition. www. oecd. org/bookshop/.

OECD. 2007. Education at a Glance: OECD Indicators-2007 Edition. www. oecd. org/bookshop/.

Psacharopoulos G, Patrinos A. 2004. Returns to investment to education: a further update. Education Economics, 12 (2): 111-134.

Romer P M. 1990. Endogenous technological change. Journal of Political Economy, 98 (5): 77-102.

Samuelson P. 1954. The pure theory of public expenditure. Review of Economics and Statistics, 11 (36): 387-389.

The World Bank. 2003. World Development Report 2004: Making Services Word for Poor Peaple.

Washington DC: The International Bank for Reconstruction and Development.

The World Bank. 2003. World Development Report 2004: Making Service for Poor People. Oxford: A Copublication of the World Bank and Oxford University Press.

The World Bank. 2006. World Development Report 2007: Development and the Next Generation. Washington DC: The International Bank for Reconstruction and Development.

Thomas V, Wang Y, Fan X. 2000. Measuing Education Inequality: Gini Coefficients of Education. Washinton: World Band.

UNESCO. 2003. Global Education Digest 2003. Montreal: UNESCO Institute for Statistics.

UNESCO. 2004. Global Education Digest 2004. Montreal: UNESCO Institute for Statistics.

UNESCO. 2005. Global Education Digest 2005. Montreal: UNESCO Institute for Statistics.

UNESCO. 2006. Global Education Digest 2006. Montreal: UNESCO Institute for Statistics.